Schadenersatz- und Bereicherungsrecht

Gesetzliche Schuldverhältnisse inklusive Geschäftsführung ohne Auftrag

14., aktualisierte Auflage

Stand: August 2021

VON

Univ.-Prof. Dr. Georg Graf

Univ.-Ass. (Postdoc) Dr. Natascha Brandstätter

LexisNexis® Österreich vereint das Erbe der österreichischen Traditionsverlage Orac und ARD mit der internationalen Technologiekompetenz eines der weltweit größten Medienkonzerne, der RELX Group. Als führender juristischer Fachverlag versorgt LexisNexis® die Rechts-, Steuer- und Wirtschaftspraxis sowie Lehre und Weiterbildung mit Fachinformationen in gedruckter und digitaler Form.

Bücher, Zeitschriften, Loseblattwerke, Skripten und die Kodex-Gesetzestexte garantieren sowohl rasche Information als auch thematische Vertiefung. Von der juristischen Fachredaktion von LexisNexis wird ua die höchstgerichtliche Judikatur gesichtet, nach Wichtigkeit gefiltert und als Rechtsnews zusammengefasst. Webinare bieten Weiterbildung und direkten Kontakt zu Experten.

Mit der Datenbank Lexis 360® haben Sie nicht nur Zugriff auf Gesetze, Rechtsprechung sowie relevante Kommentare und Fachbücher: Enthalten sind auch Lexis Briefings®, eine eigene Kategorie der Rechtsliteratur, die Detailwissen in kürzest möglicher Form komprimiert. Die Suchtechnologie Lexis SmartSearch findet und gruppiert verwandte, weiterführende Inhalte und bringt Sie in Bestzeit zum Rechercheziel. Mit Tools und modernsten Analyse-Technologien wie Lexis SmartScan macht LexisNexis die Zukunft für Sie schon heute verfügbar.

Nähere Informationen unter www.lexisnexis.at

Bibliografische Information der Deutschen Bibliothek
Die Deutsche Bibliothek verzeichnet diese Publikation in der Deutschen Nationalbibliografie; detaillierte bibliografische Daten sind im Internet über http://dnb.ddb.de abrufbar.

ISBN 978-3-7007-8005-2

LexisNexis Verlag ARD Orac GmbH & Co KG, Wien
www.lexisnexis.at
Wien 2021 • Best.-Nr. 84.007.014

Alle Rechte, insbesondere das Recht der Vervielfältigung und Verbreitung sowie der Übersetzung, vorbehalten. Kein Teil des Werkes darf in irgendeiner Form (durch Fotokopie, Mikrofilm oder anderes Verfahren) ohne schriftliche Genehmigung des Verlags reproduziert oder unter Verwendung elektronischer Systeme gespeichert, verarbeitet, vervielfältigt oder verbreitet werden. Es wird darauf verwiesen, dass alle Angaben in diesem Werk trotz sorgfältiger Bearbeitung ohne Gewähr erfolgen und eine Haftung des Verlags, der Herausgeber und der Autoren ausgeschlossen ist.

Foto Graf: privat
Foto Brandstätter: beigestellt

Druckerei: MDH Media GmbH, 1220 Wien

Inhaltsverzeichnis

Abkürzungsverzeichnis IX
Literaturhinweise XI

Erster Abschnitt: Schadenersatzrecht 1
A. Allgemeiner Teil 1
    I.   Begriff und Zweck des Schadenersatzrechts 1
        1. Begriff 1
        2. Zweck der Schadenersatzpflicht 1
        3. Verschuldenshaftung – Gefährdungshaftung – Eingriffshaftung 1
        4. Zurechnungsgründe 2
    II. Schaden 3
        1. Begriff 3
        2. Vermögensschaden und ideeller Schaden 3
            a) Vermögensschaden 3
            b) Ideeller Schaden 5
            c) Abgrenzungsfragen 5
        3. Nichterfüllungs- und Vertrauensschaden 6
   III. Kausalität 7
        1. Verursachungsprinzip 7
        2. Ausnahmen vom Verursachungsprinzip 8
   IV. Adäquanz 10
        1. Begriff und Zweck 10
        2. Typische Fallgruppen 10
    V. Rechtswidrigkeit 13
        1. Begriff 13
        2. Gründe der Rechtswidrigkeit 13
        3. Die Lehre von der Sozialadäquanz 14
        4. Rechtfertigungsgründe 15
   VI. Rechtswidrigkeitszusammenhang 18
        1. Die Lehre vom Schutzzweck der Norm 18
        2. Beispiele 19
            a) Schutzgesetzverletzung 19
            b) Eingriff in absolut geschützte Rechtsgüter 20
   VII. Verschulden 21
        1. Allgemeines 21
        2. Deliktsfähigkeit 21
        3. Arten des Verschuldens 21
            a) Vorsatz und Fahrlässigkeit 21
            b) Grobes und leichtes Verschulden 23
 VIII. Art und Umfang des Schadenersatzes 23
        1. Naturalherstellung 23
        2. Geldersatz 25
            a) Vermögensschaden 25
            b) Ideeller Schaden 26
   IX. Haftung mehrerer Schädiger 27
        1. Die Haftung nach den §§ 1301, 1302 27
        2. Regress 28

Inhaltsverzeichnis

- X. Mitverantwortung des Geschädigten 29
  - 1. Mitverschulden 29
  - 2. Schadensminderungspflicht 30
- XI. Vorteilsausgleichung und Drittschaden 30
  - 1. Vorteilsausgleichung 30
  - 2. Drittschaden 32
- XII. Verjährung 34
  - 1. Schadenersatzansprüche 34
    - a) Drei-Jahres-Frist 34
    - b) 30-Jahres-Frist 35
  - 2. Regressansprüche 35
- XIII. Beweislast 35
  - 1. Grundsatz 35
  - 2. Fälle der Beweislastumkehr 36

B. Besonderer Teil 38
- I. Verschuldenshaftung 38
  - 1. Die Generalklausel 38
    - a) § 1295 38
    - b) Verkehrssicherungspflichten 38
    - c) Vertrag mit Schutzwirkung zugunsten Dritter 39
    - d) Culpa in contrahendo 41
  - 2. Körperverletzung 41
    - a) Heilungskosten 41
    - b) Verdienstentgang 41
    - c) Schmerzengeld 42
    - d) Verunstaltungsentschädigung 42
  - 3. Tötung 42
  - 4. Verletzung der geschlechtlichen Selbstbestimmung 43
  - 5. Verletzung der Privatsphäre 44
  - 6. Freiheitsberaubung 45
  - 7. Ehrenbeleidigung und Verbreitung unwahrer Tatsachen 46
  - 8. Sachschäden 47
  - 9. Haftung für Rat, Auskunft und Gutachten 47
  - 10. Wegehalterhaftung 48
  - 11. Haftung für Bauwerke 50
  - 12. Tierhalterhaftung 51
  - 13. Haftung bei Arbeitsunfällen 52
  - 14. Haftung des Reiseveranstalters beim Pauschalreisevertrag 53
- II. Haftung für schuldloses Verhalten 54
  - 1. Schädigung im Notstand 54
  - 2. Schädigung durch Deliktsunfähige 54
- III. Haftung für fremdes Verhalten 55
  - 1. Gehilfenhaftung 55
    - a) Erfüllungsgehilfe 55
    - b) Besorgungsgehilfe 57
    - c) Haftung des Gehilfen 58
    - d) Regress 58
  - 2. Haftung juristischer Personen 58

		3.	Amtshaftung 59
			a) Die Haftung nach AHG 59
			b) Die Haftung nach dem PBEG 60
		4.	Haftung des Wohnungsinhabers 61
	IV.	Dienstnehmerhaftpflicht und Organhaftpflicht 61
		1.	Dienstnehmerhaftpflicht 61
		2.	Organhaftpflicht 64
	V.	Gefährdungshaftung 66
		1.	Die Gefährdungshaftung im Allgemeinen 66
			a) Haftungstatbestände 66
			b) Rechtsgrund der Haftung 66
			c) Haftung des Halters 67
			d) Haftungshöchstbeträge 67
		2.	Gefährdungshaftung kraft Analogie 67
		3.	Haftung für Eisenbahnen und Kraftfahrzeuge 68
			a) Anwendungsbereich 68
			b) Haftungsausschlüsse 68
			c) Die haftpflichtigen Personen 69
			d) Weitere Einzelfragen 71
	VI.	Produkthaftung 71
		1.	Anwendungsbereich des PHG 71
		2.	Wer wird ersatzpflichtig? 71
		3.	Produkt 72
		4.	Inverkehrbringen 72
		5.	Fehler 72
		6.	Verschuldensunabhängige Haftung 73
		7.	Haftungsausschlüsse 73
		8.	Mitverschulden 73
		9.	Mehrere Ersatzpflichtige 73
		10.	Verjährung 73
		11.	Verhältnis zum ABGB 73

Zweiter Abschnitt: Bereicherungsrecht 75
A. Allgemeines 75
  I. Funktion des Bereicherungsrechts (BerR) 75
  II. Einteilung der Bereicherungsansprüche 75
  III. Das Verhältnis von Bereicherungs- und Schadenersatzrecht 75
    1. Unabhängigkeit von Bereicherungs- und Schadenersatzanspruch 75
    2. Verschuldensunabhängigkeit des Bereicherungsanspruchs 76
B. Die Leistungskondiktionen 76
  I. Begriff der Leistung 76
    1. Definition 76
    2. Beispiele 76
  II. Die einzelnen Leistungskondiktionen 77
    1. Condictio indebiti – Rückforderung wegen irrtümlicher Zahlung einer Nichtschuld (§ 1431) 77
      a) Rechtsgrundlosigkeit der Leistung 77
      b) Irrtum des Leistenden 77
      c) Wissentliche Zahlung einer Nichtschuld 78

   d) Zweifel 78
   e) Zwang und List 78
   f) Zahlung vor Fälligkeit und vor Bedingungseintritt 78
   g) Zahlung einer Naturalobligation 78
   h) Schutz Geschäftsunfähiger 79
  2. Condictio causa finita – Rückforderung wegen nachträglichen Wegfalls des Rechtsgrundes (§ 1435) 79
  3. Condictio causa data, causa non secuta – Rückforderung wegen Nichteintritt des erwarteten Erfolges (§ 1435 analog) 80
   a) Funktion 80
   b) Hauptanwendungsfälle 80
   c) Vereitlung wider Treu und Glauben 82
   d) Analoge Anwendung des § 1152 82
   e) § 1174 Abs 1 Satz 1 83
   f) Darlehen für verbotenes Spiel 83
   g) Zum Verhältnis von condictio causa data, causa non secuta und Ansprüchen wegen Wegfalls der Geschäftsgrundlage 83
  4. Condictio sine causa (§ 877) – Rückforderung wegen Aufhebung eines Vertrages „aus Mangel der Einwilligung" 83
  5. Condictio ob turpem vel iniustam causam – Rückforderung wegen ungerechten oder verwerflichen Grundes (§ 1174 Abs 1 Satz 3) 84

C. Der Verwendungsanspruch nach § 1041 85
 I. Allgemeines 86
  1. Begriff 86
  2. „Sache" 86
  3. „Verwendung" 86
  4. Beispiele 86
   a) Verbrauch fremder Sachen 86
   b) Gebrauch fremder Sachen 86
   c) Verkauf fremder Sachen 87
   d) Benutzung der Mietsache durch den Bestandnehmer nach Ablauf der Dauer des Mietvertrags 87
   e) Verbotene Untervermietung durch den Mieter 87
   f) Ansprüche des Bestandnehmers gegen Dritte 87
   g) Einziehung fremder Forderungen 87
   h) Die abgeirrte Exekution 88
   i) Ansprüche bei Eingriffen in das Recht am eigenen Bild 88
  5. Verwendungsanspruch und gutgläubiger Eigentumserwerb 88
 II. Subsidiarität des Verwendungsanspruchs im zweipersonalen Verhältnis 89
  1. Begriff 89
  2. Zweipersonale Verhältnisse 89
 III. Der Anspruch nach § 1042 89
  1. Voraussetzungen 90
  2. Beispiele 90
 IV. Der Anspruch nach § 1043 91

D. Der Inhalt der Bereicherungsansprüche 91
   I. Herausgabe der Sache 91
   II. Wertersatz 91
      1. Voraussetzung 91
      2. Umfang des Anspruchs bei Redlichkeit 92
         a) Bei Verbrauch 92
         b) Bei Verkauf 92
         c) Bei Verschenken 93
      3. Umfang des Anspruchs bei Unredlichkeit 93
         a) Wertersatzpflicht 93
         b) Schadenersatzpflicht 93
      4. Zufälliger Untergang der Sache vor Rückstellung 93
      5. Probleme bei der Rückabwicklung synallagmatischer Verträge 94
   III. Benutzungsentgelt 95
      1. Die allgemeine Regelung 95
      2. Ausnahme für Kfz etc 95
      3. Benutzungsentgelt bei Rückabwicklung entgeltlicher Verträge 96
   IV. Herausgabe der Früchte 96
      1. Die Grundregel 96
      2. Einschränkungen 97
   V. Aufgedrängte Bereicherung 97
   VI. Sonderfall: Bereicherungsansprüche gegen Geschäftsunfähige 97
   VII. Mehrere Bereicherte 98
      1. Rückabwicklung eines Vertrags mit mehreren Beteiligten 98
      2. Verwendung einer Sache durch mehrere Personen 98
   VIII. Gegenansprüche des Bereicherten 98
      1. Nachteilsausgleichung 98
      2. Ersatz für Aufwendungen 98
   IX. Verjährung 98

E. Bereicherungsrechtliche Dreiecksverhältnisse 99
   I. Die Problematik 99
   II. Leistungsketten 100
      1. Leistungskondiktion nur gegen Vertragspartner 100
      2. Ansprüche im Verhältnis A – C 100
      3. Nichtigkeit des Vertrags zwischen B und C 101
   III. Streckengeschäft mit Anweisungskonstruktion 101
      1. Allgemeines 101
      2. Nichtigkeit des Deckungsverhältnisses 101
      3. Nichtigkeit des Valutaverhältnisses 102
      4. Nichtigkeit von Deckungs- und Valutaverhältnis (Doppelmangel) 102
      5. Rückabwicklung bei angenommener Anweisung 103
   IV. Subsidiarität des Verwendungsanspruchs im dreipersonalen Verhältnis 104
      1. Das Problem 104
      2. Die Reparaturfälle 104
      3. Keine Subsidiarität gegenüber den Kondiktionen 105
   V. Sonstige dreipersonale Verhältnisse 106
      1. Bezahlung einer bestehenden fremden Schuld in der irrigen Meinung, es handle sich um eine eigene 106
      2. Bezahlung einer nicht bestehenden fremden Schuld 106
      3. Vertrag zugunsten Dritter 106

  4. Bezahlung an den Scheinvertreter 106
  5. Zahlung des Bürgen, wenn die gesicherte Forderung nicht bestand 107
  6. Probleme bei der Garantie 107
  7. Bereicherungsrechtliche Probleme bei Zessionen 107

Dritter Abschnitt: Geschäftsführung ohne Auftrag 109
A. Allgemeines 109
 I. Begriff 109
 II. Arten 109
B. Die einzelnen Arten der GoA 109
 I. GoA im Notfall (notwendige Geschäftsführung) 109
  1. Voraussetzungen 109
  2. Ansprüche des Geschäftsführers 110
 II. Nützliche GoA 110
  1. Voraussetzungen 110
  2. Ansprüche des Geschäftsführers 111
 III. Unerlaubte GoA 111
  1. Voraussetzungen 111
  2. Die gegenseitigen Ansprüche 111
C. Gemeinsame Bestimmungen 112
 I. Rechnungslegungspflicht 112
 II. Vorteilsherausgabepflicht 112
 III. Geschäftsfähigkeit und GoA 112
D. Rechte und Pflichten von Geschäftsführer und Geschäftsherr im Überblick 112
E. Sonderfälle der Geschäftsführung 112
 I. Angewandte GoA 112
  1. Begriff 112
  2. Beispiele 113
 II. Unechte GoA 113

Stichwortverzeichnis 115

Abkürzungsverzeichnis

ABGB	Allgemeines bürgerliches Gesetzbuch
Abs	Absatz
aE	am Ende
AG	Aktiengesellschaft
AGB	Allgemeine Geschäftsbedingungen
AHG	Amtshaftungsgesetz
AktG	Aktiengesetz
AnfO	Anfechtungsordnung
ASGG	Arbeits- und Sozialgerichtsgesetz
ASVG	Allgemeines Sozialversicherungsgesetz
AtomHG	Atomhaftungsgesetz
B-VG	Bundes-Verfassungsgesetz
BGBl	Bundesgesetzblatt
BVG	Bundesverfassungsgesetz
bzw	beziehungsweise
DHG	Dienstnehmerhaftpflichtgesetz
DSG	Datenschutzgesetz
EFZG	Entgeltfortzahlungsgesetz
EheG	Ehegesetz
EKHG	Eisenbahn- und Kraftfahrzeughaftpflichtgesetz
EMRK	Europäische Menschenrechtskonvention
EO	Exekutionsordnung
ErbRÄG 2015	Erbrechtsänderungsgesetz 2015
Erl	Erläuterungen zur Regierungsvorlage
etc	et cetera
EvBl	Evidenzblatt (ÖJZ)
gem	gemäß
GmbH	Gesellschaft mit beschränkter Haftung
GoA	Geschäftsführung ohne Auftrag
hA	herrschende Ansicht
HiNBG	Hass-im-Netz-Bekämpfungs-Gesetz
hL	herrschende Lehre
hM	herrschende Meinung
ieS	im engeren Sinne
insb	insbesondere
IO	Insolvenzordnung
iVm	in Verbindung mit
KFG	Kraftfahrgesetz
KSchG	Konsumentenschutzgesetz
LFG	Luftfahrtgesetz
MedienG	Mediengesetz
MinroG	Mineralrohstoffgesetz
MRG	Mietrechtsgesetz

Abkürzungsverzeichnis

NO	Notariatsordnung
NotAktG	Notariatsaktsgesetz
OGH	Oberster Gerichtshof
OrgHG	Organhaftpflichtgesetz
PBEG	Polizeibefugnis-Entschädigungsgesetz
PHG	Produkthaftungsgesetz
PRG	Pauschalreisegesetz
RAO	Rechtsanwaltsordnung
RHPflG	Reichshaftpflichtgesetz
StEG 2005	Strafrechtliches Entschädigungsgesetz 2005
StGB	Strafgesetzbuch
StGG	Staatsgrundgesetz
StPO	Strafprozessordnung
StVO	Straßenverkehrsordnung
ua	unter anderem
üA	überwiegende Ansicht
UrhG	Urheberrechtsgesetz
usw	und so weiter
uU	unter Umständen
UWG	Bundesgesetz gegen den unlauteren Wettbewerb
VersVG	Versicherungsvertragsgesetz
VfGH	Verfassungsgerichtshof
VGG	Verbrauchergewährleistungsgesetz
vgl	vergleiche
Z	Ziffer
zB	zum Beispiel
ZivRÄG 2004	Zivilrechts-Änderungsgesetz 2004
ZPO	Zivilprozessordnung

Literaturhinweise

I. Systeme/Lehrbücher

Barta, Zivilrecht: Grundriss und Einführung in das Rechtsdenken[2] (2004)

Bydlinski F., System und Prinzipien des Privatrechts (1996)

Harrer, Schadenersatzrecht (1999)

Holzhammer/Roth, Bürgerliches Recht mit Internationalem Privatrecht[6] (2004)

Koziol, Österreichisches Haftpflichtrecht I[4] (2020) sowie II[3] (2018)

Koziol/Apathy/Koch, Österreichisches Haftpflichtrecht III[3] (2014)

Perner/Spitzer/Kodek, Bürgerliches Recht[6] (2019)

Rabl/Riedler, Bürgerliches Recht III: Schuldrecht Besonderer Teil[6] (2017)

Riedler, Zivilrecht IV: Schuldrecht Besonderer Teil – Gesetzliche Schuldverhältnisse[5] (2018)

Vrba, Schadenersatz in der Praxis[43] (2020)

Welser/Kletečka, Grundriss des Bürgerlichen Rechts I[15] (2018) sowie *Welser/Zöchling-Jud*, Grundriss des Bürgerlichen Rechts II[14] (2015)

II. Kommentare

Barth/Dokalik/Potyka, Allgemeines Bürgerliches Gesetzbuch – Taschenkommentar[26] (2018)

Danzl, Das Eisenbahn- und Kraftfahrzeughaftpflichtgesetz (EKHG)[10] (2018)

Fenyves/Kerschner/Vonkilch, ABGB, 3. Auflage des von *Heinrich Klang* begründeten Kommentars (erscheint fortlaufend seit 2006)

Fitz/Grau/Reindl, Produkthaftung-Kurzkommentar[2] (2004)

Klang/Gschnitzer, Kommentar zum ABGB[2] Bände I–VI (1950–1978)

Kletečka/Schauer, ABGB-ON (ab 2010)

Koziol/Bydlinski/Bollenberger, Kurzkommentar zum ABGB[6] (2020)

Rabl, Produkthaftungsgesetz (2017)

Rummel/Lukas, Kommentar zum ABGB[4] (erscheint seit 2014 in 4. Auflage)

Schwimann/Kodek, Praxiskommentar zum ABGB (erscheint seit 2018 in 5. Auflage)

Schwimann/Neumayr, ABGB Taschenkommentar[5] (2020)

III. Monografien (Auswahl)

Andras, Die Anwendung des Dienstgeberhaftungsprivilegs (2017)

Apathy, Aufwendungen zur Schadensbeseitigung (1979)

Apathy, Der Verwendungsanspruch (1988)

Baumgartner, Die (Dritt-)Haftung von Ratingagenturen und anderen Informationsexperten (2016)

Brandstätter N., Verjährung und Schaden (2017)

Fidler, Schadenersatz und Prozessführung (2014)

Frössel, Die Beeinträchtigung fremder Forderungsrechte an Liegenschaften (2019)

Gimpel-Hinteregger, Grundfragen der Umwelthaftung (1994)

Graf F., Anwaltshaftung (1991)

Graf-Wintersberger, Lebensbild und Bereicherung (2018)

Gumhold, Schadensberechnung bei Anlegerschäden (2017)

Literaturhinweise

Huber Chr., Fragen der Schadensberechnung² (1995)

Huber K., Haftung für Mangelfolgeschäden und Folgekosten (2020)

Huber P., Wegfall der Bereicherung und Nutzen (1988)

Karollus, Funktion und Dogmatik der Haftung aus Schutzgesetzverletzung (1992)

Kerschbaumer-Gugu, Schadenersatz bei Datenschutzverletzungen (2019)

Kletečka, Mitverschulden durch Gehilfenverhalten (1991)

Kolbitsch, Die Haftung im Gefälligkeitsverhältnis (2020)

Koziol, Die Beeinträchtigung fremder Forderungsrechte (1967)

Krutzler, Schadenersatz im Lauterkeitsrecht (2015)

Meissel, Geschäftsführung ohne Auftrag (1993)

Merz, Mangelhafte Anlageberatung (2017)

Obermayr, Die Wegehalterhaftung gem § 1319a ABGB (2019)

Ondreasova, Die Gehilfenhaftung – Eine rechtsvergleichende Untersuchung zum österreichischen Recht mit Vorschlägen zur Reform (2013)

Pendl, Die Verjährung von Schadenersatzansprüchen gegen Organmitglieder und Abschlussprüfer (2018)

Rabl, Schadenersatz wegen Nichterfüllung (1998)

Rebhahn, Staatshaftung wegen mangelnder Gefahrenabwehr (1997)

Reich-Rohrwig, Aufklärungspflichten vor Vertragsabschluss (2015)

Reischauer, Der Entlastungsbeweis des Schuldners (1975)

Ritt-Huemer, Der Anlegerschaden (2014)

Schacherreiter, Bereicherung und Schadenersatz im Immaterialgüterrecht (2018)

Schmid, Redlichkeit im Bereicherungsrecht (2016)

Welser, Die Haftung für Rat, Auskunft und Gutachten (1983)

Welser, Vertretung ohne Vollmacht (1970)

Wilburg, Die Lehre von der ungerechtfertigten Bereicherung nach österreichischem und deutschem Recht (1934)

Hinweis: Mit der Geschäftszahl zitierte Entscheidungen des OGH können unter http://www.ris.bka.gv.at/jus/ abgerufen werden!

Erster Abschnitt
Schadenersatzrecht

A. Allgemeiner Teil

I. Begriff und Zweck des Schadenersatzrechts

1. Begriff

Wer durch **Zufall** einen Schaden erleidet, hat diesen auch selbst zu tragen (§ 1311 Satz 1: „casum sentit dominus"). Das Schadenersatzrecht (Haftpflichtrecht) regelt als Ausnahme von diesem Grundsatz, unter welchen Voraussetzungen der Geschädigte den Ersatz seines Schadens von einem anderen verlangen kann (Recht der Schadenstragung).

> **Beachte:**
> § 1311 Satz 2 normiert eine Haftung für einen durch Verschulden herbeigeführten Zufall (**casus mixtus**). Beispiele: §§ 965 (Haftung des Verwahrers), 979 (Haftung des Entlehners; *ORAC-Rechtsskriptum* „Schuldverträge"); § 460 (Haftung des Pfandgläubigers; *ORAC-Rechtsskriptum* „Sachenrecht"); § 1010 Satz 1 (Haftung des Bevollmächtigten; unten B. III. 1. a) ee). Eine Haftung nach § 1311 Satz 2 besteht außerdem bei Verletzung eines Schutzgesetzes (unten V. 2.) sowie bei unerlaubter GoA (unten Abschnitt GoA B. III. 2.).

2. Zweck der Schadenersatzpflicht

a) **Ausgleich**: Der Geschädigte soll einen Ausgleich für den erlittenen Schaden erhalten.

b) **Prävention**: Wenn ein Verhalten eine Ersatzpflicht nach sich zieht, so kann dies – ähnlich wie im Strafrecht die Androhung einer Strafe – für den Ersatzpflichtigen (Spezialprävention) bzw jedermann (Generalprävention) einen Anreiz abgeben, sich nicht rechtswidrig und schuldhaft zu verhalten (Verschuldenshaftung) bzw bei Einsatz einer gefährlichen Sache alles zu tun, um einen Schadenseintritt zu verhindern (Gefährdungshaftung).

c) **Sanktion**: Nur die Verschuldenshaftung verwirklicht den Sanktionsgedanken. Weil dem Schädiger ein von der Rechtsordnung missbilligtes, rechtswidriges und schuldhaftes Verhalten vorzuwerfen ist, trifft ihn eine Ersatzpflicht. Im ABGB zeigt sich dieser Gedanke an der Abstufung des Schadenersatzes nach dem Grad des Verschuldens (§ 1324 – unten VIII. 2.).

> **Beachte:**
> § 1324 ABGB trägt zwar dem Sanktionsgedanken Rechnung. Dies äußert sich aber nicht in einer „Bestrafung" des Schädigers in Form eines – den erlittenen Schaden übersteigenden – Strafschadensersatzanspruches („punitive damages"). Ein solcher wird in Österreich von der hA abgelehnt.

d) **Rechtsfortsetzung** *(Wilburg)*: Das verletzte Rechtsgut des Geschädigten setzt sich in seinem Ersatzanspruch fort, dieser tritt an die Stelle des verletzten Rechtsguts.

3. Verschuldenshaftung – Gefährdungshaftung – Eingriffshaftung

a) Im ABGB herrscht der Grundsatz der **Verschuldenshaftung**: Wer rechtswidrig und schuldhaft einem anderen einen Schaden zufügt, wird ersatzpflichtig. Die Verschuldenshaftung ist also eine allgemeine (§ 1295 Abs 1: „jedermann"). Sie ist eine systematisierte Haftung, weil bestimmte Voraussetzungen gegeben sein müssen, damit eine Haftung besteht (unten 4.). Nach dem Grund der

Rechtswidrigkeit (unten V. 2.) unterscheidet man zwischen **vertraglicher** und **deliktischer** Verschuldenshaftung. Diese Unterscheidung ist für die Beweislast (unten XIII.) sowie für die Gehilfenhaftung (unten B. III. 1.) wichtig: Bei der Vertragshaftung greift für das Verschulden die Beweislastumkehr des § 1298. Der Geschäftsherr haftet nur dann nach § 1313a für das Verschulden seines Gehilfen, wenn er diesen zur Erfüllung eines Vertrags einsetzt (Erfüllungsgehilfe). Die Grundsätze der Vertragshaftung gelten auch bei der Haftung aus vorvertraglichem Schuldverhältnis (culpa in contrahendo – unten B. I. 1. d).

b) Daneben gibt es in Sondergesetzen und einigen wenigen Bestimmungen des ABGB Tatbestände der **Gefährdungshaftung** (unten B. V. 1.): Wer sich einer gefährlichen Sache bedient, wird für den durch diese Gefährlichkeit verursachten Schaden ersatzpflichtig. Es gibt anders als bei der Verschuldenshaftung (oben a) keinen allgemeinen Tatbestand der Gefährdungshaftung. Wichtigstes Beispiel ist die Haftung für Schäden, die durch einen Unfall beim Betrieb eines Kraftfahrzeugs entstehen, nach dem EKHG (unten B. V. 3.). Im Unterschied zur Verschuldenshaftung ist die Benutzung einer gefährlichen Sache nicht rechtswidrig, sondern von der Rechtsordnung sogar erlaubt (zB Lenken eines Kraftfahrzeuges). Die Ersatzpflicht ist ein Ausgleich für den Nutzen, den jemand aus der Verwendung einer gefährlichen Sache zieht („guter Tropfen – schlechter Tropfen").

> **Beachte:**
> Zwischen Verschuldens- und Gefährdungshaftung besteht Konkurrenz, die sondergesetzlichen Gefährdungshaftungstatbestände schließen eine Verschuldenshaftung nach ABGB nicht aus (unten B. V. 1. b) aa).

c) Bei der **Eingriffshaftung** ist sogar die Zufügung eines Schadens erlaubt, der Schädiger wird aber ersatzpflichtig.

> **Beispiele:**
> - Schadenersatz wegen Immissionen durch eine genehmigte Anlage (**§ 364a**). Die Beeinträchtigung des Nachbarn ist durch die (zB gewerberechtliche) Genehmigung erlaubt, der Nachbar kann die Immissionen anders als nach § 364 Abs 2 nicht untersagen, sondern nur Schadenersatz verlangen (verschuldensunabhängig!).
> - **§ 8 MRG**: Der Mieter muss unter den Voraussetzungen des Abs 2 die Benutzung/Veränderung des Mietgegenstandes zulassen, bei wesentlichen Beeinträchtigungen ist Schadenersatz zu leisten (Abs 3).
> - Auch die Haftung für im rechtfertigenden **Notstand** verursachte Schäden (§ 1306a) ist eine Eingriffshaftung, weil das Verhalten des Schädigers gerechtfertigt ist (unten B. II. 1.).
> - Haftung für rechtmäßiges Verhalten der Organe des öffentlichen Sicherheitsdienstes nach dem **PBEG** (unten B. III. 3. b).

4. Zurechnungsgründe

a) Wenn grundsätzlich jeder seinen Schaden selbst zu tragen hat (oben 1.), müssen für die Überwälzung des Schadens auf einen anderen bestimmte Voraussetzungen gegeben sein, die eine Zurechnung zu einem bestimmten Ersatzpflichtigen ermöglichen. Das österreichische Schadenersatzrecht kennt folgende Zurechnungskriterien:

- **Schaden** (unten II.)
- **Kausalität** (unten III.)
- **Adäquanz** (unten IV.)
- **Rechtswidrigkeit** (unten V.)

- Rechtswidrigkeitszusammenhang (unten VI.)
- Verschulden (unten VII.)

b) Nur bei der Verschuldenshaftung müssen alle unter a) genannten Zurechnungsgründe gegeben sein. Für die Gefährdungshaftung sind Rechtswidrigkeit und Verschulden keine Voraussetzungen. Zu prüfen bleiben nur Schaden, Kausalität und Adäquanz sowie in modifizierter Form auch der Rechtswidrigkeitszusammenhang, weil nur Schäden ersetzt werden, die innerhalb des Schutzzwecks der Gefährdungshaftungsnorm liegen (Risikozusammenhang). Auch bei der Eingriffshaftung spielen Rechtswidrigkeit und Verschulden keine Rolle.

II. Schaden

1. Begriff

Nach der Legaldefinition des § 1293 Satz 1 ist Schaden jeder **Nachteil**, welcher jemandem an **Vermögen, Rechten** oder seiner **Person** zugefügt worden ist. Das ABGB kennt also Vermögensschäden (Nachteile am Vermögen oder an Rechten) und ideelle Schäden (Nachteile an der Person). Beim Vermögensschaden wiederum unterscheidet man zwischen positivem Schaden und entgangenem Gewinn (§ 1293 Satz 2) – **gegliederter Schadensbegriff**.

> **Beachte:**
> Die Terminologie des ABGB ist nicht einheitlich. „Schaden" bedeutet einmal positiver Schaden *und* entgangener Gewinn (§§ 1294, 1295, 1324), in anderen Bestimmungen meint das ABGB *nur* den positiven Schaden (§ 1293 Satz 1) als Gegensatz zum entgangenen Gewinn und spricht vom „erlittenen Schaden" (§§ 1323, 1328) oder vom „wirklichen Schaden" (§ 1330).

2. Vermögensschaden und ideeller Schaden

a) Vermögensschaden

aa) Vermögensschaden ist jeder **Nachteil an geldwerten Gütern** inklusive der Erwerbschancen einer Person.

> **Judikaturbeispiele:**
> Die Rechtsprechung bezeichnet – relativ weit gefasst – als Vermögensschaden „jede Vermögensveränderung nach unten, der kein entsprechendes Äquivalent gegenübersteht". Konkret wurden als Vermögensschäden bspw eingestuft:
> - Verlust bzw Verschlechterung einer zuvor einbringlichen Forderung (vgl 1 Ob 28/92)
> - Erwerb einer belasteten Sache (vgl 1 Ob 55/95)
> - Entstehung bzw Vergrößerung einer Verbindlichkeit (auch wenn der Geschädigte bereits vermögenslos ist) (vgl 5 Ob 157/14w)
> - Substitution eines präsenten Bargeldbetrages durch eine Forderung (vgl 8 Ob A 66/09b)
> - Verlust einer Sicherheit bzw eines Mitschuldners (vgl 1 Ob 626/94)

Vom „**bloßen**" Vermögensschaden spricht man, wenn der Geschädigte einen Schaden in seinem Vermögen erleidet, ohne dass zugleich auch ein Personen- oder Sachschaden vorliegt, also *ohne* dass gleichzeitig in sog „**absolut geschützte Rechtsgüter**" (unten V. 2. a)) eingegriffen wurde.

> **Beispiel:**
> Der ortsunkundige Adalbert fragt den Bruno nach dem Weg zum Büro des Xaver, mit dem Adalbert eine wichtige Geschäftsbesprechung verabredet hat. Bruno weiß den Weg zum Büro des Xaver und um die Natur des Termins, schickt den Adalbert aber in die Gegenrichtung. Adalbert versäumt den Besprechungstermin, wodurch Xaver einen großen geschäftlichen Auftrag nicht an Adalbert, sondern an dessen Konkurrenten vergibt. Adalbert hat durch die falsche Auskunft des Bruno einen Vermögensschaden erlitten (entgangener Gewinn – unten bb) bbb). Bruno haftet für diesen Schaden (§ 1300 Satz 2).

Außerhalb von § 1300 Satz 2 (wissentliche Erteilung eines falschen Rats) besteht **keine allgemeine Pflicht**, fremde Vermögensinteressen zu schützen. Daher ist die Schädigung des bloßen Vermögens im **deliktischen** Bereich grundsätzlich nicht rechtswidrig (es gibt keine „Delikte" gegen fremdes Vermögen). Ausnahmen: sittenwidrige Schädigung (§ 1295 Abs 2); Verletzung eines Schutzgesetzes (§ 1311), wenn dieses auch den Schutz vermögenswerter Interessen des Geschädigten (mit)bezweckt; bewusste Irreführung (§ 874); mutwillige Prozessführung (§ 408 ZPO).

Dagegen werden bei **vertraglicher** bzw **vorvertraglicher** Haftung (culpa in contrahendo) auch bloße Vermögensschäden ersetzt, weil Verträge und das vorvertragliche Schuldverhältnis auch das bloße Vermögen schützen.

Ausgeschlossen ist der Ersatz reiner Vermögensschäden auch im EKHG (unten B. V. 3.) und im PHG (unten B. VI. 1.).

bb) Unterscheide folgende **Arten des Vermögensschadens**:

aaa) **Realer Schaden** ist die tatsächliche Veränderung am Rechtsgut des Geschädigten (zB Wunde am Kopf, Beule im Kotflügel, Loch im Mantel). Der reale Schaden wird durch die Naturalherstellung ersetzt (unten VIII. 1.).

Rechnerischer Schaden ist die in Geld ausgedrückte Verminderung des Vermögens bzw Rechtsguts des Geschädigten. Der rechnerische Schaden wird in Geld ersetzt (unten VIII. 2.).

> **Beachte:**
> Der Umstand, dass sich Vermögensschäden in reale und rechnerische Schäden einteilen lassen, bedeutet nicht, dass es sich bei sämtlichen realen Schäden notwendigerweise um Vermögensschäden handelt. So stellt etwa der auf einer Fehlberatung beruhende Erwerb einer nicht gewünschten Vermögensanlage („Anlegerschaden") nach jüngerer Rsp auch dann einen realen Schaden dar, wenn die ungewollte Veranlagungsform objektiv werthaltig ist (bspw risikoreiche Papiere, sofern der Kunde eine „sichere Sparform" erwerben wollte). Nur dann, wenn mit dem Erwerb der nicht gewollten Veranlagung auch eine Vermögensveränderung „nach unten" einhergeht (bspw durch Kursverluste), würde gleichsam ein Vermögensschaden vorliegen.

Auch bei ideellen Schäden ist ein rechnerischer Schaden zu ermitteln, soweit dafür Geldersatz zusteht (unten VIII. 2. b).

bbb) **Positiver Schaden** ist die Verminderung eines bereits vorhandenen Vermögensgutes, das Entstehen einer Verbindlichkeit oder eines Aufwands. Auch der Verdienstausfall ist positiver Schaden.

Entgangener Gewinn ist die Verhinderung einer Vermögensvermehrung (Erwerbschance).

Nach hM ist der Verlust einer Erwerbschance nur dann positiver Schaden, wenn sie rechtlich abgesichert ist (zB Vertrag oder bindendes Angebot). Der OGH stellt darauf ab, ob die Erwerbschance zum Zeitpunkt der Schädigung ein gegenwärtiger, selbstständiger Vermögenswert ist, also konkret und wahrscheinlich ist.

> **Beispiel:**
> A verkauft an B ein Grundstück samt Haus. B möchte dieses Haus vermieten, über Vermittlung eines Immobilienmaklers melden sich auch Interessenten. A räumt aber das Haus nicht, sodass B mit den Interessenten keine Mietverträge abschließen kann. B verlangt von A den Ersatz des entgangenen Mietzinses. Es handelt sich um einen positiven Schaden.

> **Überprüfungsfälle – welche Schadenskategorie liegt vor?**
> - Eine bereits veräußerte Sache wird vor ihrer Übergabe beschädigt. Der Verkäufer erhält den Kaufpreis nicht. **Lösung:** positiver Schaden (arg: Vertrag wurde bereits abgeschlossen)
> - Eine Sache wird beschädigt. Sie hätte ohne die Beschädigung möglicherweise über dem Verkehrswert veräußert werden können. **Lösung:** entgangener Gewinn (arg: Vermögensvermehrung kann noch nicht als gesichert angesehen werden)
> - A möchte B ein Auto abkaufen. Die beiden schließen einen Vorvertrag ab, in dem sie vereinbaren, sich drei Tage später zu treffen, um den Kaufvertrag aufzusetzen. Am nächsten Tag wird das Auto von B durch C zerstört. B verlangt von C den entgangenen Weiterveräußerungsgewinn. **Lösung:** positiver Schaden (arg: Vorvertrag wird als rechtlich gesicherte Position gewertet)

Die Unterscheidung zwischen positivem Schaden und entgangenem Gewinn ist deshalb wichtig, weil nur bei **grobem Verschulden** auch der entgangene Gewinn ersetzt wird (§ 1324 – unten VIII. 2. a).

Positiven Schaden und entgangenen Gewinn zusammen nennt man **Interesse**.

b) Ideeller Schaden

Alle Nichtvermögensschäden sind ideelle (immaterielle) Schäden oder Gefühlsschäden.

> **Beispiele:**
> Unlustgefühle, Verminderung der Lebensfreude oder Schmerzen nach Körperverletzung (§ 1325); krankheitswertiger Schockschaden oder Trauerschaden nach Tod eines Angehörigen (§ 1325); Affektionsinteresse (§ 1331); Verletzung der Privatsphäre (§ 1328a), entgangene Urlaubsfreuden (§ 12 Abs 2 PRG).

> **Beachte:**
> Nach neuer Rsp haben nahe Angehörige, unabhängig vom Vorliegen einer eigenen Gesundheitsschädigung, Anspruch auf Entschädigung für den reinen Trauerschmerz, wenn den Schädiger ein qualifiziertes Verschulden (Vorsatz oder grobe Fahrlässigkeit) trifft.

c) Abgrenzungsfragen

Der ideelle Schaden muss deshalb vom Vermögensschaden abgegrenzt werden, weil nach der Rechtsprechung ein Geldersatz für ideelle Schäden nur zusteht, soweit dies ausnahmsweise gesetzlich ausdrücklich angeordnet ist (zB Schmerzengeld, unten VIII. 2. b).

aa) Fiktive Mietwagenkosten sind ideeller Schaden und werden nicht ersetzt, weil die Gebrauchsmöglichkeit an einer Sache neben dem Substanzwert kein selbstständiger Vermögenswert ist (siehe § 305). Tatsächlich aufgewendete Mietwagenkosten sind hingegen positiver Schaden (Aufwand – oben a) bb).

> **Beispiel:**
> Das Auto des Micky wird bei einem Verkehrsunfall von Karlo beschädigt. Während der Reparaturzeit für das Auto nimmt sich Micky einen Mietwagen, die Kosten dafür muss ihm Karlo ersetzen (tatsächliche Mietwagenkosten). Micky kann aber von Karlo nicht die Kosten eines Mietwagens verlangen, wenn er sich tatsächlich keinen Mietwagen nimmt (fiktive Mietwagenkosten).

bb) Auch die **Beeinträchtigung des Urlaubs** ist ideeller Schaden. Er ist in § 12 Abs 2 PRG normiert. Schadenersatz für entgangene Urlaubsfreude ist vom Reiseveranstalter nur bei einer „erheblichen Vertragswidrigkeit" zu ersetzen.

3. Nichterfüllungs- und Vertrauensschaden

Diese Unterscheidung ist nur bei der vertraglichen bzw vorvertraglichen Haftung von Bedeutung.

a) **Nichterfüllungsschaden** (Erfüllungsinteresse, positives Interesse) ist der Schaden, der durch die pflichtwidrige Nichterfüllung einer bestehenden vertraglichen Leistungspflicht entsteht. Der Gläubiger ist vom Schuldner vermögensmäßig so zu stellen, wie wenn ordnungsgemäß erfüllt worden wäre. Die Berechnung des Nichterfüllungsschadens erfolgt subjektiv-konkret durch den Nachweis eines Deckungsgeschäftes, objektiv-abstrakt nach dem gemeinen Wert der vertraglichen Leistung.

> **Fallbeispiel:**
> Eine von A bei B bestellte Kommode würde in mangelfreiem Zustand einen Wert von 100 aufweisen. Bei A liegt überdies bereits ein Angebot des C vor, die Kommode um 120 erwerben zu wollen. Liefert B die Kommode schuldhaft in mangelhaftem Zustand, weswegen sie lediglich einen Wert von 70 aufweist und überdies nicht weiterveräußerbar ist, so beträgt der Nichterfüllungsschaden 50 (30 [Wertdifferenz] + 20 [vereitelter Gewinn aus Weiterveräußerung]).

> **Beispiele:**
> Zu vertretende nachträgliche Unmöglichkeit, subjektiver Verzug (§§ 920, 921); Ersatz des Mangelschadens, soweit der Mangel behebbar ist (§ 932). Ist der Mangel unbehebbar, so kann der Mangelschaden nur ein Vertrauensschaden sein (str) (unten b). Der Nichterfüllungsschaden steht entweder als Austauschanspruch oder als Differenzanspruch zu (näher *ORAC-Rechtsskriptum* „Schuldrecht Allgemeiner Teil"). Beachte beim Deckungsgeschäft die Schadensminderungspflicht (unten X. 2.).

b) Der **Vertrauensschaden** (negatives Interesse) entsteht, wenn jemand auf das gültige Zustandekommen eines Vertrags vertraut und der Vertrag dann nicht zustande kommt. Der Geschädigte ist so zu stellen, als hätte er auf die Gültigkeit des Vertrags nicht vertraut (zB Ersatz von Kosten der Vorbereitung der Vertragserfüllung, Entgang anderer Abschlussmöglichkeiten, entgangener Gewinn aus dem Vertrag).

Der Vertrauensschaden wird in den Fällen der culpa in contrahendo ersetzt (unten B. I. 1. d und *ORAC-Rechtsskriptum* „Schuldrecht Allgemeiner Teil"). In der Lehre wird vertreten, dass der Vertrauensschaden grundsätzlich durch das hypothetische Erfüllungsinteresse begrenzt ist (siehe auch § 1019 ABGB [falsus-procurator-Haftung]).

> **Beachte:**
> Der Umfang des Schadenersatzes beurteilt sich auch beim Nichterfüllungs- und Vertrauensschaden nach §§ 1323, 1324; entgangener Gewinn ist daher nur bei grobem Verschulden zu ersetzen. Auch die Berechnung des Schadens richtet sich nach dem Verschulden des Schädigers (unten VIII. 2. a).

III. Kausalität

1. Verursachungsprinzip

a) Nach § 1294 Satz 1 „entspringt" der Schaden aus einer Handlung oder Unterlassung. Das Verhalten des Ersatzpflichtigen muss also kausal für den Schaden sein.

> **Beachte:**
> Hat jemand das Verhalten eines anderen zu vertreten, kann ausnahmsweise auch fremdes Handeln eine Schadenersatzpflicht begründen (Haftung für fremdes Verhalten – unten B. III.).

aa) Die Kausalität beurteilt sich nach der **Äquivalenztheorie (Bedingungstheorie)**: Ein Ereignis ist dann kausal, wenn es notwendige Bedingung (**conditio sine qua non**) für den eingetretenen Schaden ist. Alle notwendigen Bedingungen sind **gleichwertig** (= äquivalent – daher der Name dieser Theorie). Da die Äquivalenztheorie nur eine äußerste Grenze der Zurechenbarkeit zieht, ist es notwendig, die Zurechnung einzuschränken, dies geschieht mithilfe der **Adäquanz** (unten IV.).

bb) Bei der Kausalität eines **positiven Tuns** ist zu prüfen, ob der Schaden entfiele, wenn man sich dieses Tun wegdenkt (Wegdenk- oder Eliminationsmethode). Entfällt der Schaden, so ist das Tun ursächlich; bleibt der Schaden bestehen, so fehlt es an der Kausalität.

> **Beispiel:**
> Alfred erschießt den Bruno. Denkt man sich das Verhalten des Alfred (Schießen) weg, würde Bruno noch leben (kein Schaden). Das Verhalten des Alfred war also kausal für den Tod des Bruno.

cc) Beim **Unterlassen** ist zu fragen, ob die Vornahme einer Handlung den Eintritt eines Schadens verhindert hätte und die Handlung möglich gewesen wäre (Hinzudenkmethode). Entfällt der Schaden bei Vornahme der Handlung, so ist das Unterlassen kausal. Bleibt der Schaden trotz der Handlung bestehen, so fehlt es an der Kausalität der Unterlassung.

> **Beispiel:**
> Kuno sieht im Schwimmbad, wie der kleine, des Schwimmens noch nicht kundige Franz in das nur für Schwimmer zugelassene Becken stürzt und zu ertrinken droht. Kuno ist zwar ein guter Schwimmer, unternimmt aber nichts zur Rettung des Franz. Franz ertrinkt. Denkt man sich die Rettung des Franz durch Kuno hinzu, würde Franz noch leben. Die Unterlassung des Kuno ist kausal für den Tod des Franz.

> **Beachte:**
> Ob die Vornahme der Handlung geboten gewesen wäre und somit die Unterlassung pflichtwidrig ist, ist erst eine Frage der Rechtswidrigkeit (unten V. 1. b). Das Verhalten des Kuno ist rechtswidrig (vgl § 95 StGB).

b) Von **psychischer Kausalität** spricht man, wenn der Täter dadurch den Schaden verursacht, dass er eine Bedingung für den Willensentschluss eines anderen (Geschädigter oder Dritter) setzt, dessen Verhalten dann den Schaden herbeiführt.

> **Beispiel:**
> Rudi prahlt am Stammtisch damit, mit seinem „GTI" 200 km/h gefahren zu sein. Der danebensitzende Führerscheinneuling Stanislaus will es dem Rudi nachmachen und stirbt, als er mit seinem Auto von der Straße abkommt und frontal gegen einen Baum prallt.

Nach der Äquivalenztheorie ist auch dieses Verhalten kausal. Ob dem Täter der Schaden auch zugerechnet werden kann, ist eine Frage der hier im Einzelfall besonders problematischen Adäquanz (unten IV. 2.) und Rechtswidrigkeit (unten V. 1.).

c) Kausalität von **Aufwendungen**

aa) Aufwendungen des Geschädigten zur **Schadensbeseitigung** (zB Heilungs-, Ausbesserungskosten, tatsächliche Mietwagenkosten) sowie Aufwendungen zur Erfüllung der Schadensminderungspflicht (unten X. 2.) sind durch das schädigende Ereignis verursacht und daher zu ersetzen (unten VIII. 1. a).

bb) **Frustrierte Aufwendungen** – das sind die infolge des Schadenseintritts nutzlos gewordenen Ausgaben – werden trotz fehlender Kausalität ersetzt, soweit sie typisch für die Benutzung der beschädigten Sache erforderlich sind (zB Steuer, Versicherung, Garagenmiete während der Reparatur eines Kraftfahrzeugs). In den Fällen, in denen nicht eine Sache zerstört oder entzogen, sondern der Verfügungsberechtigte durch Verletzung am Gebrauch seiner Güter verhindert wird, stand die Rechtsprechung dem Ersatz frustrierter Aufwendungen bisher hingegen restriktiv gegenüber, um ein untragbares Ausufern der Schadenersatzpflicht zu vermeiden. Die Möglichkeit, nicht alle Güter, die man mit Geld erworben hat, auch tatsächlich nutzen zu können, gehöre zum allgemeinen Lebensrisiko. Nicht ersetzt wurden so zB die Fahrschulkosten, wenn die Führerscheinprüfung wegen einer Verletzung nicht abgelegt werden kann, oder die Kosten eines Konzertabonnements, das aufgrund eines Unfalls nicht genutzt werden kann. In jüngeren Entscheidungen hat der OGH seine Rechtsprechungslinie allerdings zumindest in Teilbereichen geändert und gewährt nun Ersatz für Kosten für eine Reise (genauer für die Stornogebühren), die unfallbedingt nicht angetreten werden konnte. Die fehlende Möglichkeit, die Reise anzutreten, komme wirtschaftlich einer Vernichtung des Anspruchs auf Erfüllung des Reisevertrags gleich, was einen ersatzfähigen Vermögensnachteil begründe.

cc) An der Kausalität fehlt es auch bei **Vorsorgeaufwendungen** (zB Kosten eines Warenhausdetektivs oder Reservefahrzeugs).

> **Beispiel:**
> Emma beschädigt bei einem Verkehrsunfall einen städtischen Linienbus. Die Verkehrsbetriebe verlangen nicht nur die Reparaturkosten für den beschädigten Bus, sondern auch die anteiligen Betriebskosten des anstelle des beschädigten eingesetzten Ersatzbusses.

Nach der Rechtsprechung kann der Geschädigte die anteiligen Kosten für das Reservefahrzeug vom Schädiger aus (nützlicher) Geschäftsführung ohne Auftrag (§ 1037) verlangen. In der Lehre wird vertreten, dass die Vorsorgekosten als Aufwand nach § 1042 ersetzt werden.

2. Ausnahmen vom Verursachungsprinzip

a) **Frustrierte Aufwendungen** (siehe aber neue Rechtsprechung) und **Vorsorgeaufwendungen** (oben 1. c) bb) und cc).

b) **Mehrere Täter** haften solidarisch für den eingetretenen Schaden, wenn sie vorsätzlich und gemeinschaftlich handeln oder (bei Fahrlässigkeit) sich die vom Einzelnen verursachten Schadensteile nicht bestimmen lassen (§ 1302 Satz 2 – unten IX. 1. b). Für die Haftung ist also ein bloßer Kausalitätsverdacht ausreichend.

c) Von **alternativer Kausalität** spricht man, wenn mehrere Personen als Schädiger in Betracht kommen, weil sie rechtswidrig und schuldhaft gehandelt haben. Es kann aber nicht festgestellt werden, wer den Schaden tatsächlich verursacht hat. Es steht nur fest, dass eine dieser Personen den Schaden herbeigeführt hat.

> **Beispiel:**
> Die Jäger Hubertus und Freischütz schießen gleichzeitig auf ein Reh, ohne darauf zu achten, dass die Schusslinie einen Spazierweg kreuzt. Der vorbeikommende Spaziergänger Valentin wird von einem Schuss getroffen und verletzt. Es kann nicht festgestellt werden, ob die den Valentin verletzende Kugel von Hubertus oder Freischütz stammt.

Lösung nach hM: **Solidarhaftung** analog § 1302 Satz 2, wenn alle Schädiger potenziell gefährlich gehandelt haben. Die konkrete Gefährlichkeit ersetzt den Kausalitätsbeweis.

d) **Kumulative Kausalität** liegt vor, wenn mehrere Ursachen gleichzeitig wirksam werden, jede Ursache aber auch für sich allein den Schaden herbeigeführt hätte. Jeder Schädiger könnte sich mit dem Argument von der Ersatzpflicht befreien, dass sein Verhalten nach der conditio-sine-qua-non-Formel deshalb nicht kausal sei, weil eine andere Ursache den Schaden ohnehin herbeigeführt hätte: Denkt man sich das Verhalten eines Schädigers weg, so wäre der Schaden dennoch durch das Verhalten des anderen Schädigers eingetreten (zur Wegdenkmethode oben 1. a) bb); beim Unterlassen stellt sich das Problem genauso).

> **Beispiel:**
> Fall wie unter c): Valentin wird aber von beiden Kugeln getroffen und stirbt. Sowohl der Schuss des Hubertus als auch jener des Freischütz wäre für sich tödlich gewesen.

Lösung nach hM: **Solidarhaftung** analog § 1302 Satz 2, wenn alle Verursacher rechtswidrig und schuldhaft gehandelt haben.

e) Bei der **überholenden Kausalität** führt anders als bei der kumulativen Kausalität (oben d) nur eine Ursache den Schaden real herbei. Eine andere (hypothetische) Ursache hätte den Schaden aber ebenso herbeigeführt, wäre das erste Ereignis nicht zuvorgekommen. Der Unterschied zur kumulativen Kausalität ergibt sich also aus dem zeitlichen Geschehensablauf. Auch hier könnte sich sowohl der reale als auch der hypothetische Schädiger auf seine fehlende Ursächlichkeit nach der conditio-sine-qua-non-Formel berufen: Denkt man sich das Verhalten des realen Schädigers weg, so wäre der Schaden dennoch durch das Verhalten des hypothetischen Schädigers eingetreten und umgekehrt (zur Wegdenkmethode oben 1. a) bb); beim Unterlassen stellt sich das Problem genauso).

> **Beispiel:**
> Fall wie unter c): Hubertus schießt aber vor dem Freischütz. Valentin wird von der Kugel des Hubertus tödlich getroffen und fällt zu Boden. Daher trifft ihn der Schuss des Freischütz nicht mehr. Der Schuss des Freischütz wäre aber ebenso mit Sicherheit tödlich für Valentin gewesen.

Nach überwiegender *Rechtsprechung* haftet nur der erste Täter, der den Schaden *real* verursacht hat. Ein Teil der *Lehre* vertritt bei subjektiv-konkreter Schadensberechnung eine Solidarhaftung beider Täter, weil bei subjektiv-konkreter Schadensberechnung auf den Zeitpunkt der Beurteilung abzustellen ist (unten VIII. 2. a) dd). Voraussetzung ist, dass auch der hypothetische Verursacher rechtswidrig und schuldhaft gehandelt hat. Bei objektiv abstrakter Schadensberechnung ist dagegen auf den Zeitpunkt der Schädigung abzustellen (unten VIII. 2. a) cc). Daher haftet jener Täter nicht, der erst nach Schadenseintritt eine hypothetische Ursache gesetzt hat.

IV. Adäquanz

1. Begriff und Zweck

Nach der Äquivalenztheorie ist jedes Verhalten kausal, wenn es eine Bedingung für den Schadenseintritt darstellt (oben III. 1. a). Da alle Bedingungen gleichwertig sind, würde jede Ursache eine Haftung auch für Folgeschäden nach sich ziehen.

> **Beispiel:**
> Amalie erschießt den untreuen Sigismund mit einer Pistole. Nach der Äquivalenztheorie wäre auch Magnum, der Hersteller der Pistole, kausal für den Tod des Sigismund. Es leuchtet aber ein, dass nicht Magnum, sondern Amalie haften soll.

Notwendig ist daher eine wertende **Begrenzung der Zurechnung**. Dies geschieht mit der **Adäquanztheorie**: Der Schädiger haftet nur für adäquat verursachte Schäden, also für alle Folgen seines schädigenden Verhaltens, mit denen abstrakt nach dem gewöhnlichen Lauf der Dinge gerechnet werden muss. Ausgeschlossen sind atypische Erfolge. Ein Schaden ist daher nicht adäquat verursacht, wenn das schädigende Ereignis für den eingetretenen Erfolg nach allgemeiner Lebenserfahrung gleichgültig ist und nur durch eine **außergewöhnliche Verkettung von Umständen** eine Bedingung für den Schaden war.

Die Adäquanz ist **objektiv** und *nicht* danach zu beurteilen, was für den Schädiger subjektiv vorhersehbar war.

> **Beachte:**
> Ein Blick auf die einschlägige Rechtsprechung zeigt, dass auch die Adäquanztheorie kein allgemeines Kriterium für die Abgrenzung bieten kann, wer für welche Schäden (noch) haftet oder nicht. Nach neuerer Rechtsprechung ist daher eine umfassende Interessenabwägung vorzunehmen.

> **Judikaturbeispiele:**
> Bejaht wurde die Adäquanz in der Rsp bspw bei: Entstehung von Auffahrunfällen bei Behinderung des Verkehrs durch ein Unfallfahrzeug (2 Ob 155/97a); Schäden durch unbefugte Benutzung eines stehengelassenen Gewehrs (3 Ob 749/51) sowie Verübung eines Selbstmordes, was auf erhebliche Verletzungen mit Dauerfolgen zurückzuführen war (2 Ob 27/91).
> Verneint wird die Adäquanz demgegenüber tendenziell **selten**. Ein Beispiel für fehlende Adäquanz findet sich in der E 8 Ob 10/85: In dieser führte die Beschädigung eines Lichtmastes durch einen Omnibus zu einem Kurzschluss in einer Oberleitung; hierdurch kam es in weiterer Folge – wegen (zusätzlich) falsch angebrachter Sicherungen – zu einem Brand in einem mit der Oberleitung verbundenen Kraftwerk. Diese Folge beurteilte der OGH als atypischen Schaden.

2. Typische Fallgruppen

a) Bei der **psychischen Kausalität** liegt, wie gezeigt (oben III. 1. b), häufig kein Kausalitäts-, sondern ein Adäquanzproblem vor. Darüber hinaus bedarf auch die Rechtswidrigkeit (hierzu sogleich V.) bei einem (bloß) psychisch kausal handelnden Täter einer genauen Prüfung, ist doch prinzipiell jedermann für seine Taten selbst verantwortlich. Zugerechnet wird der durch den anderen herbeigeführte Schaden typischerweise in folgenden Fällen (siehe auch V. 1. c):

aa) **Anstiftung** (§ 1301; unten IX. 1.);

bb) **fehlende Einsichtsfähigkeit** des psychisch Beeinflussten, der den Schaden herbeiführt;

> **Fortsetzung Beispiel oben III. 1. b):**
> Nachdem beide Fallgruppen ausscheiden, wird der Tod des Stanislaus nicht seinem Stammtischbruder Rudi zugerechnet.

cc) **Rettungsfälle** (Grund: rechtliche Billigung des ausgelösten Verhaltens)

> **Beispiel:**
> Fritz zündet das Haus des Rüdiger an. Bei den Löscharbeiten wird der Feuerwehrmann Florian verletzt. Fritz haftet nicht nur für den Schaden des Rüdiger, sondern auch für die Verletzungen des Florian.

dd) **Verfolgungsschäden** (Grund: rechtliche Missbilligung des auslösenden Verhaltens)

> **Beispiel:**
> Der Polizist Balduin verfolgt den Autodieb Knack und wird bei einem Verkehrsunfall verletzt. Knack haftet für diese Verletzung, weil er durch den Diebstahl rechtswidrig eine Gefahrensituation geschaffen hat.

b) Auch bei der **Unterbrechung des Kausalzusammenhangs** durch Fehlverhalten des Geschädigten oder Dazwischentreten eines Dritten liegt kein Kausalitäts-, sondern ein Adäquanzproblem vor. Meist handelt es sich um ein der psychischen Kausalität (oben a) vergleichbares Problem. Nach hM ist die Zurechnung danach zu entscheiden, bei wem die Zurechnungsmomente überwiegen. Handelt der Dritte vorsätzlich, so ist eine Zurechnung an den ersten Schädiger ausgeschlossen (str!). Zum Fehlverhalten des Geschädigten siehe auch unten X. 2. (Schadensminderungspflicht).

> **Beispiel:**
> Der Fußgänger Paul wird von Grete bei einem Verkehrsunfall verletzt. Durch einen Fehler des bei der Operation betrunkenen Arztes Professor Schluck stirbt Paul (Fehlverhalten eines Dritten). Oder: Paul lässt seine Verletzung nicht behandeln und stirbt kurze Zeit später an den Folgen dieser Verletzung (Fehlverhalten des Geschädigten).

c) **Anlageschäden** sind ein Fall der überholenden Kausalität (oben III. 2. e): Der Geschädigte hat die Anlage zu einer Krankheit, die Krankheit führt ausgelöst durch das schädigende Ereignis zu einem Gesundheitsschaden, dieser wäre aber später ohnehin eingetreten. Der Schädiger haftet dann nur für den durch die zeitliche Vorverlegung entstandenen Nachteil.

> **Beispiel:**
> Eulalia fügt dem Fridolin mit der Bratpfanne eine Kopfverletzung zu, als er wieder einmal betrunken nach Hause kommt. Durch die Verletzung kommt bei Fridolin eine durch Erbanlagen bedingte Geisteskrankheit zum Ausbruch. Eulalia haftet nicht für den ganzen Schaden, nur für die Vorverlegung des Schadens.

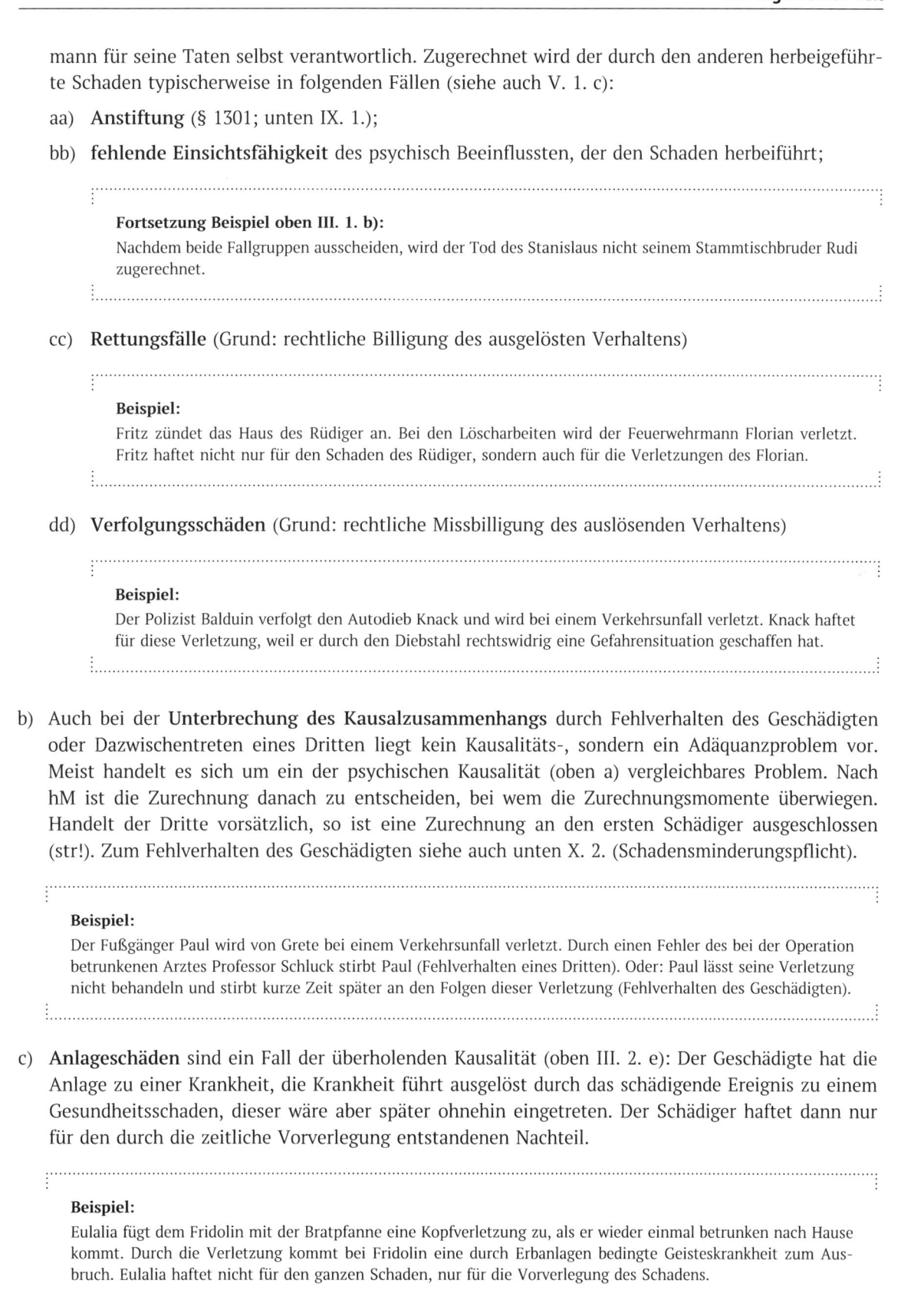

d) Von **Schockschäden** bzw **Trauerschäden** spricht man bei psychischen Schäden, die jemand durch das Miterleben eines Unfallgeschehens oder die Nachricht vom Tod bzw schwersten Verletzungen eines nahen Angehörigen erleidet.

> **Beispiel 1:**
> Eine am Zusammenstoß mit einem Moped schuldlose Autofahrerin muss den Tod der gegnerischen Lenkerin mit ansehen und wird seither von den Bildern des Unfallhergangs verfolgt.

> **Beispiel 2:**
> Die Nachricht vom Tod ihres Lebensgefährten/Ehemannes/Kindes löst bei einer Frau schwere Depressionen aus.

Gefühlsschäden dieser Art fallen unter § 1325, wenn sie zu einer Gesundheitsbeeinträchtigung mit Krankheitswert führen. Seelenschmerzen, die keine Gesundheitsschädigung im Sinne des § 1325 zur Folge haben, werden dem Unfallverursacher bzw dem Tötenden nur bei grober Fahrlässigkeit oder Vorsatz zugerechnet (zu den einzelnen Arten des Verschuldens – unten VII. 3.). Im Falle eines Mitverschuldens des Getöteten ist der Anspruch eines schockgeschädigten Angehörigen entsprechend zu kürzen.

> **Beachte:**
> 1. Einen Schmerzengeldanspruch für „verfrühten Tod" und die dadurch entgangene Lebensfreude hat die Rechtsprechung abgelehnt (vgl 2 Ob 55/04h).
> 2. Auch für „verlorene Liebe" wurde kein Schmerzengeld zugesprochen (vgl 6 Ob 124/02g).

Die Adäquanz wird bei Schock- und Trauerschäden tendenziell selten verneint. Der OGH betonte jedoch in der E 2 Ob 100/05b, dass der Eigentümerin eines Kfz – trotz psychischer Beeinträchtigung – kein Schockschaden aufgrund der Zerstörung ihres Autos zustehe. Es handle sich dabei um einen inadäquaten Schaden.

e) **Folgeverletzungen** werden zugerechnet, wenn die ursprüngliche Verletzung nach allgemeiner Lebenserfahrung mit ein Grund für die Folgeverletzung und Letztere nicht auf eine außergewöhnliche Verkettung von Umständen zurückzuführen ist.

> **Beispiel 1:**
> Franz Flink erleidet bei einem von Sigi Schnell verschuldeten Verkehrsunfall einen Oberschenkelbruch. Aufgrund der Gehbehinderung stürzt Franz im Winter auf einer Eisfläche und bricht sich erneut das Bein. Diese Verletzung wird dem Sigi zugerechnet (aber: allenfalls Mitverschulden des Franz).

> **Beispiel 2:**
> Ludwig Lustig wird bei einem Verkehrsunfall so schwer verletzt, dass sein Oberarm amputiert werden muss. Die dadurch bedingten Phantomschmerzen machen aus Ludwig einen ganz anderen Menschen mit schweren Depressionen. Schließlich begeht er Selbstmord. Der Tod wird dem Unfalllenker zugerechnet.

V. Rechtswidrigkeit

1. Begriff

a) Nach § 1294 muss das Verhalten des Schädigers rechtswidrig sein. Rechtswidrig ist ein Verhalten, wenn es **gegen Gebote oder Verbote der Rechtsordnung** verstößt. Gebote/Verbote der Rechtsordnung sind auch die **guten Sitten** (§ 1295 Abs 2). Nur menschliches Verhalten, nicht aber der eingetretene Erfolg kann rechtswidrig sein (Verhaltensunrechtslehre statt Erfolgsunrechtslehre).

> **Beachte:**
> Die Rechtswidrigkeit hat nur Bedeutung für die Verschuldenshaftung (oben I. 4. b).

b) **Unterlassen** ist nur dann rechtswidrig, wenn es gegen ein Gebot zum aktiven Tun verstößt. Es gibt keine allgemeine Pflicht, Schädigungen anderer durch aktives Tun zu verhindern. Eine besondere Handlungspflicht kann sich aber aus Fürsorgepflichten (zB Eltern), Vertrag oder Schutzgesetz (unten 2.) oder Verkehrssicherungspflichten (Ingerenzprinzip – unten B. I. 1. b) ergeben.

> **Beachte:**
> Wer trotz einer Handlungspflicht die gebotene Handlung unterlässt, handelt daher rechtswidrig und haftet bei Verschulden als Mittäter (§ 1301 letzter Halbsatz – unten IX. 1. a). Siehe auch § 1312.

c) Bei der **psychischen Kausalität** (oben III. 1. b) ist zu beachten, dass jedermann selbst entscheiden muss, ob er sich einer Gefahr aussetzt bzw wie er sich Dritten gegenüber verhält. Die psychische Einwirkung auf einen anderen, einen Schaden herbeizuführen, ist somit grundsätzlich nicht rechtswidrig (Ausnahmen oben IV. 2. a).

2. Gründe der Rechtswidrigkeit

a) Die Rechtswidrigkeit eines Verhaltens besteht in einem Verstoß gegen **Normen** des geschriebenen oder ungeschriebenen Rechts (oben 1. a). Nach geschriebenem Recht ergibt sich die Rechtswidrigkeit entweder aus einer konkreten, an jedermann gerichteten Verhaltensnorm der Rechtsordnung (§ 1311 Satz 2: **Schutzgesetz**), aus dem zwischen Schädiger und Geschädigtem abgeschlossenen Vertrag (**Verletzung vertraglicher Hauptleistungs- oder Nebenpflichten**) oder aus einem zwischen Schädiger und Geschädigtem bestehenden vorvertraglichen Schuldverhältnis (**culpa in contrahendo** – unten B. I. 1. d).

> **Beachte 1:**
> Die Rechtsprechung definiert Schutzgesetze als abstrakte Gefährdungsverbote, die dazu bestimmt sind, die Mitglieder eines Personenkreises gegen die Verletzung von Rechtsgütern zu schützen. Voraussetzung für die Einstufung einer Bestimmung als Schutzgesetz ist, dass diese dem Schutz einer Person oder eines bestimmten Personenkreises dient. Dementsprechend liegt kein Schutzgesetz vor, wenn allein ein öffentliches Interesse gewahrt werden soll. Verfolgt eine Vorschrift in der Hauptsache andere Zwecke, ist sie daneben aber auch zum Schutz von Individualinteressen erlassen worden, so genügt dies aber grundsätzlich zur Bejahung des Schutzgesetzcharakters.
>
> Schutzgesetze müssen **nicht Gesetze ieS**, sondern können bspw auch Verordnungen oder Bescheide sein. Nicht hingegen stellen ÖNORMEN, die nicht durch konkrete Rechtsvorschriften für verbindlich erklärt wurden, oder Pistenregeln Schutzgesetze dar.

> **Beachte 2:**
> Vertragliche Nebenpflichten sind Schutz-, Sorgfalts- oder Aufklärungspflichten. Im vorvertraglichen Schuldverhältnis gibt es keine Hauptleistungspflicht, sondern nur Nebenpflichten.

Neben den Normen des geschriebenen Rechts gibt es auch ungeschriebene Normen, deren Verletzung eine Rechtswidrigkeit bedingt. Ein Beispiel wären die **guten Sitten** (§ 1295 Abs 2). Überdies kann aus der Tatsache, dass die Rechtsordnung bestimmte Rechtsgüter (zB Leben, Gesundheit, Eigentum) schützt, geschlossen werden, dass eine Verletzung dieser Rechtsgüter rechtswidrig ist (**Verletzung absolut geschützter Rechtsgüter**). Es wird also aus dem Schutz eines Rechtsgutes für den konkreten Fall eine allgemeine Verhaltensnorm abgeleitet, deren Verletzung rechtswidrig ist. Eine Untergruppe solcher aus der Verletzung absolut geschützter Rechtsgüter abgeleiteter Verhaltensnormen wären die **Verkehrssicherungspflichten** (unten B. I. 1. b).

> **Beachte:**
> Die Beeinträchtigung eines absolut geschützten Rechtsgutes indiziert nur die Rechtswidrigkeit. Ob das Verhalten des Schädigers tatsächlich rechtswidrig ist, muss aufgrund einer umfassenden **Interessenabwägung** ermittelt werden. Die Interessen des Schädigers am Eingriff in Rechtsgüter eines anderen sind den Interessen des Geschädigten an der Unversehrtheit seiner Rechtsgüter gegenüberzustellen.

b) Man kann die Gründe der Rechtswidrigkeit (oben a) auch nach dem **Haftungsgrund** gruppieren: In der **Vertragshaftung** ergibt sich die Rechtswidrigkeit aus der Verletzung vertraglicher bzw vorvertraglicher Pflichten. Im **deliktischen** Bereich beruht die Rechtswidrigkeit auf der Verletzung eines Schutzgesetzes, einem Verstoß gegen die guten Sitten oder auf der Verletzung einer ungeschriebenen Verhaltensnorm, die aus dem Schutz von Rechtsgütern durch die Rechtsordnung abgeleitet werden kann.

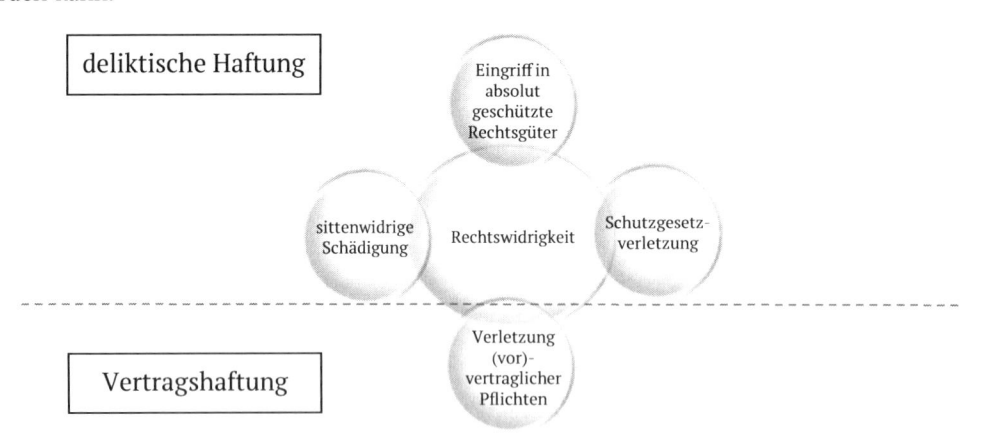

> **Siehe** zur Unterscheidung zwischen Vertragshaftung und deliktischer Haftung oben I. 3. a). Zum bloßen Vermögensschaden, der im deliktischen Bereich prinzipiell nicht ersetzt wird, oben II. 2. a) aa).

3. Die Lehre von der Sozialadäquanz

Es gibt Verhaltensweisen, die von der Rechtsordnung wegen ihrer sozialen Bedeutung erlaubt sind (zB Sportausübung). Führt ein solches Verhalten zu einem damit üblicherweise verbundenen Schaden, so handelt der Schädiger sozialadäquat und damit nicht rechtswidrig. Zum selben Ergebnis gelangt man auch, wenn man das Rechtswidrigkeitsurteil als Ausfluss einer Interessenabwägung sieht (oben 2.). Die eigenständige Bedeutung der Lehre von der Sozialadäquanz wird daher bezweifelt. Die Rechtsprechung zieht zur Begründung auch die Rechtsfigur des „Handelns auf eigene Gefahr" heran oder nimmt eine Einwilligung als Rechtfertigungsgrund an (unten 4. d).

> **Beispiel:**
> Peter begeht bei einem Fußballspiel ein Foul an Heimo. Heimo wird dabei verletzt. Nach der Rechtsprechung ist das Verhalten des Peter dann nicht rechtswidrig, wenn sein Foul einen typischen Regelverstoß darstellt, der nach den Spielregeln mit Sanktionen zu ahnden ist (zB Freistoß). Die Grenze der Rechtswidrigkeit läge etwa bei einem absichtlichen Foul ohne Ball.

> **Beachte:**
> Bei anderen von der Rechtsordnung ebenfalls erlaubten Verhaltensweisen besteht uU dennoch eine Haftung des Schädigers (Gefährdungs- oder Eingriffshaftung – oben I. 3.).

4. Rechtfertigungsgründe

a) **Notwehr** liegt vor, wenn sich jemand der *Verteidigung* bedient, die *notwendig* ist, um einen gegenwärtigen oder unmittelbar drohenden *rechtswidrigen Angriff* auf Leben, Gesundheit, körperliche Unversehrtheit, sexuelle Integrität und Selbstbestimmung, Freiheit oder Vermögen (notwehrfähige Rechtsgüter) von sich oder einem anderen (**Nothilfe**) abzuwehren (§ 3 StGB). Die Ehre ist kein notwehrfähiges Gut. Mit „rechtswidrigem Angriff" ist allerdings nur gemeint, dass die Angriffshandlung eine tatbestandsmäßige Gefährdungshandlung darstellen muss. Dass der Angreifer auch rechtswidrig iSv sorgfaltswidrig handelt, ist nicht erforderlich.

> **Beispiel:**
> Heinz bedroht den Rudi mit einem Messer. Rudi schlägt den Heinz nieder. Wenn Heinz dagegen nur „stänkert", darf ihn Rudi nicht unter Berufung auf Notwehr niederschlagen.

Man unterscheidet zwischen Notwehrsituation (Angriff) und Notwehrhandlung (Verteidigung). Die Verteidigung muss zur Abwehr des Angriffs (ex ante und objektiv betrachtet) notwendig sein, § 344 spricht von angemessener Gewalt. Eine unangemessene Notwehrhandlung ist rechtswidrig (§ 19: *Notwehrexzess*). Handelt der Schädiger auch schuldhaft, so wird er ersatzpflichtig.

Putativnotwehr ist die fälschliche Annahme einer Notwehrsituation. Wer in Putativnotwehr handelt, haftet für in vermeintlicher Abwehr verursachte Schäden nicht, sofern ihm sein Irrtum nicht vorwerfbar war.

b) **Notstand** liegt vor, wenn sich jemand aus einer unmittelbar drohenden *Gefahr* befreit, indem er in Rechtsgüter eines anderen eingreift.

> **Beispiel:**
> Willi kommt auf einer Skitour in einen Schneesturm. Um sich in Sicherheit zu bringen, bricht er die (unbesetzte) Schutzhütte des Hüttenwirts Bernhard auf.

> **Beachte:**
> Das ABGB definiert den Notstand nicht; die §§ 1306a, 1307 regeln, unter welchen Voraussetzungen trotz Notstands eine Ersatzpflicht besteht (unten B. II. 1.). Man unterscheidet den rechtfertigenden (übergesetzlichen) und den entschuldigenden Notstand. Letztgenannter ist zwar rechtswidrig, kann aber das Verschulden ausschließen, wenn dem Schädiger ein anderes Verhalten nicht zumutbar ist.

aa) Die unmittelbar drohende Gefahr nennt man Notstandssituation. Notstandsfähig sind anders als bei der Notwehr alle von der Rechtsordnung geschützten Güter. Notstandshandlung ist der Eingriff in Rechtsgüter eines anderen. Wendet jemand von einem anderen eine Gefahr ab, so spricht man von **Notstandshilfe**.

> **Beachte:**
> Anders als bei der Notwehr ist für die Notstandssituation kein rechtswidriger Angriff erforderlich. Wenn dagegen bei einem rechtswidrigen Angriff in **Rechtsgüter eines Dritten** eingegriffen wird, so liegt im Verhältnis zu diesem Dritten Notstand vor. Beispiel: A geht mit einem Messer auf B los. B bricht die Haustür des C auf, um sich in dessen Haus verstecken zu können.

Weil Angriff nur die Handlung eines Menschen sein kann, ist die **Sachwehr** (Verteidigung gegen ein angreifendes Tier) grundsätzlich Notstand.

> **Beispiel:**
> Alfred erschießt den tollwütigen Hund, der ihn anfällt. Wenn dagegen Fritz seinen Hund auf Alfred hetzt, den Hund also wie eine Waffe benutzt, so liegt eine Notwehrsituation (rechtswidriger Angriff – oben a) vor.

bb) Notstand ist nur dann ein **Rechtfertigungsgrund**, wenn die **Interessen** des im Notstand Handelnden jene des Geschädigten deutlich überwiegen, die Eingriffshandlung die geringstmögliche Verletzung der fremden Interessen darstellt sowie zur Gefahrenabwehr objektiv geeignet und ultima ratio ist.

> **Beachte:**
> Am Beispiel des Notstands zeigt sich, dass die Rechtswidrigkeit generell ein Ergebnis einer Interessenabwägung ist (oben 2. a).

Sind die Kriterien des rechtfertigenden Notstands nicht erfüllt, kommt allenfalls **entschuldigender Notstand** in Betracht. In diesen Fällen ist die Notstandshandlung zwar rechtswidrig, was zur Folge hat, dass dem Betroffenen ein Notwehrrecht zusteht; ein Verschulden des im Notstand Handelnden ist aber zu verneinen. Beide Notstandsarten werden von der Billigkeitshaftung des § 1306a ABGB erfasst (vgl hierzu unten B. II. 1.).

c) Während die Notwehr eine Defensivmaßnahme gegen einen rechtswidrigen Angriff ist, handelt der Täter bei der **Selbsthilfe** idR offensiv, um einen Anspruch (ein Recht) durchzusetzen (Eigenmacht).

> **Beachte:**
> Ist der rechtswidrige Angriff als Notwehrsituation bereits abgeschlossen und der ursprünglich Angegriffene greift nun seinerseits den anderen an, so liegt nicht mehr Notwehr, sondern (unzulässige) Selbsthilfe vor.

A. Allgemeiner Teil

> **Beispiel:**
> Max gibt dem Martin eine Ohrfeige. Martin schlägt nicht zurück (das wäre Notwehr). Bei nächster Gelegenheit allerdings „bestraft" Martin den Max und schlägt ihn zusammen (Selbsthilfe).

Auch die **Notstandshandlung** (Eingriff in Rechtsgüter) ist eine offensive Maßnahme. Notstand und Selbsthilfe sind also einander sehr ähnlich. Die Abgrenzung des Notstands von der Selbsthilfe ergibt sich daraus, dass beim Notstand eine Gefahrensituation vorliegen muss. Die Abgrenzung ist deshalb wichtig, weil der Notstand grundsätzlich rechtfertigt (zu den Voraussetzungen oben b), die Selbsthilfe dagegen grundsätzlich rechtswidrig ist.

Die Selbsthilfe ist nach § 19 regelmäßig unzulässig (vgl auch §§ 320, 797). Sie rechtfertigt nur dann, wenn behördliche Hilfe zu spät kommen würde (§ 344); das ist im obigen Beispiel nicht der Fall, sodass die „Strafaktion" des Martin rechtswidrig ist. Die Selbsthilfe darf außerdem nur mit angemessenen Mitteln erfolgen, was sich nach einer Interessenabwägung bestimmt. Bei dieser sind der durch das Unterbleiben der Selbsthilfe zu erwartende Nachteil und die durch die Selbsthilfe geschehene Güterbeeinträchtigung abzuwägen.

> **Beachte:**
> Es gibt vom Gesetz ausdrücklich vorgesehene Selbsthilferechte: Zurückbehaltungs- und (gesetzliche) Pfandrechte (§§ 471, 970c, 1052, 1101; §§ 369 ff, 397, 410, 421, 440 UGB; §§ 19 Abs 4, 19a RAO) sowie das Recht der Privatpfändung (§ 1321 – unten B. I. 12.).

d) Die **Einwilligung** des Geschädigten (volenti non fit iniuria) rechtfertigt nur, soweit der Geschädigte über das geschädigte Rechtsgut frei verfügen kann.

   aa) Frei verfügbar sind die *Vermögensrechte* (vgl § 354), dagegen ist das Recht auf Leben unverzichtbar (§ 77 StGB).

   bb) Die Einwilligung zur *Lebensgefährdung* ist dann ein Rechtfertigungsgrund, wenn durch die gefährdende Handlung ein anderer, schwererer und wahrscheinlicher Nachteil abgewendet werden soll (zB lebensgefährliche Operation). Eine Körperverletzung oder Gefährdung der körperlichen Sicherheit ist dann durch Einwilligung gerechtfertigt, wenn die Verletzung oder Gefährdung nicht gegen die guten Sitten verstößt (§ 90 Abs 1 StGB; siehe auch § 17 Abs 2). Im konkreten Fall muss genau geprüft werden, ob sich die Einwilligung auf die Gefährdung oder auch auf die Verletzung bezieht. So wird der Arzt trotz Einwilligung des Patienten in eine lebensgefährliche Operation ersatzpflichtig, wenn er die Operation sorgfaltswidrig durchgeführt hat.

   cc) Die Einwilligung ist ein *Rechtsgeschäft*. Willensmängel (zB Irrtum) sind daher zu beachten. Für eine wirksame Einwilligung bei einer Operation ist Voraussetzung, dass der Arzt den **Patienten** hinreichend über die Gefahren **aufgeklärt** hat.

e) Die **Geschäftsführung ohne Auftrag** im Notfall (§ 1036) ist ein Rechtfertigungsgrund. Ob die *nützliche* GoA (§§ 1037 ff) rechtmäßig und damit ein Rechtfertigungsgrund ist, ist streitig, wird jedoch von der hL abgelehnt.

Ein Teil der Lehre weist aber darauf hin, dass eine Abwägung des Vorteils für den Geschäftsherrn mit der damit für ihn verbundenen Beeinträchtigung zum Ergebnis der Rechtmäßigkeit führen kann. So etwa, wenn der angestrebte Vorteil sehr hoch zu bewerten und keine besondere Beeinträchtigung der sonstigen Interessen des Geschäftsherrn zu befürchten ist. Gegen die generelle Rechtmäßigkeit der nützlichen GoA spricht die im Schadenersatzrecht maßgebliche Verhaltensunrechtslehre (oben 1. a): Ob die GoA nützlich ist, lässt sich erst durch ihren Erfolg (ex post) beurteilen, nach der Verhaltensunrechtslehre ist die Rechtmäßigkeit eines Verhaltens aber nicht nach dem Erfolg, zu dem dieses Verhalten führt, sondern ex ante zu beurteilen.

Die GoA gegen den Willen des Geschäftsherrn (§ 1040) ist jedenfalls rechtswidrig (zur GoA auch unten Abschnitt GoA).

f) Ein Verhalten ist gerechtfertigt, wenn es auf einer **gesetzlichen Ermächtigung** beruht oder in Erfüllung von Amts- bzw Dienstpflichten erfolgt.

> **Beispiele:**
> Waffengebrauch der Sicherheitsorgane, Festnahmerecht (§§ 170 ff StPO) Anhalterecht (§ 80 StPO); Untersuchungshaft (§§ 173 ff StPO), Vollstreckungsmaßnahmen des Exekutors. Auch ein Handeln auf Weisung oder Befehl kann gerechtfertigt sein (vgl § 2 Abs 2 OrgHG – unten B. IV. 2. d) und § 4 AHG – unten B. III. 3. a) ff).

g) Nach § 137 Abs 2 dürfen Eltern gegenüber ihren Kindern keine Gewalt anwenden oder ihnen körperliches oder seelisches Leid zufügen. Das elterliche **Erziehungsrecht** ist also kein Rechtfertigungsgrund für eine Körperverletzung.

h) Die **Ausübung eines Rechts** rechtfertigt ein Verhalten, soweit nicht Schikane oder Rechtsmissbrauch vorliegen (§§ 1295 Abs 2, 1305 – unten B. I. 1. a).

> **Überprüfungsfälle – liegt ein Rechtfertigungsgrund vor?**
> - A wird ausgeraubt. Am nächsten Tag trifft er den Räuber auf der Straße und gibt ihm eine Ohrfeige. **Lösung**: A handelt rechtswidrig. Die Notwehrsituation ist bereits vorbei.
> - B bedroht A mit einem Messer, woraufhin A dem B einen Tritt verpasst. Um sich zu wehren, sticht B mit seinem Messer zu. A wird verletzt. **Lösung**: B handelt rechtswidrig, weil er keinen rechtswidrigen Angriff abwehrt (der Tritt des A ist durch die Notwehrsituation gerechtfertigt).
> - A rettet sich vor der Attacke eines Kampfhundes, indem er in Bs Garten eindringt und das Tor beschädigt. Dies stellt die einzige Möglichkeit dar, schweren Verletzungen vorzubeugen. **Lösung**: rechtfertigender Notstand.
> - A wird von B bestohlen und zeigt diesen an. Da A mit der Arbeit der ermittelnden Behörde unzufrieden ist, versucht er wenige Wochen nach dem Diebstahl, das Diebesgut auf eigene Faust wiederzuerlangen. **Lösung**: A handelt rechtswidrig. Seine „Selbsthilfehandlung" ist unzulässig.
> - A tätowiert B auf dessen Wunsch. **Lösung**: Die „Körperverletzung", die A dem B zufügt, ist nicht rechtswidrig verursacht. Sie ist von Bs Einwilligung gedeckt (arg: Verletzung ist nicht schwer und liegt im Interesse des Geschädigten).
> - A willigt ein, sich seine Hand von B abhacken zu lassen, um Mitglied einer Jugendbande zu werden. **Lösung**: B handelt rechtswidrig; die Einwilligung des A ist nicht gültig (arg: Verstoß gegen die guten Sitten).

VI. Rechtswidrigkeitszusammenhang

1. Die Lehre vom Schutzzweck der Norm

a) Für rechtswidrig verursachte Schäden wird nur dann gehaftet, wenn die übertretene Norm den **Eintritt gerade dieser Schäden verhindern** soll. Hierfür genügt es iSd Rechtsprechung, dass die Verhinderung des Schadens zumindest **mitbezweckt** ist. So soll bspw eine Geschwindigkeitsbeschränkung, die primär dem Lärmschutz dient, nach Auffassung des OGH auch allen Gefahren des Straßenverkehrs entgegenwirken, die eine erhöhte Geschwindigkeit mit sich bringt.

Bei der **Verschuldenshaftung** ist also zu fragen, ob der Zweck des übertretenen Schutzgesetzes oder der verletzten Vertragsbestimmung darin liegt, dass der eingetretene Schaden verhindert werden soll. Ebenso ist bei der **Gefährdungs- oder Eingriffshaftung** zu fragen, ob der Haftungstatbestand den eingetretenen Schaden verhindern soll.

b) Der Schutzzweck der Norm bestimmt auch, *wessen* Schäden zu ersetzen sind: Im Allgemeinen ist nur der **unmittelbar Geschädigte** ersatzberechtigt. Unmittelbar Geschädigter ist jener, dessen absolut geschütztes Rechtsgut verletzt wird oder mit dem der verletzte Vertrag besteht. Der nur mittelbar Geschädigte hat keinen Ersatzanspruch.

> **Ausnahmen:**
> Drittschadensfälle (unten XI. 2.); Vertrag mit Schutzwirkung zugunsten Dritter (unten B. I. 1. c).

c) Die Lehre vom Schutzzweck der Norm überschneidet sich teilweise mit Erwägungen des rechtmäßigen Alternativverhaltens. Vom **rechtmäßigen Alternativverhalten** spricht man bei der Verschuldenshaftung, wenn der Schaden auch bei rechtmäßigem Verhalten eingetreten wäre. Hier ist eine Haftung trotz Rechtswidrigkeit grundsätzlich ausgeschlossen. Der Schädiger haftet allerdings für die Erhöhung des Schadens, die ohne sein rechtswidriges Verhalten nicht eingetreten wäre.

> **Beispiel:**
> Balduin fährt im Ortsgebiet 70 km/h. Plötzlich springt der betrunkene Sigi vor ihm auf die Fahrbahn. Balduin haftet für die Verletzung des Sigi aus dem Unfall nicht, wenn der Unfall auch bei Einhaltung der zulässigen Höchstgeschwindigkeit eingetreten wäre. Die Beweislast dafür trifft den Balduin (Verletzung eines Schutzgesetzes – unten XIII. 2.). Hätte die Einhaltung der zulässigen Höchstgeschwindigkeit zu einer geringeren Verletzung des Sigi geführt, so haftet Balduin für die schwerere Verletzung.

2. Beispiele

a) Schutzgesetzverletzung

aa) Führerscheinfälle

> **Beispiel:**
> Balduin hat keinen Führerschein und verursacht einen Verkehrsunfall. Hat sich Balduin sorgfaltsgemäß verhalten, so haftet er für den Unfall nicht. Denn das Verbot, ein Kraftfahrzeug ohne Führerschein zu lenken, bezweckt nur die Verhinderung von Schäden, die zB auf mangelnde Fähigkeiten des Lenkers zurückzuführen sind. Dasselbe gilt bei Unfällen, die durch ein nicht zugelassenes Kraftfahrzeug verursacht werden, wenn das Fahrzeug mängelfrei ist. Die Zulassungsvorschriften des KFG sollen nur Schäden durch mangelhafte Fahrzeuge verhindern.

bb) Kegeljungenfall

> **Beispiel:**
> Der Gastwirt Alois beschäftigt den minderjährigen Toni als Kegeljungen nach 20 Uhr und verstößt damit gegen die Bestimmungen des Jugendschutzes. Toni wird durch einen unvorsichtigen Kegler verletzt. Für diese Verletzung haftet nicht Alois, sondern der Kegler, weil die von Alois übertretene Norm nicht solche Verletzungen verhindern soll. Vielmehr soll das Beschäftigungsverbot für Jugendliche Gesundheitsschäden vorbeugen, die sich aus einer zu langen Arbeitszeit oder aus Nachtarbeit ergeben können.

cc) Leinenpflicht für Hunde

> **Beispiel:**
> Eine ortspolizeiliche Verordnung verpflichtet Hundehalter zum Leinenzwang. Wird Franz vom frei herumlaufenden Hund der Agathe gebissen, so haftet Agathe für diese Verletzung (vgl § 1320). Dies gilt nach Auffassung des OGH ungeachtet dessen, dass die ortspolizeiliche Verordnung von der Behörde laut Sitzungsprotokoll zum Schutz öffentlicher Gartenanlagen erlassen wurde.

dd) Sorgfaltspflichten des Erwachsenenvertreters

> **Beispiel:**
> Die Sorgfaltspflichten des Erwachsenenvertreters zur Wahrung und Förderung des Wohls des Betroffenen haben lediglich gegenüber dem Pflegebefohlenen Bedeutung. Vermögensnachteile Dritter (wie zB die mangelnde Kostenübernahme von Pflegeheimkosten durch den Sozialhilfeträger infolge nicht fristgerechter Beantragung) sind nach der Rechtsprechung nicht vom Schutzzweck der Verhaltenspflichten eines Erwachsenenvertreters umfasst (vgl 1 Ob 52/21k).

b) Eingriff in absolut geschützte Rechtsgüter

aa) Kabelbruchfall

> **Beispiel:**
> Christian beschädigt bei einem Verkehrsunfall eine Stromleitung. Ein Abnehmer des E-Werks erleidet durch die unterbrochene Stromzufuhr einen Schaden. Christian haftet nicht für diesen Schaden, weil der Schutz des Eigentums nicht auch den Schutz Dritter bezweckt, die mit dem Eigentümer in Vertragsbeziehung stehen. Der Kunde des E-Werkes ist bloß mittelbar Geschädigter.
> Ein Schutz der Kunden kommt allerdings dann ausnahmsweise in Betracht, wenn der Schädiger ein Verhalten gesetzt hat, das ohne Rücksicht auf die Verletzung des Eigentumsrechtes des Versorgungsunternehmens gerade wegen der Gefährdung der Abnehmer rechtswidrig ist. Dies kann dann zu bejahen sein, wenn ein Vertrag zwischen einem Werkbesteller und einem schädigenden Bauunternehmer mit Schutzwirkungen zugunsten der Kunden vorliegt (siehe hierzu unten B. I. 1. c) oder wenn der Kunde selbst in einem absolut geschützten Recht beeinträchtigt wurde.

bb) Bonus-Malus-Fälle

> **Beispiel:**
> Anna verschuldet einen Unfall, bei dem das vollkaskoversicherte Auto der Berta beschädigt wird. Berta verliert deshalb ihren „Bonus" aus dem Kaskoversicherungsvertrag. Dieser Folgeschaden ist vom Schutzzweck der Normen mitumfasst, die das Rechtsgut Eigentum (Beschädigung des Autos) schützen.

cc) Diebstahlsfall

> **Beispiel:**
> Flink stiehlt ein Fahrrad und stößt dann trotz völlig sorgfaltsgemäßen Verhaltens den Fußgänger Langsam nieder. Flink haftet nicht, weil die durch den Diebstahl übertretene Verhaltensnorm nur das Eigentum des Bestohlenen, nicht aber die körperliche Unversehrtheit Dritter schützt.

VII. Verschulden

1. Allgemeines

Verschulden liegt vor, wenn dem Täter sein **rechtswidriges Verhalten vorwerfbar** ist. Schuldhaft kann nur eine **Handlung** sein. Die Zufügung eines Schadens durch einen Bewusstlosen, durch Reflexe oder unter vis absoluta ist nicht schuldhaft, weil keine Handlung vorliegt (§ 1306). Schuldhaft handelt der Täter also nur, wenn er sein Verhalten hätte vermeiden sollen und es auch vermeiden konnte.

Wir unterscheiden drei **Elemente** des Verschuldens: *Deliktsfähigkeit* (unten 2.), *Zumutbarkeit rechtmäßigen Verhaltens* (zB entschuldigender Notstand), *Bewusstsein der Rechtswidrigkeit* (unten 3. a) aa).

2. Deliktsfähigkeit

a) Verschulden setzt zunächst Deliktsfähigkeit voraus. Diese tritt gem § 176 ABGB prinzipiell mit **Vollendung des 14. Lebensjahres** (= Erreichen der Mündigkeit) ein. Mündige Personen können ausnahmsweise aufgrund ihres aktuellen oder dauerhaften **Geisteszustandes** (va infolge psychischer Störungen, geistiger Einschränkungen oder psychischer Krankheiten) deliktsunfähig sein.

b) In bestimmten Fällen besteht trotz des fehlenden Verschuldens eine Ersatzpflicht nach § 1310 (unten B. II. 2.).

c) Wer sich aus eigenem Verschulden in einen Zustand der Sinnesverwirrung versetzt (zB durch Alkohol- oder Drogenkonsum), wird nach § 1307 Satz 1 ersatzpflichtig. Hier ist Zurechnungsgrund ein Verschulden *vor* der Schädigung. Im Zeitpunkt der Schädigung ist der Täter deliktsunfähig. Wenn sich der Täter fahrlässig in einen Zustand versetzt hat, dass er die gebotene Sorgfalt nicht einhalten kann, spricht man von Übernahmefahrlässigkeit (zum Begriff der Fahrlässigkeit unten 3. a) bb).

d) Ebenfalls ersatzpflichtig wird ein Dritter, der schuldhaft einen Zustand der Sinnesverwirrung beim Schädiger herbeiführt (§ 1307 Satz 2).

e) Wer einen Deliktsunfähigen selbst schuldhaft zu einer Schadenszufügung veranlasst (zB durch Provokation), erhält keinen Schadenersatz (§ 1308: Kulpakompensation – unten X. 1. c). Zwischen zwei Deliktsunfähigen ist nicht § 1308 anzuwenden, sondern § 1304.

3. Arten des Verschuldens

a) Vorsatz und Fahrlässigkeit

aa) **Vorsatz** (böse Absicht; dolus) ist nach § 1294 die Verursachung eines Schadens mit **Wissen und Willen**. Nach hM reicht wie im Strafrecht (§ 5 Abs 1 StGB) *bedingter Vorsatz* (dolus eventualis): Vorsätzlich handelt, wer im Bewusstsein der Rechtswidrigkeit (hM) den Eintritt des Schadens ernstlich für möglich hält und sich damit abfindet. Dem Täter müssen also nicht nur die Umstände der Tathandlung sowie der schädigende Erfolg, sondern auch die Rechtswidrigkeit bewusst sein.

> **Merke:**
> Dass der Vorsatz des Schädigers auch die Rechtswidrigkeit umfassen muss, nennt man **Vorsatztheorie**. Nach der Vorsatztheorie bedingt somit ein Rechtsirrtum (Irrtum über die Rechtswidrigkeit) keinen Vorsatz, sondern höchstens Fahrlässigkeit (unten bb; siehe auch § 9 StGB). Anders die Schuldtheorie, wonach kein Bewusstsein über die Rechtswidrigkeit erforderlich ist.

> **Weitere Vorsatzformen:**
> Absichtlichkeit (dolus specialis, § 5 Abs 2 StGB); Wissentlichkeit (dolus principalis, § 5 Abs 3 StGB).

> **Beachte:**
> Wenn das ABGB von *absichtlicher* Schadenszufügung spricht (zB § 1295 Abs 2 – unten B. I. 1. a), reicht dafür – anders als im StGB – dolus eventualis aus. Zur *Wissentlichkeit* siehe etwa § 1300 Satz 2 (unten B. I. 9. b); zum Wissen des Geschäftsherrn über die Gefährlichkeit seines Besorgungsgehilfen (§ 1315) siehe unten B. III. 1. b).

bb) **Fahrlässigkeit** (Versehen; culpa) liegt nach § 1294 vor, wenn der Täter aus Unwissenheit, mangelnder gehöriger Aufmerksamkeit oder des gehörigen Fleißes handelt. Fahrlässig handelt somit, wer die **gebotene Sorgfalt außer Acht** lässt. § 1297 vermutet, dass jeder zu der Sorgfalt fähig ist, die bei gewöhnlichen Fähigkeiten angewendet werden kann.

Siehe zur Fahrlässigkeit auch § 6 StGB. Streitig ist im Schadenersatzrecht, ob für die Fahrlässigkeit ein **subjektiver** oder **objektiver** Maßstab gilt. Nach hM beinhaltet die Fahrlässigkeit als Verschuldensform den Vorwurf eines Willensmangels und ist daher subjektiv nach den Fähigkeiten und Kenntnissen des konkreten Täters zu beurteilen. Für den Grad der Aufmerksamkeit und des Fleißes (§ 1294), also die gebotene Sorgfalt, gilt dagegen ein objektiver Maßstab (Rechtswidrigkeit!). Es ist auf jene Sorgfalt abzustellen, die bei gewöhnlichen Fähigkeiten angewendet werden kann (§ 1297). Ähnlich wird in der Lehre auch auf das Verhalten einer sorgfältigen Person in der Lage des Täters abgestellt. Zur Übernahmefahrlässigkeit oben 2. b).

> **Beachte** die besonderen Sorgfaltsmaßstäbe in § 1299 für den Sachverständigen (objektivierter Sorgfaltsmaßstab: Sorgfalt eines durchschnittlichen Fachmanns ohne die Möglichkeit, sich mit fehlenden subjektiven Fachkenntnissen entlasten zu können) und in § 347 UGB für den Unternehmer; für weitere Sorgfaltsmaßstäbe siehe die §§ 164, 513.

Unterscheide die *unbewusste* von der *bewussten Fahrlässigkeit*: Unbewusst fahrlässig handelt, wer die Rechtswidrigkeit seines Verhaltens nicht erkennt oder wem die Möglichkeit eines Schadenseintritts nicht bewusst ist. Der Täter handelt bewusst fahrlässig, wenn ihm die Rechtswidrigkeit und die Möglichkeit eines Schadenseintrittes bewusst sind. Anders als beim *bedingten Vorsatz* (oben aa) hält der Täter den Schadenseintritt aber nicht ernstlich für möglich und findet sich damit ab. Vielmehr vertraut er darauf, dass der Schaden nicht eintreten wird.

> **Beispiel:**
> Bruno fährt mit überhöhter Geschwindigkeit (Sorgfalt!) auf einer abschüssigen Schneefahrbahn. Er sieht am Straßenrand eine Gruppe von Fußgängern und ist sich bewusst, dass er durch sein Verhalten diese Personen gefährdet. Bruno denkt sich: „Ist mir egal!" (bedingter Vorsatz). Oder Bruno denkt sich: „Es wird schon nichts passieren!" (bewusste Fahrlässigkeit).

cc) Die Unterscheidung zwischen Vorsatz und Fahrlässigkeit ist in folgenden Fällen von Bedeutung:
- § 1295 Abs 2 (unten B. I. 1. a)
- § 1302 Satz 2 (unten IX. 1.)
- Bei Vorsatz ist eine Mäßigung des Schadenersatz- und Regressanspruchs nach dem DHG bzw OrgHG (unten B. IV.) und AHG (unten B. III. 3.) ausgeschlossen (siehe aber auch unten b) bb).
- Der Dienstgeber haftet für Verletzungen des Dienstnehmers aus einem Arbeitsunfall nur bei Vorsatz (unten B. I. 13. b).

b) Grobes und leichtes Verschulden

aa) **Grobes Verschulden** ist *Vorsatz* oder *grobe Fahrlässigkeit*. **Leichtes Verschulden** ist die *leichte Fahrlässigkeit*.

Grobe Fahrlässigkeit (§ 1324: auffallende Sorglosigkeit; culpa lata) liegt nach der Rechtsprechung vor, wenn das Versehen über das Maß der alltäglich vorkommenden Fahrlässigkeitshandlungen erheblich und ungewöhnlich hinausgeht, sodass der Eintritt eines Schadens als wahrscheinlich vorhersehbar ist. Die Sorglosigkeit muss auffallend und ungewöhnlich sein, wie sie nur bei besonders nachlässigen oder leichtsinnigen Menschen vorkommt. Der Täter vernachlässigt jene Sorgfalt, die jedermann hätte einleuchten müssen.

Leicht fahrlässig (culpa levis) ist ein Sorgfaltsverstoß, der auch einem sorgfältigen Menschen gelegentlich unterläuft.

Das DHG (unten B. IV. 1.) nennt die leichte Fahrlässigkeit „minderer Grad des Versehens" (§ 2 Abs 1 DHG) und kennt auch noch die „entschuldbare Fehlleistung" (§ 2 Abs 3 DHG: leichteste Fahrlässigkeit, culpa levissima).

bb) Die Unterscheidung zwischen grobem und leichtem Verschulden ist in folgenden Fällen wichtig:
- Umfang und Berechnung des Schadenersatzes (unten VIII. 2. a).
- Wegehalterhaftung (unten B. I. 10.).
- Gehilfenhaftung im Rahmen der Gefährdungshaftung (unten B. III. 1. b) dd).
- Annahmeverzug (§ 1419): Der Schuldner haftet nur mehr für grobes Verschulden (siehe *ORAC-Rechtsskriptum* „Schuldrecht Allgemeiner Teil").
- Umfang des Ersatzes bzw Regresses im DHG bzw OrgHG (unten B. IV.) und AHG (unten B. III. 3. a) – siehe auch oben a) cc).
- Regress des Sozialversicherungsträgers beim Dienstgeber und Arbeitskollegen nach ASVG (unten B. I. 13.).
- Eine (vertragliche) **Haftungsfreizeichnung** für Vermögensschäden ist – außerhalb des Anwendungsbereichs des KSchG – nach ständiger Rechtsprechung des OGH für leichte Fahrlässigkeit zulässig. Eine Freistellung von der Haftung für grob fahrlässig verursachte Vermögensschäden ist nur insoweit zulässig, als es sich nicht um krass grobe Fahrlässigkeit handelt (vgl 3 Ob 196/13i). Die Haftung für vorsätzliche Schadenszufügung kann aber jedenfalls nicht ausgeschlossen werden. In Verbraucherverträgen darf die Haftung für Vermögensschäden nur bei leichter Fahrlässigkeit ausgeschlossen werden (§ 6 Abs 1 Z 9 KSchG). Eine Haftungsfreizeichnung für Personenschäden ist sowohl im Unternehmer- als auch im Verbraucherbereich unzulässig.

VIII. Art und Umfang des Schadenersatzes

1. Naturalherstellung

a) Nach § 1323 ist Schadenersatz *primär* durch Naturalherstellung zu leisten. Naturalherstellung ist die **Beseitigung des realen Schadens** (oben II. 2. a) bb), also die Herstellung jenes tatsächlichen Zustandes, der ohne das schädigende Ereignis bestanden hätte.

> **Beispiele:**
> Reparatur, Rückgabe einer Sache, Lieferung einer gleichartigen und gleichwertigen Sache.

Erster Abschnitt: Schadenersatzrecht

Der Geschädigte kann selbst den Schaden beheben oder durch einen Dritten beheben lassen und die Kosten der Naturalherstellung (zB **Reparaturkosten**) vom Schädiger verlangen (Aufwendungen zur Schadensbeseitigung – oben III. 1. c) aa).

> **Beachte 1:**
> Wird die Reparatur tatsächlich durchgeführt, sind die Reparaturkosten in voller Höhe zu ersetzen – also auch soweit sie die objektive Wertminderung (§ 1332) übersteigen. **Fiktive Reparaturkosten** werden hingegen nur bis zur Höhe der Minderung des gemeinen Werts der beschädigten Sache zugesprochen. Der Geschädigte soll nicht bereichert werden.

> **Beachte 2:**
> Neben der Naturalherstellung ist etwa bei der Reparatur von Kraftfahrzeugen auch ein **Geldersatz** denkbar (in Höhe des **merkantilen Minderwerts** – unten B. I. 7. a). Trotz des grundsätzlichen Vorrangs der Wiederherstellung der beschädigten Sache bei Möglichkeit und Tunlichkeit gesteht der OGH dem Geschädigten die Wahl zwischen Naturalherstellung oder Geldersatz zu (zweifelhaft).

b) Ist die Naturalherstellung **unmöglich oder untunlich**, so ist Schadenersatz in Geld zu leisten (unten 2.).

> **Beachte:**
> Im OrgHG (unten B. IV. 2.) und im AHG (unten B. III. 3.) ist die Naturalherstellung ausgeschlossen, Schadenersatz ist nur in Geld zu leisten.

aa) Unmöglich ist die Naturalherstellung, wenn der Leistung ein dauerndes Hindernis entgegensteht (zB Totalschaden eines Kraftfahrzeugs).

bb) Untunlich ist die Naturalherstellung, wenn sie dem Schädiger wirtschaftlich nicht zumutbar ist oder den Interessen des Geschädigten widerspricht. Verlangt der Geschädigte also Geldersatz, so ist Untunlichkeit der Naturalherstellung anzunehmen. Nach der Rechtsprechung ist bei einem Kraftfahrzeug die Naturalherstellung untunlich, wenn die Reparaturkosten den Wert der Sache vor der Schädigung erheblich übersteigen (wirtschaftlicher Totalschaden).

> **Beachte:**
> Für Tiere besteht eine Sonderregelung (§ 1332a – unten B. I. 8. c).

c) Auch bei **ideellen Schäden** gibt es nach hM eine Naturalherstellung: zB Widerruf nach § 1330 Abs 2, Entgegnung nach § 9 MedienG, Urteilsveröffentlichung. Zum Geldersatz für ideelle Schäden unten 2. b).

> **Beachte:**
> Definiert man die Naturalherstellung als Beseitigung des realen Schadens (oben a), so liegt in diesen Fällen keine Naturalherstellung im eigentlichen Sinn vor: Der ideelle Schaden als Unlustgefühl kann ab seinem Eintritt natürlich nicht mehr beseitigt werden.

2. Geldersatz

a) Vermögensschaden

aa) Nach §§ 1323, 1324 ist der Umfang des Geldersatzes abhängig vom **Grad des Verschuldens** des Schädigers (**gegliederter Schadensbegriff**): Bei leichter Fahrlässigkeit ist der **positive Schaden** zu ersetzen (§§ 1323, 1324: eigentliche Schadloshaltung). Bei grobem Verschulden des Schädigers (Vorsatz oder grobe Fahrlässigkeit) muss dieser das **Interesse** (positiven Schaden und entgangenen Gewinn) ersetzen (§§ 1323, 1324: volle Genugtuung). Nach der **Lehre** umfasst die „volle Genugtuung" in § 1323 auch ideelle Schäden (unten b) bb).

> **Siehe** zu den Begriffen positiver Schaden und Interesse oben II. 2. a); zu den Verschuldensarten oben VII. 3. b).

> **Beachte:**
> Im Unternehmensrecht umfasst der Schadenersatz immer – also auch bei leichter Fahrlässigkeit – den entgangenen Gewinn (§ 349 UGB [nunmehr: beiderseitig unternehmensbezogenes Geschäft – *ORAC-Rechtsskriptum* „Unternehmensbezogene Geschäfte"], § 16 Abs 1 UWG, § 87 Abs 1 UrhG).

§ 1331 enthält eine weitere Untergliederung des Schadensbegriffs (**Wert der besonderen Vorliebe**): – unten B. I. 8. b).

bb) Der Grad des Verschuldens bestimmt auch die Art der **Schadensberechnung**: Der positive Schaden ist objektiv-abstrakt, das Interesse subjektiv-konkret zu berechnen (oben II. 2. a) bb). Bei grobem Verschulden des Schädigers kann aber der Geschädigte den Schaden wahlweise auch objektiv-abstrakt bestimmen. Besteht der positive Schaden im Entstehen eines **Aufwands** oder einer **Verbindlichkeit**, so kann dieser Schaden jedenfalls nur **konkret** berechnet werden.

Nach einem Teil der Lehre ist allerdings jeder Schaden konkret zu berechnen, weil auch die vorrangige Naturalherstellung (oben 1.) nur konkret erfolgen könne.

cc) Wird eine Sache beschädigt, so ist der **positive Schaden** nach dem **gemeinen Wert im Zeitpunkt der Schädigung** zu berechnen (§ 1332). Der gemeine Wert bestimmt sich nach § 305. Als gemeiner Wert kommen primär der *Verkehrswert* (Austauschwert), subsidiär der *Ertragswert* (kapitalisierte Erträge einer Sache) oder, wenn die Sache keinen Verkehrswert hat, der *Herstellungswert* (Kosten der Neuherstellung) infrage.

> **Beachte:**
> Beim Verkehrswert ist primär der Marktpreis der Sache maßgeblich. Gibt es keinen Marktwert, so ist je nach dem rechtlichen Zweck, für den die Wertfeststellung erfolgt, auf den Einkaufs- oder Verkaufswert abzustellen, der im redlichen Verkehr für Waren dieser Art im relevanten Zeitraum verlangt/erzielt werden kann. Ist die beschädigte Sache zur Weiterveräußerung bestimmt, so ist nach der Rechtsprechung der Weiterveräußerungsgewinn positiver Schaden, wenn dem Geschädigten die Beschaffung einer gleichwertigen Sache und damit die Erfüllung des Kaufvertrags nicht möglich ist.

Die Berechnung erfolgt nach der **Differenzmethode**: Der Schaden ergibt sich aus der Differenz zwischen dem Wert des Rechtsguts vor der Schädigung und dessen Wert nach der Schädigung. Anders als bei der subjektiv-konkreten Schadensberechnung ist nur der Wert des Rechtsguts, nicht aber dessen Stellung innerhalb des gesamten Vermögens des Geschädigten entscheidend (**objektiv-abstrakte** Berechnung).

dd) Das **Interesse** ist **subjektiv-konkret** zu berechnen: Ermittelt wird nicht der gemeine Wert der Sache, sondern deren Wert im gesamten Vermögen des Geschädigten.

Die Berechnung des Schadenersatzes erfolgt auch hier nach der **Differenzmethode**: Der Schaden ergibt sich aus der Differenz zwischen der Vermögenslage des Geschädigten vor dem schädigenden Ereignis und der Vermögenslage nach dem schädigenden Ereignis. Anders als bei der objektiv-abstrakten Schadensberechnung ist nicht der Zeitpunkt der Schädigung, sondern der **Beurteilungszeitpunkt** (= Schluss der mündlichen Verhandlung erster Instanz) entscheidend. Daher stellt sich nur bei subjektiv-konkreter Schadensberechnung das Problem der Vorteilsausgleichung (unten XI. 1.). Zur überholenden Kausalität siehe oben III. 2. e).

> **Beispiel:**
> Eine Sammelfigur hat einen Verkehrswert von € 100,–. Im Vermögen des Geschädigten ist sie allerdings € 400,– wert, weil sie Bestandteil einer „kompletten Sammlung" ist. Diese hat als Ganze einen höheren Wert als die Summe ihrer Einzelstücke. Im Falle der Zerstörung der Figur wären vom Schädiger bei objektiv-abstrakter Schadensberechnung € 100,– zu ersetzen, bei subjektiv-konkreter Schadensberechnung wären dagegen die € 400,– ersatzfähig.

Wird eine gebrauchte Sache zerstört, so entsteht das **Problem „neu für alt"**:

> **Beispiel:**
> Peter verbrennt den gebrauchten Pelzmantel der Elisabeth. Elisabeth kann sich keinen entsprechenden Mantel besorgen (es gibt idR keinen Markt für gebrauchte Mäntel), sondern muss sich einen neuen, erheblich teureren Mantel kaufen. Würde der Elisabeth der Preis des neuen Mantels ersetzt, so wäre sie bereichert, weil sie mehr als den tatsächlichen Schaden erhalten würde (Bereicherungsverbot im Schadenersatzrecht!). Bekommt Elisabeth nur den Wert des gebrauchten Mantels ersetzt, so stünde sie vermögensmäßig schlechter als vor dem schädigenden Ereignis, weil sie selbst die Differenz zum Preis des neuen Mantels aufbringen müsste.
> Die **Rechtsprechung** geht in diesen Fällen davon aus, dass der Geschädigte grundsätzlich Anspruch auf Wiederherstellung (auch) in Form einer Neuanschaffung hat. Der Differenzbetrag zwischen dem Wert der unbeschädigten Sache und dem Wert der neuen Sache (zB durch längere Lebensdauer) ist allerdings von den Kosten der Schadensbehebung in Abzug zu bringen, um eine Bereicherung des Geschädigten zu verhindern. Kein Abzug **„neu für alt"** erfolgt dann, wenn die neue Sache dem Geschädigten nicht mit Sicherheit eine längere Brauchbarkeit bietet.

b) Ideeller Schaden

aa) Nach der **Rechtsprechung** umfasst § 1323 keinen Geldersatz für ideelle Schäden. Dieser wird bislang nur in den gesetzlich ausdrücklich angeordneten Fällen gewährt.

    aaa) § 1325 (**Schmerzengeld** – unten B. I. 2. c)

    bbb) § 1331 (**Affektionsinteresse** – unten B. I. 8. b)

    ccc) § 1329 (**Freiheitsberaubung** – unten B. I. 6.): Nach der Rechtsprechung ein dem Schmerzengeld vergleichbarer Anspruch. Der OGH hat dies zunächst für die **hoheitliche Freiheitsentziehung** (Amtshaftung!) mit der unmittelbaren Anwendbarkeit des **Art 5 Abs 5 EMRK** begründet, wo auch ein Ersatz ideeller Schäden vorgesehen ist. Auf ein Verschulden der Organe der Republik Österreich kommt es anders als nach AHG nicht an (zur Amtshaftung unten B. III. 3.).

Art 5 EMRK (Verfassungsrang!) hat also den § 1329 teilweise derogiert (materielle Derogation).

Vgl ebenso **Art 7** des **BVG über den Schutz der persönlichen Freiheit** (BGBl 1988/684): „Jedermann, der rechtswidrig festgenommen oder angehalten wurde, hat Anspruch auf volle Genugtuung einschließlich des Ersatzes nicht vermögensrechtlichen Schadens."

Auch bei der Freiheitsberaubung **durch Privatpersonen** spricht der OGH Geldersatz für ideelle Schäden zu, weil sonst ein Wertungswiderspruch zum Amtshaftungsanspruch wegen hoheitlicher Freiheitsentziehung bestünde. Allerdings ist hier anders als bei hoheitlicher Freiheitsentziehung Verschulden Voraussetzung.

> **Beispiel:**
> Julia hat, wiewohl verheiratet, einen Liebhaber namens Romeo. Die beiden schmieden ein Komplott gegen den Ehemann der Julia, Wilhelm. Julia zeigt den Wilhelm bei der Polizei wegen Körperverletzung an und benennt den Romeo als Zeugen. Wilhelm kommt in Untersuchungshaft. Als sich nach geraumer Zeit die Vorwürfe als haltlos herausstellen, wird Wilhelm wieder freigelassen. Er verlangt von Julia und Romeo nicht nur Verdienstentgang (Vermögensschaden), sondern auch Schmerzengeld für die Dauer der Haft.

> **Beachte:**
> Nach der Rechtsprechung gibt es bei fahrlässiger, privater Freiheitsentziehung keinen Anspruch auf Schmerzengeld (§ 1325), weil § 1329 nur die vorsätzliche Freiheitsentziehung erfasse und das Schmerzengeld nicht Teil der „vollen Genugtuung" (§ 1323) sei (zweifelhaft).

ddd) Nach § 1328 (**Verletzung der geschlechtlichen Selbstbestimmung** – unten B. I. 4.) besteht Anspruch (auch) auf Ersatz der ideellen Schäden vergleichbar dem Schmerzengeld.

eee) § 1328a (**Verletzung der Privatsphäre** – seit 1. 1. 2004 – unten B. I. 5.) spricht dem Geschädigten neben dem entstandenen Vermögensschaden (Abs 1 S 1) ausdrücklich auch den Ersatz allfälliger ideeller Schäden zu (Abs 1 S 2). Die mit dem Eingriff in das Persönlichkeitsrecht verbundene psychische Beeinträchtigung und Kränkung soll abgegolten werden. Der ideelle Schaden ist allerdings nur bei erheblichen Verletzungen zu ersetzen.

fff) Der **Ersatz entgangener Urlaubsfreuden** (unten B. I. 14.) ist durch **§ 12 Abs 2 PRG** gesetzlich normiert. Der Reisende hat gegen den Reiseveranstalter Anspruch auf angemessenen Ersatz des Schadens, den er infolge einer Vertragswidrigkeit erlitten hat. War die Vertragswidrigkeit erheblich, so umfasst der Schadenersatzanspruch auch den Anspruch auf angemessenen Ersatz der entgangenen Urlaubsfreude.

bb) Nach Ansicht der **Lehre** ist der ideelle Schaden generell zu ersetzen. Dies wird damit begründet, dass § 1323 Satz 2 von der „Tilgung der verursachten Beleidigung" spricht. Da jene Tilgung aber Teil der vollen Genugtuung sei, bestehe ein Geldersatz für ideelle Schäden nur bei grobem Verschulden. Nach einem Teil der Lehre ist der ideelle Schaden auch bei leichter Fahrlässigkeit zu ersetzen, weil § 1293 als Schaden auch jenen Nachteil kenne, den jemand an seiner Person erleide.

IX. Haftung mehrerer Schädiger

1. Die Haftung nach den §§ 1301, 1302

a) **Mittäter** führen den Schaden vorsätzlich und gemeinschaftlich herbei. Von § 1301 sind auch die Anstiftung und die Beihilfe erfasst. Anstiftung ist die Bestimmung eines anderen, den Schaden herbeizuführen (§ 1301: verleiten, drohen, befehlen). Beihilfe liegt vor, wenn jemand zur Ausführung der Tat beiträgt (§ 1301: helfen, verhehlen).

> **Beachte:**
> § 12 StGB nennt diese Formen der Beteiligung Bestimmungs- und Beitragstäterschaft. Nach § 1301 letzter Halbsatz ist Mittäter auch, wer die Erfüllung einer besonderen Pflicht unterlässt, den Schaden zu verhindern. Dies ist deshalb wichtig, weil Unterlassen ohne Bestehen einer Handlungspflicht nicht rechtswidrig wäre (oben V. 1. b).

> **Beispiel** für die einzelnen Formen der Mittäterschaft: Max überredet Hinz und Kunz, ihren Mitschüler Donald zu „verhauen". Emsig, ein weiterer Mitschüler, steht „Schmiere". Der des Wegs kommende Lehrer unternimmt nichts, um dem Donald zu helfen (den Lehrer trifft als Aufsichtsperson eine Handlungspflicht). Alle genannten Personen sind Mittäter in Bezug auf Verletzungen des Donald.

Nebentäter handeln nicht gemeinschaftlich, sondern führen den Schaden voneinander unabhängig herbei.

> **Beispiel:**
> Die Autofahrer A, B und C überfahren nacheinander den auf der Straße liegenden D. Nach § 8 EKHG haften A, B und C solidarisch (unten b).

b) Mehrere Täter haften in folgenden Fällen **solidarisch** für den gesamten Schaden:

- Jeder hat den gesamten Schaden verursacht.
- Die vom einzelnen Täter (Mit- oder Nebentäter) verursachten Anteile am gesamten Schaden lassen sich nicht bestimmen (§ 1302 Satz 2).
- Die Täter handeln vorsätzlich (§ 1302 Satz 2) und gemeinschaftlich (Mittäter).
- Weitere Fälle der Solidarhaftung: §§ 6 und 8 EKHG (Nebentäter – unten B. V. 3.); § 10 PHG (unten B. VI.).

c) Jeder Täter haftet nur für den von ihm verursachten **Anteil** am Schaden:

- Die Täter handeln fahrlässig und die Schadensanteile lassen sich bestimmen (§ 1302 Satz 1).
- Nebentäter (dh: kein gemeinschaftliches Vorgehen!) handeln vorsätzlich und die Anteile sind bestimmbar.

2. Regress

a) Im Innenverhältnis der **solidarisch Haftenden** besteht ein Regressanspruch: Wer dem Geschädigten den Schaden ersetzt hat, kann von den anderen Solidarschuldnern anteiligen Rückersatz verlangen (§ 1302 aE; § 11 EKHG; § 12 PHG). Für den Regress gilt § 896 (vgl *ORAC-Rechtsskriptum* „Schuldrecht Allgemeiner Teil").

b) Der Umfang des Regresses (vgl § 896) bestimmt sich nach dem **Grad des Verschuldens** beim einzelnen Täter, im Zweifel findet eine Aufteilung nach Köpfen statt (§ 896). Nach der Rechtsprechung umfasst der Regress *nicht* die **Kosten eines Vorprozesses** mit dem Geschädigten (anders §§ 3, 4 DHG – unten B. IV.) und auch nicht **Verzugszinsen**. Allerdings sind nach § 896 nicht regressierbare Kosten (insb Prozesskosten) unter Umständen aus anderen Rechtstiteln, wie der nützlichen GoA (§ 1307), zu ersetzen. Unabdingbare Voraussetzung hierfür ist nach Ansicht des OGH allerdings, dass dem Mitschuldner im Vorprozess der Streit verkündet wurde.

> **Beachte:**
> Auch bei der Gefährdungshaftung gibt es einen Regress. Hier ergibt sich der Umfang des Regresses entweder auch aus einem zudem beim einzelnen Täter gegebenen Verschulden oder daraus, welcher Schädiger die höhere Gefährdung zu verantworten hat (§ 11 Abs 1 EKHG). Zur Verjährung von Regressansprüchen unten XII. 2.

X. Mitverantwortung des Geschädigten

1. Mitverschulden

a) Hat nicht nur der Schädiger, sondern auch der Geschädigte schuldhaft den Schaden verursacht, so ist dieses Mitverschulden nach § 1304 **verhältnismäßig zu berücksichtigen.** Der Geschädigte muss also einen Teil des Schadens selbst tragen. Die Aufteilung des Schadens beurteilt sich nach der Schwere des Verschuldens beim Schädiger und beim Geschädigten. Bei gleichteiligem Verschulden, oder wenn sich die Verschuldensanteile nicht bestimmen lassen, tragen Schädiger und Geschädigter den Schaden zu gleichen Teilen (Schadensteilung 1:1).

> **Beachte:**
> Das Mitverschulden ist kein echtes Verschulden, weil die Schädigung eigener Rechtsgüter nicht rechtswidrig ist (zB § 362 für den Eigentümer). Es liegt lediglich eine Sorglosigkeit gegenüber eigenen Gütern vor (**Obliegenheitsverletzung**). Dennoch muss der Geschädigte nach hM deliktsfähig sein (oben VII. 2.), damit ihm ein Mitverschulden zugerechnet werden kann. Nach der Rechtsprechung ist bei Deliktsunfähigen § 1310 analog auf die Frage des Mitverschuldens anzuwenden. Zur Obliegenheit siehe *ORAC-Rechtsskriptum* „Schuldrecht Allgemeiner Teil".

> **Beispiele:**
> Auch das Nichtanlegen eines Sicherheitsgurts oder Motorradhelms begründet ein Mitverschulden in Zusammenhang mit einem Verkehrsunfall (vgl § 106 KFG). Dieses Mitverschulden mindert jedoch nur den Anspruch auf Schmerzengeld, nicht aber die sonstigen Ansprüche nach § 1325 (unten B. I. 2.).
> „Sportlich ambitionierte" (dh: unter rennmäßigen Bedingungen fahrende) Radfahrer kann nach der jüngeren Rsp ebenfalls ein Mitverschulden treffen, wenn sie keinen Fahrradhelm tragen. Selbiges gilt nach 2 Ob 119/15m für Motorradfahrer, die ohne Motorrad-Schutzbekleidung unterwegs sind. In beiden Konstellationen wird vom OGH – in analoger Anwendung des § 106 Abs KFG – nur der Anspruch auf Schmerzengeld gemindert.

b) Der Geschädigte muss sich auch ein Verhalten seiner **Gehilfen** als Mitverschulden zurechnen lassen. Zugerechnet wird bei vertraglichen Schadenersatzansprüchen das Verschulden des Erfüllungsgehilfen (§ 1313a). Im deliktischen Bereich muss sich der Geschäftsherr das Verhalten seines Gehilfen nach neuerer Rechtsprechung nur zurechnen lassen, wenn er für diesen Gehilfen auch nach § 1315 (Besorgungsgehilfe) haften würde. Nach einem Teil der Lehre ist dem Geschädigten als Mitverschulden das Verschulden jeder Person zuzurechnen, der der Geschädigte seine Güter anvertraut hat (§ 7 Abs 2 EKHG – unten B. V. 3. d) bzw aus deren Tätigkeit der Geschädigte Nutzen zieht.

> **Beachte:**
> Strittig ist die Zurechnung des Verschuldens eines **gesetzlichen Vertreters** als Mitverschulden des Vertretenen: Soweit zwischen dem Vertretenen und dem Dritten ein Schuldverhältnis besteht, erfolgt die Zurechnung nach § 1313a. Im deliktischen Bereich lehnt die hM eine Zurechnung anders als beim Gehilfen ab.

c) Abweichend von § 1304 gibt es Fälle im ABGB, wo das Mitverschulden einen Schadenersatzanspruch des Geschädigten ausschließt (**Kulpakompensation**): § 878 Satz 3 (*ORAC-Rechtsskriptum „Schuldrecht Allgemeiner Teil"*), § 1308 (unten B. II. 2.).

2. Schadensminderungspflicht

Aus § 1304 wird auch die Schadensminderungspflicht des Geschädigten abgeleitet. Gemeint ist die Pflicht des Geschädigten, den Schaden möglichst gering zu halten. Was dem Geschädigten im Rahmen der Schadensminderungspflicht zumutbar ist, richtet sich nach den Umständen des Einzelfalls. Nach der Rechtsprechung ist insb auf die **bisherige berufliche Tätigkeit** und die **persönlichen Verhältnisse** des Geschädigten Bedacht zu nehmen. Maßgebend ist, ob der Geschädigte jene Sorgfalt außer Acht gelassen hat, die ein **verständiger Betroffener in seiner Lage** angewendet hätte, um eine Schädigung nach Möglichkeit abzuwenden.

Die Schadensminderungspflicht ist keine einklagbare Pflicht, sondern eine **Obliegenheit**. Ihre Verletzung begründet ein **Mitverschulden** nach § 1304, es kommt also zur **Schadensteilung** (oben 1.; abweichend allerdings die Rsp, die den vergrößerten Schaden dem Geschädigten idR alleine zuweist).

Lediglich dann, wenn die Schadensvergrößerung auf einem **selbstständigen Willensentschluss** des Geschädigten beruht, der nicht durch das haftungsbegründende Ereignis herausgefordert wurde, hat der Geschädigte die Schadensvergrößerung **alleine** zu tragen.

Beispiel 1:
Der Verletzte unterzieht sich keiner ärztlichen Heilbehandlung, wodurch sich die Verletzung verschlimmert. Vgl auch: Die Verweigerung einer Bluttransfusion einer Zeugin Jehovas aus Glaubensgründen beurteilte der OGH als Obliegenheitsverletzung. Alle aus dieser Verweigerung resultierenden Nachteile waren daher von der Geschädigten selbst zu tragen.

Beispiel 2:
Der Geschädigte nimmt sich während der Reparatur seines Mittelklassewagens ein Auto der Luxusklasse als Mietwagen. (Teures Deckungsgeschäft beim Nichterfüllungsschaden – siehe oben II. 3. a).

Beachte:
Nach der Rechtsprechung muss der Verletzte einem zumutbaren Erwerb nachgehen, um den Verdienstentgang (§ 1325) möglichst gering zu halten. Dies gilt nach Auffassung des OGH nicht für die Witwe eines Getöteten im Zusammenhang mit dem Unterhaltsanspruch nach § 1327 (str). Zur Obliegenheit siehe *ORAC-Rechtsskriptum „Schuldrecht Allgemeiner Teil"*.

XI. Vorteilsausgleichung und Drittschaden

1. Vorteilsausgleichung

a) Das Problem der Vorteilsausgleichung besteht dann, wenn der Geschädigte durch das schädigende Ereignis nicht nur einen Nachteil, sondern auch Vorteile erlangt hat.

Beispiel:
Hänschen wird bei einem Verkehrsunfall verletzt. Als Trost erhält er von seinem Großvater € 1.000,–.

b) Die Frage der Anrechnung dieser Vorteile auf den Schadenersatzanspruch des Geschädigten stellt sich nur, wenn der Schaden **subjektiv-konkret** zu berechnen ist (dazu oben VIII. 2. a). Denn beim **Interesseersatz** ist der Schaden aus einem Vergleich zwischen der Vermögenslage des Geschädigten vor bzw nach dem schädigenden Ereignis zu ermitteln (Differenzmethode). Vorteile führen zu einer Vermögensvermehrung und wären damit zu berücksichtigen.

c) Dagegen ist bei objektiv-abstrakter Schadensberechnung nur der Wert des geschädigten Rechtsgutes entscheidend. Vorteile, die sich im sonstigen Vermögen des Geschädigten auswirken, bleiben unberücksichtigt.

> **Beachte:**
> Der Geschädigte kann bei grobem Verschulden zwischen objektiv-abstrakter oder subjektiv-konkreter Schadensberechnung wählen (oben VIII. 2. a) bb).

d) Grund für die Vorteilsausgleichung ist das **Bereicherungsverbot** im Schadenersatzrecht: Der Geschädigte soll nur den tatsächlich erlittenen Nachteil ersetzt erhalten. Nach hM sind aber auch bei subjektiv-konkreter Schadensberechnung nicht alle Vorteile auf den Schadenersatzanspruch anzurechnen. Entscheidend ist, ob der Vorteil (zB eine Zuwendung von Dritten) den Schädiger entlasten oder nur den Geschädigten begünstigen soll. Nur wenn die Zuwendung die Entlastung des Schädigers bezweckt, erfolgt eine Anrechnung.

> **Beachte:**
> Gesetzlich ausgeschlossen ist eine Vorteilsausgleichung beim Verdienstentgang und Unterhalt nach § 14 Abs 4 EKHG, der im ABGB analog anzuwenden ist (unten B. I. 2. und 3.).

e) Soweit Ersatzansprüche durch **Legalzession** auf den Dritten übergehen, von dem der Vorteil für den Geschädigten stammt, ist eine Vorteilsausgleichung ausgeschlossen (zB § 67 VersVG und § 332 ASVG). Denn die Legalzession bezweckt, dass der Dritte statt des Geschädigten den Ersatzanspruch gegen den Schädiger geltend machen kann. Würde in diesen Fällen eine Vorteilsausgleichung bejaht, so stünde dem Geschädigten gar kein Ersatzanspruch gegen den Schädiger zu, der über die Legalzession auf den Dritten übergehen könnte.

Den Zusammenhang zwischen Vorteilsausgleichung und Legalzession zeigt auch § 333 Abs 2 ASVG: Der Schadenersatzanspruch des Dienstnehmers gegen seinen Dienstgeber vermindert sich um die Leistungen aus der gesetzlichen Unfallversicherung. Denn soweit der Sozialversicherungsträger solche Leistungen an den Dienstnehmer erbringt, erfolgt eine Legalzession (§ 332 ASVG – unten B. I. 13.).

f) Nach der Lehre ist in jenen Fällen, wo keine ausdrückliche Legalzession angeordnet ist, § 1358 analog anzuwenden. Dies bedeutet, dass eine Vorteilsausgleichung ausgeschlossen ist und der Dritte den dem Geschädigten zugewendeten Vorteil vom Schädiger ersetzt verlangen kann. Zum selben Ergebnis gelangt man, wenn der Geschädigte seinen Ersatzanspruch an den Dritten zediert.

g) Die Rechtsprechung **bejaht** eine Vorteilsausgleichung in folgenden Fällen (im Regelfall geht es um eine Anrechnung beim Anspruch auf Ersatz des Verdienstentgangs nach § 1325 – unten B. I. 2. b):

– Arbeitslosengeld (nicht hingegen die Notstandshilfe)
– Firmenpension
– kollektivvertragliche Zuschussrente

h) **Keine** Vorteilsausgleichung findet nach der Rechtsprechung statt bei:
- Freiwilligen Leistungen Dritter (zB Spenden, Geschenke, freiwilliges Krankengeld des Dienstgebers)
- Unterhaltsleistungen, auch wenn der Dritte dazu verpflichtet ist.
- Versicherungsleistungen (zB Lebensversicherung; § 67 VersVG!)
- Witwen-, Waisen- und Blindenbeihilfe
- Abfertigung, Urlaubsentschädigung, Urlaubsabfindung

2. Drittschaden

> **Beispiel:**
> Windig soll laut Kaufvertrag mit Fleißig diesem Stoffballen liefern. Fleißig kauft die Stoffballen als Kommissionär für die Arbeitsam-GmbH, die daraus Kleider verfertigen will. Windig liefert nicht. Den dadurch verursachten Nichterfüllungsschaden (§ 921) erleidet nicht der Vertragspartner des Windig, also Fleißig, sondern der Dritte, die Arbeitsam-GmbH (daher „Dritt"-Schaden); Fleißig ist gleichsam nur ein „Durchlaufer". Zur Lösung unten d) bb).

a) Das Drittschadensproblem steht im Zusammenhang mit dem **Rechtswidrigkeitszusammenhang** (oben VI. 1.): Ersatzberechtigt sind nur Personen, deren verletzte Rechtsgüter vom Schutzbereich der übertretenen Norm erfasst sind (unmittelbar Geschädigte). Personen, deren Schutz die übertretene Norm nicht bezweckt, nennt man **mittelbar Geschädigte**. So schützt etwa ein Vertrag grundsätzlich nur den Vertragspartner (Ausnahme: Vertrag mit Schutzwirkung zugunsten Dritter, unten B. I. 1. c). Könnte auch der mittelbar Geschädigte Ersatzansprüche gegen den Schädiger stellen, so würde dies zu einer für den Schädiger untragbaren Ausweitung der Schadenersatzpflichten führen. Der mittelbar Geschädigte hat also grundsätzlich keinen Schadenersatzanspruch.

Davon gibt es folgende **Ausnahmen**:

b) Gesetzlich vorgesehen ist der Ersatz eines Drittschadens in § 1327: Bei Tötung eines einem Dritten gegenüber Unterhaltspflichtigen steht dem Unterhaltsberechtigten gegen den Schädiger ein Anspruch auf Ersatz des Unterhalts zu. So auch § 12 Abs 2 EKHG, § 3 RHPflG. Streng genommen liegt in diesem Fall gar kein Drittschadensproblem vor, weil der entgangene Unterhalt als Schaden immer den Unterhaltsberechtigten trifft und dem Getöteten gar nicht entstehen kann.

c) Darüber hinaus ist eine Drittschadensliquidation in Fällen bloßer **Schadensüberwälzung** anerkannt. Der Schaden trifft aufgrund einer Risikoregelung zwischen unmittelbar und mittelbar Geschädigtem nicht den unmittelbar Geschädigten, sondern den mittelbar Geschädigten (siehe das obige Beispiel). Der Schädiger könnte gegen den unmittelbar Geschädigten einwenden, ihn treffe kein Schaden, weil diesen der mittelbar Geschädigte trage. Dem mittelbar Geschädigten gegenüber handelt der Schädiger im Regelfall nicht rechtswidrig, zB, weil es an einer Vertragsbeziehung zwischen Schädiger und mittelbar Geschädigtem fehlt.

> **Beachte:**
> Das Problem stellt sich nur bei subjektiv-konkreter Schadensberechnung, weil beim unmittelbar Geschädigten wegen der Schadenstragung durch den mittelbar Geschädigten keine Vermögensverminderung eintritt. Wenn dagegen der Geschädigte den Schaden objektiv-abstrakt berechnet (diese Möglichkeit steht ihm auch bei grobem Verschulden zu [oben VIII. 2. a) bb)]), so sind Veränderungen im sonstigen Vermögen des Geschädigten nicht zu berücksichtigen.

> **Beachte überdies den Zusammenhang mit der Vorteilsausgleichung (oben 1.):**
> Bei der Vorteilsausgleichung stellt sich die Frage, ob der Geschädigte sich Zuwendungen eines Dritten auf seinen Ersatzanspruch gegen den Schädiger anrechnen lassen muss. Beim Drittschadensproblem geht es um die Frage, ob der Dritte, in dessen Vermögen sich der Schaden wirtschaftlich auswirkt, einen Ersatzanspruch gegen den Schädiger hat.

d) **Beispiele** bloßer Schadensüberwälzung:

aa) Übergang der Preisgefahr

> **Beispiel:**
> Abraham verkauft eine Sache an Dagobert, übereignet sie aber noch nicht. Sorglos zerstört schuldhaft die Sache. Zum Zeitpunkt der Schädigung befindet sich Dagobert in Annahmeverzug und hat daher die Preisgefahr zu tragen (*ORAC-Rechtsskriptum* „Schuldrecht Allgemeiner Teil"). Sorglos greift mit der Zerstörung der Sache in das Eigentumsrecht des Abraham ein (Rechtswidrigkeit), dieser erleidet aber keinen Schaden, weil Dagobert die Preisgefahr trägt (mittelbar Geschädigter).
>
> ```
> Abraham  <----- Kaufvertrag ----->  Dagobert
>    ^                                   ^
>    | rechtswidrige                    /
>    | Handlung (Eigentum              /
>    | des Abraham)                   /
>    |                  Schadenseintritt
> Sorglos ------------(Preisgefahr bei
>                      Dagobert)
> ```

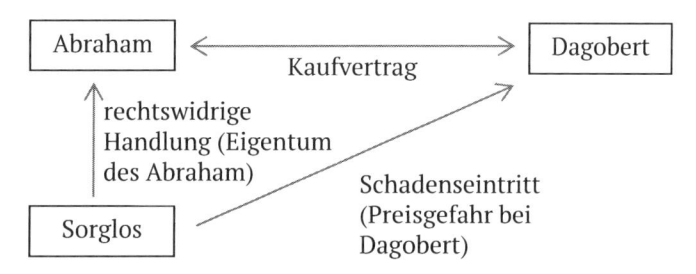

bb) mittelbare Stellvertretung

> **Beispiel (siehe oben):**
> Der Kommissionär Fleißig kauft in eigenem Namen, aber für Rechnung der Arbeitsam-GmbH Stoffballen bei Windig. Windig liefert nicht, dadurch erleidet die Arbeitsam-GmbH einen Schaden. Rechtswidrig (vertragswidrig) handelt Windig nur seinem Vertragspartner Fleißig gegenüber. Fleißig hat aber keinen Schaden, weil er für Rechnung der Arbeitsam-GmbH gekauft hat.

cc) Obhutsfälle

> **Beispiel:**
> Abraham gibt eine dem Dagobert gehörende Sache mit dessen Zustimmung dem Sorglos zur Verwahrung. Sorglos beschädigt die Sache schuldhaft. Den Schaden trägt der Eigentümer Dagobert (mittelbar Geschädigter), die Verletzung des Verwahrungsvertrags hat Sorglos nur seinem Vertragspartner Abraham gegenüber begangen (Rechtswidrigkeit).

> **Beachte:**
> Dagobert hat natürlich einen deliktischen Schadenersatzanspruch gegen Sorglos wegen Eingriffs in das Eigentum (absolut geschütztes Rechtsgut). Dieser Ersatzanspruch ist der Beweislastregel für das Verschulden (unten XIII.) und der restriktiven Besorgungsgehilfen-Haftung (unten B. III.) für Dagobert ungünstiger (siehe auch oben I. 3.). Allenfalls könnte man auch daran denken, dass der Verwahrungsvertrag zwischen Abraham und Sorglos Schutzwirkungen zugunsten des Eigentümers Dagobert entfaltet; dies setzte voraus, dass dem Sorglos die Existenz des „dahinter stehenden" Eigentümers Dagobert zumindest erkennbar ist (unten B. I. 1. c). Ähnliche Fälle sind bei einer Treuhand denkbar, wenn der Treuhänder für den Eigentümer Verträge abschließt.

dd) vertragliche Regelung der Schadenstragung

Hier gilt das zum Übergang der Preisgefahr Ausgeführte, die Gefahrtragung ergibt sich nicht aus dem Gesetz, sondern aus einer Vereinbarung zwischen mittelbar und unmittelbar Geschädigtem.

ee) Lohnfortzahlung

Ist ein Dienstnehmer aufgrund einer Körperverletzung arbeitsunfähig, so muss ihm der Dienstgeber nach Arbeitsrecht den Lohn fortzahlen (zB § 1154b; §§ 8 f AngG; § 2 EFZG). Der unmittelbar geschädigte Dienstnehmer hat keinen Verdienstentgang (Schaden), der Dienstgeber ist bloß mittelbar Geschädigter. Der OGH lehnte lange einen Ersatzanspruch des Dienstgebers gegen den Schädiger ab. Die Lehre bejaht eine Legalzession analog § 1358. Dem hat sich der OGH in Abkehr zu seiner früheren Rechtsprechung angeschlossen.

e) Streitig ist, wer den Schaden des mittelbar Geschädigten geltend machen kann: Nach der Lehre hat der unmittelbar Geschädigte den Schaden des mittelbar geschädigten Dritten zu liquidieren (Drittschadensliquidation). Der OGH bejaht dagegen einen Ersatzanspruch des mittelbar Geschädigten; so verhält es sich auch bei § 1327 und beim Vertrag mit Schutzwirkung zugunsten Dritter.

XII. Verjährung

1. Schadenersatzansprüche

Schadenersatzansprüche verjähren in drei Jahren ab Kenntnis des Geschädigten vom Schaden und von der Person des Schädigers (§ 1489 Satz 1), sonst in 30 Jahren (§ 1489 Satz 2). Dies gilt für vertragliche und deliktische Schadenersatzansprüche.

a) Drei-Jahres-Frist

Die dreijährige Frist läuft erst mit Kenntnis des **Schadens**. Weiß der Geschädigte zwar vom schädigenden Ereignis, sind ihm dessen schädigende Auswirkungen aber (noch) nicht bekannt, so ist dies nicht ausreichend.

Darüber hinaus ist nach § 1489 Kenntnis des Schädigers erforderlich. Dies wird – entgegen dem Wortlaut der Bestimmung – dahingehend ausgelegt, dass es nicht auf die Kenntnis des Schädigers an sich, sondern des **Ersatzpflichtigen**, dh jener Person, welcher der Schaden zugerechnet werden kann, ankommt (zB Haftung des Geschäftsherrn für seinen Gehilfen). Um die Kenntnis des Ersatzpflichtigen bejahen zu können, muss dem Geschädigten der gesamte anspruchsbegründende Sachverhalt (also auch der Kausalzusammenhang und die verschuldensbegründenden Umstände) soweit bekannt sein, dass er eine Klage mit Aussicht auf Erfolg anstrengen kann. Die Kenntnis der genauen Schadenshöhe ist nicht erforderlich. Daher beginnt die Verjährung, sobald eine **Feststellungsklage** (Haftung für künftige Schäden) möglich ist.

Nach Rspr und hA ist Voraussetzung für den Fristenlauf zudem, dass ein erster Schaden (= Primärschaden) auch bereits tatsächlich **eingetreten** ist. Sind künftige Schäden eine vorhersehbare Folge desselben Schadensereignisses (zB Kursverluste infolge des Erwerbs einer nicht gewünschten Vermögensanlage), bilden diese und der entstandene Primärschaden eine verjährungsrechtliche Einheit. Der Anspruch auf Ersatz des Folgeschadens kann daher verjähren, obwohl der Folgeschaden selbst noch nicht eingetreten ist. Der Geschädigte muss in diesem Fall eine Leistungs- und eine Feststellungsklage vor Ablauf der kurzen Verjährungszeit erheben, um auch die Verjährung der Ansprüche wegen vorhersehbarer Folgeschäden zu unterbrechen.

b) 30-Jahres-Frist

Ist entweder der Schaden oder die Person des Ersatzpflichtigen nicht bekannt, so verjährt der Schadenersatzanspruch nach **30 Jahren**. Dasselbe gilt, wenn der Schaden aus einer oder mehreren gerichtlich strafbaren Handlungen, die nur vorsätzlich begangen werden können und mit mehr als einjähriger Freiheitsstrafe bedroht sind, entstanden ist (§ 1489 Satz 2). Die 30-jährige Verjährungsfrist beginnt mit dem **schädigenden Ereignis**; auf eine Kenntnis des Geschädigten vom Schaden oder der Person des Ersatzpflichtigen kommt es nicht an; ebenso wenig auf den Eintritt des Schadens.

2. Regressansprüche

Die Verjährung von Regressansprüchen nach § 1302 (Haftung mehrerer Schädiger – oben IX. 2.) oder nach § 1313 (Gehilfenhaftung – unten B. III. 1.) beginnt, sobald der Regressberechtigte dem Geschädigten Schadenersatz geleistet hat bzw die Zahlungspflicht des Regressberechtigten „unverrückbar feststeht". Nach nunmehr stRsp ist für die Verjährung der Regressansprüche von Solidarschuldnern die Beschaffenheit des **Innenverhältnisses** maßgebend. Die Drei-Jahres-Frist des § 1489 gilt nur dann, wenn aufgrund des besonderen Verhältnisses der Mitschuldner der Regressanspruch (auch) als Schadenersatzanspruch zu beurteilen ist, weil die Schädigung des Dritten gleichzeitig eine **Vertragsverletzung** gegenüber dem zahlenden Mitschuldner ist. Das gilt bspw für den Regressanspruch des Geschäftsherrn nach § 1313 Satz 2 gegen seinen Erfüllungsgehilfen oder für den Regressanspruch des Dienstgebers gegen den Dienstnehmer wegen der Schädigung eines Dritten. Zu beachten ist allerdings § 6 DHG, wonach bei einem minderen Grad des Versehens Regressansprüche zwischen Dienstnehmer und Dienstgeber einer Präklusivfrist von sechs Monaten unterliegen. Da zwischen mehreren **deliktischen Schädigern** kein besonderes Innenverhältnis besteht, geht der OGH davon aus, dass ihre Regressansprüche der allgemeinen langen Verjährungsfrist der §§ 1478 f unterliegen.

Geht ein Schadenersatzanspruch durch **Legalzession** (zB § 1358 ABGB; § 67 VersVG) auf einen anderen über, unterliegt der Regressanspruch des Legalzessionars derselben Verjährung wie der übergegangene Anspruch des Geschädigten, sodass sich die Position des Schädigers nicht ändert. Die kurze Verjährungsfrist läuft weiter, sofern sie bei Forderungsübergang bereits zu laufen begonnen hat. Auf die eigene Kenntnis des Legalzessionars kommt es idR nicht an. Anders als zB nach § 1358 geht der Ersatzanspruch des Geschädigten auf den Sozialversicherungsträger (§ 332 ASVG) allerdings schon mit Schadenseintritt über. Die Verjährung beginnt in diesem Fall nach stRsp daher erst, wenn der Sozialversicherer selbst Kenntnis von Schaden und Schädiger erlangt hat.

XIII. Beweislast

1. Grundsatz

Im Zivilprozess muss jede Partei die Voraussetzungen der für sie günstigen Norm behaupten und beweisen. Im Schadenersatzrecht trifft daher den Geschädigten die Beweislast hinsichtlich der einzelnen Voraussetzungen des Schadenersatzanspruchs (oben I. 4.):

a) Der **Geschädigte** muss den **Schaden** und die **Kausalität** beweisen.

> **Beachte:**
> Beim Kausalitätsbeweis wird die Beweissituation für den Geschädigten dadurch erleichtert, dass auch der **prima-facie-Beweis** (Beweis des ersten Anscheins) zulässig ist. Bei Verletzung eines **Schutzgesetzes** muss der Geschädigte nach der Rechtsprechung nur die Übertretung beweisen. Den Beweis, dass der Schaden auch ohne die Schutzgesetzverletzung eingetreten wäre, hat der Schädiger zu führen (zum Verschulden unten 2. a).

b) **Adäquanz, Rechtswidrigkeit** und **Rechtswidrigkeitszusammenhang** sind Fragen der rechtlichen Beurteilung. Der Geschädigte hat daher nur jene Tatsachen zu beweisen, die die Grundlage für eine adäquate Zurechnung des Schadens bilden bzw aus denen sich die Rechtswidrigkeit und der Rechtswidrigkeitszusammenhang ergeben. Zur Rechtswidrigkeit und § 1298 siehe unten 2. a).

c) Das **Verschulden** hat grundsätzlich der **Geschädigte** zu beweisen (§ 1296). Es gibt aber Fälle der Beweislastumkehr (unten 2.).

2. Fälle der Beweislastumkehr

a) Wird ein Schaden durch die **Nichterfüllung oder Schlechterfüllung eines Vertrags** oder durch die **Verletzung eines Schutzgesetzes** verursacht, so hat nach § 1298 nicht der Geschädigte das Verschulden des Schädigers zu beweisen. Vielmehr muss der **Schädiger** beweisen, dass ihn an der Nichterfüllung kein Verschulden trifft. § 1298 ist auch bei der Verletzung vertraglicher Schutz- und Sorgfaltspflichten und im vorvertraglichen Schuldverhältnis (culpa in contrahendo, unten B. I. 1. d) anzuwenden.

Nach hA gilt die Beweislastumkehr des § 1298 jedoch nur in Bezug auf **leichte Fahrlässigkeit**. Anderes gilt nach § 1298 Satz 2, wenn die Haftung vertraglich auf grobes Verschulden eingeschränkt wurde. In diesem Fall hat der Schuldner zu beweisen, dass ihn keine grobe Fahrlässigkeit trifft.

b) Weitere Fälle einer Beweislastumkehr für das Verschulden:
- § 1319 (unten B. I. 11.)
- § 1320 (unten B. I. 12.)
- § 970 (*ORAC-Rechtsskriptum* „Schuldverträge")
- § 6 Abs 2 Satz 2 EKHG (unten B. V. 3. c) ee).

Kontrollpunkte:

✓ Haftungsarten (Verschuldenshaftung – Gefährdungshaftung – Eingriffshaftung)
  - Charakteristika und Unterscheidungsmerkmale
  - Beispiele und Regelungsorte

✓ Zurechnungsgründe
  - Schaden
    • gegliederter Schadensbegriff: positiver Schaden vs entgangener Gewinn
    • Schadensarten – Einteilungen und Abgrenzung: Vermögensschäden, ideelle Schäden; Nichterfüllungs- und Vertrauensschäden; Begriff des „bloßen Vermögensschadens"
  - Kausalität
    • Äquivalenztheorie: Definition; Hinzu- und Wegdenkmethode
    • psychische Kausalität: Problematik; Zusammenspiel mit Adäquanz und Rechtswidrigkeit
    • Kausalität von Aufwendungen
    • Ausnahmen vom Kausalitätsprinzip: frustrierte Aufwendungen; Vorsorgeaufwendungen; Haftung mehrerer Täter; spezielle Kausalitätsformen (alternative, kumulative, überholende Kausalität)

- Adäquanz
  - Definition
  - Fallgruppen
- Rechtswidrigkeit
  - Gründe der Rechtswidrigkeit (Nichterfüllung einer vertraglichen Pflicht; Schutzgesetzverletzung; Verletzung absolut geschützter Rechtsgüter; vorsätzliche, sittenwidrige Schädigung); Gruppierung nach dem Haftungsgrund
  - Lehre von der Sozialadäquanz
  - Rechtfertigungsgründe (Notwehr, Notstand, Selbsthilfe, Einwilligung, gesetzliche Ermächtigung)
- Rechtswidrigkeitszusammenhang
  - Schutzzweck der Norm
  - mittelbar vs unmittelbar Geschädigter: Ersatzberechtigung
- Verschulden
  - Verschuldensfähigkeit
  - Verschuldensarten (Vorsatz vs Fahrlässigkeit; grobes vs leichtes Verschulden)

✓ Art und Umfang des Schadenersatzes
- Naturalherstellung vs Geldersatz
- subjektiv-konkrete vs objektiv-abstrakte Schadensberechnung
- Ersatzfähigkeit von Vermögens- und ideellen Schäden: Vergleich

✓ Haftung mehrerer Schädiger
- Mittäter vs Nebentäter
- Solidarhaftung vs Anteilshaftung
- Regress

✓ Mitverantwortung des Geschädigten
- Begriff der Obliegenheitsverletzung
- Mitverschulden vs Schadensminderungsobliegenheit
- Kulpakompensation

✓ Vorteilsausgleichung und Drittschaden
- Problematik
- typische Fallkonstellationen

✓ Verjährung von Schadenersatzansprüchen
- dreijährige Frist
- 30-jährige Frist

✓ Beweislast
- Beweislastverteilung nach § 1296
- Fälle einer Beweislastumkehr

B. Besonderer Teil

I. Verschuldenshaftung

1. Die Generalklausel

a) § 1295

§ 1295 Abs 1 enthält die („große") Generalklausel für die Verschuldenshaftung: Jedermann ist berechtigt, vom Schädiger den rechtswidrig und schuldhaft verursachten Schaden ersetzt zu verlangen. Es müssen aber alle unter A. II.–VII. genannten Zurechnungsgründe vorliegen.

> **Beachte:**
> § 1295 Abs 1 erklärt den Unterschied zwischen vertraglicher und deliktischer Haftung für unbeachtlich. Wir haben aber gesehen (oben A. I. 3.), dass diese Unterscheidung für die Beweislast (§ 1298 – oben A. XIII. 2. a), den Ersatz bloßer Vermögensschäden und für die Gehilfenhaftung (unten III. 1.) wichtig ist.

Nach **§ 1295 Abs 2** besteht eine Schadenersatzpflicht bei absichtlicher sittenwidriger Schädigung („kleine Generalklausel"). Ersatzpflichtig machen auch die Schikane oder der Rechtsmissbrauch (siehe § 1305). **Schikane** ist die Ausübung eines Rechts ohne eigene Interessen zum ausschließlichen Zweck, einen anderen zu schädigen. Von **Rechtsmissbrauch** spricht man, wenn mit der Rechtsausübung zwar auch eigene Interessen verfolgt werden, zwischen diesen eigenen Interessen und den Interessen des Geschädigten aber ein krasses Missverhältnis besteht.

> **Beachte:**
> Nach § 1295 Abs 2 besteht eine Haftung nur bei (bedingtem) Vorsatz (oben A. VII. 3. a) cc). Die Rechtsprechung differenziert nicht zwischen Schikane und Rechtsmissbrauch.

b) Verkehrssicherungspflichten

aa) Für bestimmte Lebensbereiche gibt es gesetzliche Verhaltensnormen (§ 1311: Schutzgesetze, zB StVO). Eine Verletzung dieser Schutzgesetze ist rechtswidrig (oben A. V. 2. a). Daneben gibt es für gesetzlich nicht geregelte Fälle ungeschriebene Verhaltensregeln, die man als Verkehrssicherungspflichten (Verkehrspflichten) bezeichnet. Diese Verhaltensnormen lassen sich aus dem Schutz von Rechtsgütern durch die Rechtsordnung ableiten (oben A. V. 2. a). Dahinter steht – ähnlich wie bei der Gefährdungshaftung (unten V. 1.) – der Gedanke, dass jemand, der eine Gefahrenquelle schafft bzw einen Verkehr eröffnet, die notwendigen Vorkehrungen treffen muss, um eine Schädigung anderer nach Tunlichkeit zu vermeiden (**Ingerenzprinzip**). Werden keine Sicherungsmaßnahmen getroffen, so ist dieses Unterlassen wegen Verletzung einer Pflicht zur Sicherung rechtswidrig (oben A. V. 1. b).

> **Beachte:**
> Verkehrssicherungspflichten sind **deliktische** Pflichten.

bb) **Beispiele:**

- Sicherung von Verkehrsflächen: § 1319a (unten 10.)
- Kaufhausfall

> **Beispiel:**
> Die Kundin Agathe rutscht im Geschäft des Billig auf einem Salatblatt aus und verletzt sich beim Sturz. Nach der Rechtsprechung ist es dem Billig nicht zumutbar, ständig den Boden des Geschäfts sauber zu halten, um so die Gefahr eines Sturzes zu vermeiden. Billig haftet also nicht für die Verletzung der Agathe, wenn Billig nachweisen kann (§ 1298!), dass er ohnehin regelmäßig den Boden reinigt. Dagegen ist zB ein offenstehender Schacht in einem Kaufhaus eine besondere Gefahrenquelle, der Geschäftsinhaber muss daher Vorkehrungen zur Absicherung treffen (zB Absperrung).

- Krankenhausfall

> **Beispiel:**
> Jolanda besucht den Josef im Krankenhaus und stürzt auf dem frisch geputzten Gang. Der Rechtsträger des Krankenhauses haftet, wenn er keine Vorkehrungen getroffen hat, um Stürze von Besuchern hintanzuhalten (Absperrung, Warntafel).

- Absicherung von Baustellen
- Spielplätze etc
- Sportveranstaltungen (zB Absicherung des Zuschauerraums bei einem Autorennen oder Eishockeyspiel).

> **Beachte 1:**
> Wer Eintritt bezahlt, dem haftet der Veranstalter aus Vertrag! Ebenso besteht zwischen dem Sportler und dem Veranstalter ein Vertrag.

> **Beachte 2:**
> Kann man Verkehrssicherungspflichten ausschließen, zB durch eine Tafel „Benutzung auf eigene Gefahr"? Grundsätzlich nicht, va nicht für unvorhersehbare Gefahren.
> Eine Selbstgefährdung des Geschädigten führt uU zum Entfall der Verkehrssicherungspflicht.

> **Beachte 3:**
> Die Rechtsprechung versucht, Verkehrssicherungspflichten in vertragliche Schutzpflichten „umzudeuten", um der engen Gehilfenhaftung des § 1315 (unten III. 1. b)) auszuweichen (beachte zudem die Beweislastumkehr des § 1298 – oben A. XIII. 2. a): Im Kaufhausfall würde ein vorvertragliches Schuldverhältnis vorliegen, weil der Kunde das Geschäft betritt, um einen Vertrag abzuschließen (Haftung aus culpa in contrahendo). Im Krankenhausfall soll der Behandlungsvertrag des Patienten mit der Krankenanstalt Schutzwirkungen zugunsten naher Angehöriger entfalten, die den Patienten besuchen (Vertrag mit Schutzwirkung zugunsten Dritter (str) – unten c). In beiden Fällen würde der Geschäftsherr nach § 1313a für das Verschulden seiner Gehilfen haften.

c) Vertrag mit Schutzwirkung zugunsten Dritter

aa) Schutz- und Sorgfaltspflichten bestehen nicht nur zwischen den Vertragspartnern, sondern auch gegenüber Dritten, die der vertraglichen Leistung nahestehen (Leistungsnähe).

bb) Nach der Rechtsprechung sind jene Personen geschützt,
- deren Kontakt mit der vertraglichen Hauptleistung zum Zeitpunkt des Vertragsabschlusses vorhersehbar ist *und*

- die der Vertragspartner entweder erkennbar durch Zuwendung der Hauptleistung begünstigt *oder*
- an denen er ein sichtbares eigenes Interesse hat oder denen er rechtlich zur Fürsorge verpflichtet ist.

> **Beispiele:**
> Dienstnehmer des Vertragspartners; Angehörige des Vertragspartners; Personen, die mit einem Vertragspartner selbst in Vertragsbeziehung stehen (Vermieter – Mieter, Grundeigentümer – Pächter, Wohnungseigentumsorganisator – Wohnungseigentümer, **nicht** zB ein Paketzusteller); nach neuerer Judikatur kann auch der Ehepartner eines durch einen Kunstfehler verstorbenen Patienten Ersatz des Trauerschadens aus dem Behandlungsvertrag des Gatten verlangen, sofern zwischen den Ehegatten eine aufrechte Lebensgemeinschaft bestanden hat. Vor Inkrafttreten des PHG wurde zum Teil auch die Produkthaftung mithilfe des Vertrags mit Schutzwirkung zugunsten Dritter gelöst (unten VI. 11.).

cc) Soweit der Dritte aus dem Vertrag geschützt ist, kann er seinen Schaden aus dem Vertrag zwischen dem Schädiger und dessen Vertragspartner geltend machen. Das ist für den Dritten viel günstiger! Denn es gilt für die Beweislast § 1298 (oben A. XIII. 2. a); die Gehilfenhaftung beurteilt sich nach § 1313a (unten III. 1. a). Strittig ist jedoch, ob durch einen Vertrag mit Schutzwirkung zugunsten Dritter auch das bloße Vermögen geschützt werden soll.

> **Überprüfungsfall:**
> Der Vermieter beauftragt einen Elektriker mit der Reparatur eines Leitungsschadens. Dabei verursacht ein Mitarbeiter des Elektrikers durch unsachgemäßes Hantieren einen Kabelbrand, wodurch der Fernseher des Mieters verkohlt.
>
> ```
> Vermieter ————— Elektriker ————— Mitarbeiter
>            Werkvertrag        Dienstvertrag
>     |                                  ╲
> Mietvertrag                             ╲
>                               schädigende
>                                Handlung
>     |                                    ╲
> Mieter =                                   ↙
> Geschädigter  ←╴╴╴╴╴╴╴╴╴╴╴╴╴╴╴╴╴╴╴╴╴╴╴╴╴
> ```
>
> Welcher Vertrag kann allenfalls Schutzwirkung zugunsten des Mieters entfalten? **Lösung:** der Werkvertrag zwischen Vermieter und Elektriker. Der Mieter kann seinen Schadenersatzanspruch gegen den Elektriker auf diesen gestützt geltend machen (arg: Kontakt mit der vertraglichen Hauptleistung war im Zeitpunkt des Vertragsabschlusses vorhersehbar; Vermieter ist Mieter aus dem Mietvertrag rechtlich zur Fürsorge verpflichtet) und kommt so in den Genuss des vertraglichen Haftungsregimes. Die Gehilfenzurechnung beurteilt sich daher nach § 1313a (Siehe allerdings sogleich auch dd) zur Subsidiarität).
>
> Stehen dem Mieter auch Ansprüche gegen den Mitarbeiter zu? **Lösung:** Ja, diese sind allerdings deliktischer Natur.
>
> **Beachte:** Bei einer vollständigen Anspruchsprüfung wäre in dieser Konstellation auch auf allfällige Regressansprüche zwischen dem Elektriker und dem Mitarbeiter einzugehen. Für diese ist das DHG maßgeblich (vgl hierzu unten Abschnitt IV.)!

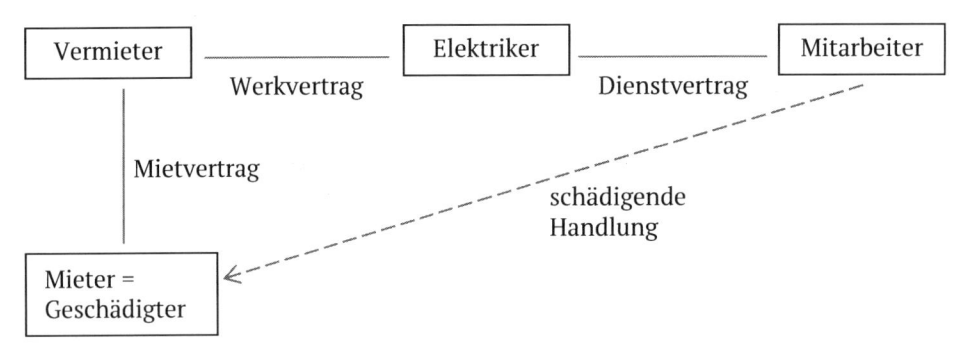

dd) Voraussetzung für die Einbeziehung eines geschädigten Dritten in den Schutzbereich eines Vertrags ist jedoch ein **schutzwürdiges Interesse**. Dieses ist nicht gegeben, wenn der Geschädigte kraft eigener rechtlicher Sonderverbindung gegen seinen Vertragspartner, der seinerseits den späteren Schädiger vertraglich als Erfüllungsgehilfen beizog, einen deckungsgleichen Anspruch auf Schadenersatz hat („Subsidiaritätsthese"; str).

d) Culpa in contrahendo

Die Grundsätze der vertraglichen Haftung gelten auch für die Haftung aus vorvertraglichem Schuldverhältnis (*ORAC-Rechtsskriptum* „Schuldrecht Allgemeiner Teil"): Beweislast nach § 1298 (oben A. XIII. 2. a); Gehilfenhaftung nach § 1313a (unten III. 1. a). Ersetzt wird der **Vertrauensschaden** (oben A. II. 3.). Im Krankenhausfall (oben b) wird der Personenschaden ersetzt.

2. Körperverletzung

> § 1325: „Wer jemanden an seinem **Körper verletzet**, bestreitet die **Heilungskosten** des Verletzten; ersetzt ihm den entgangenen, oder wenn der Beschädigte zum Erwerb unfähig wird, auch den künftig **entgehenden Verdienst** und bezahlt ihm auf Verlangen überdieß ein den erhobenen Umständen **angemessenes Schmerzengeld**."
>
> § 1326: „Ist die verletzte Person durch die Mißhandlung **verunstaltet** worden; so muß, zumahl wenn sie weiblichen Geschlechtes ist, in so fern auf diesen Umstand Rücksicht genommen werden, als ihr besseres Fortkommen dadurch verhindert werden kann."

Unter einer Körperverletzung versteht die Rsp Beeinträchtigungen der leiblichen oder geistigen Gesundheit und Unversehrtheit. Eine äußerlich sichtbare Verletzung ist nicht Voraussetzung.

Nach § 1325 sind zu ersetzen: Heilungskosten, Verdienstentgang und Schmerzengeld.

a) Heilungskosten

Heilungskosten sind jener Aufwand, der zur Verbesserung des Zustands des Geschädigten zweckmäßig und angemessen ist. Heilungskosten sind auch Kosten der **versuchten** Heilung (§ 13 Z 1 EKHG) sowie Kosten, die aus einer *Vermehrung der Bedürfnisse* entstehen (§ 13 Z 3 EKHG, § 3 RHPflG). Beispiele: behindertengerechte Wohnung, Behindertenauto für einen Querschnittgelähmten. Als Heilungskosten werden auch die Kosten einer Pflegekraft sowie Kosten von Verwandten ersetzt, die den Verletzten im Krankenhaus besuchen.

b) Verdienstentgang

aa) Verdienstentgang kann sowohl ein bereits eingetretener Ausfall als auch eine künftige Verdienstminderung sein. Dem Verletzten wird der künftig entgehende Verdienst in Form einer monatlichen Rente ersetzt. Statt einer Rente kann der Verletzte aus wichtigen Gründen die Abfindung in einem einmaligen Kapitalbetrag fordern, wenn sie dem Ersatzpflichtigen wirtschaftlich zumutbar ist (§ 14 Abs 3 EKHG). Der Anspruch wird nicht dadurch ausgeschlossen, dass ein Dritter dem Verletzten Unterhalt gewährt (§ 14 Abs 4 EKHG, analog im ABGB), eine Vorteilsausgleichung ist also ausgeschlossen (oben A. XI. 1.).

> **Beachte:**
> Der Dritte kann den geleisteten Unterhalt nach § 1042 vom Ersatzpflichtigen ersetzt verlangen (unten 2. Abschnitt Bereicherungsrecht C. III.)

bb) Die Rechtsprechung gewährt Personen, deren Erwerbsfähigkeit dauernd gemindert ist, eine **abstrakte Rente**. Abstrakt ist die Rente deshalb, weil sie nicht von einem konkreten Verdienstentgang des Verletzten abhängig ist. Die abstrakte Rente soll eine **Ausgleichs- und Sicherungsfunktion** haben: Zum einen muss sich der Behinderte im Vergleich zu gesunden Arbeitskollegen mehr anstrengen, um den Arbeitserfolg zu erzielen. Es besteht daher die Gefahr, dass er seine Arbeitskraft schneller verbraucht. Zum anderen ist bei Behinderten die Gefahr größer, dass sie ihren Arbeitsplatz verlieren. Eine abstrakte Rente wäre daher ausgeschlossen, wenn der Arbeitsplatz des

Behinderten tatsächlich nicht gefährdet ist (zB geschützte Werkstätte). Ist der Verletzte arbeitslos, kann eine abstrakte Rente dennoch dann gerechtfertigt sein, wenn die Erlangung eines Arbeitsplatzes ohne die Verletzung zu erwarten oder wahrscheinlich möglich gewesen wäre, nun aber gegenüber gesunden Mitbewerbern Nachteile am Arbeitsmarkt bestehen.

c) Schmerzengeld

aa) Das Schmerzengeld ist die Abgeltung für den durch die Verletzung entstandenen **immateriellen Schaden**. Anders als der Verdienstentgang besteht das Schmerzengeld in einer einmaligen Kapitalabfindung.

> **Beachte:**
> Das Schmerzengeld wird in der Praxis nach freier Überzeugung (§ 273 ZPO) festgelegt, für die Angemessenheit werden meist Präjudizien bei vergleichbaren Verletzungen herangezogen.

bb) Das Schmerzengeld ist nur auf **Verlangen** des Verletzten zu leisten. Daraus schloss der OGH früher, das Schmerzengeld sei nur **vererblich** (§ 1337), wenn es noch zu Lebzeiten des Verletzten (Erblassers) vertraglich anerkannt oder gerichtlich geltend gemacht worden ist. Seit 1996 hat sich diese Rechtsprechung geändert: Alle Schmerzengeldansprüche sind vererblich.

> **Beachte:**
> Nach der neueren Judikatur des OGH besteht ein Schmerzengeldanspruch nach § 1325 unabhängig davon, ob der Verletzte Schmerzen empfinden kann oder nicht.

d) Verunstaltungsentschädigung

Führt die Körperverletzung zu einer Verunstaltung, so wird neben den Ansprüchen in § 1325 auch jener Schaden ersetzt, der durch die Verhinderung des besseren Fortkommens (zB Verminderung von Heiratschancen, erschwerter beruflicher Aufstieg) entsteht (§ 1326, § 13 Z 5 EKHG: Verunstaltungsentschädigung). Beispiele: Narben, Hinken, Schielen, Sprachstörung.

3. Tötung

> § 1327: „Erfolgt aus einer körperlichen Verletzung der **Tod**, so müssen nicht nur **alle Kosten**, sondern auch den Hinterbliebenen, für deren **Unterhalt** der Getötete nach dem Gesetze zu sorgen hatte, das, was ihnen dadurch entgangen ist, ersetzt werden."

a) Bei einer Tötung sind nach § 1327 zu ersetzen: Kosten einer versuchten Heilung (§ 12 Abs 1 Z 1 EKHG), Begräbniskosten, Kosten der Grabstätte, Trauerkleidung, Reisekosten zum Begräbnis, nicht dagegen die Kosten des Verlassenschaftsverfahrens oder die Erbschaftssteuer.

b) Der Schädiger hat den Hinterbliebenen, für die der Getötete nach dem Gesetz unterhaltspflichtig war, den entgangenen **Unterhalt** zu ersetzen (Drittschaden – oben A. XI. 2.). So auch § 12 Abs 2 EKHG, § 3 RHPflG.

    aa) Gesetzlich unterhaltsberechtigt sind Kinder, Eltern, Ehegatten, eingetragene Partner nach EPG, nicht aber zB Lebensgefährten oder Geschwister.

> **Beachte:**
> Auch die Unterhaltsansprüche des **nasciturus**, der zum Zeitpunkt der Tötung bereits gezeugt, aber noch nicht geboren ist, sind erfasst (so ausdrücklich § 12 Abs 2 Satz 2 EKHG, § 3 RHPflG).

bb) Der Unterhaltsanspruch mindert sich nach § 1304, wenn den Getöteten an seinem Tod ein **Mitverschulden** trifft (§ 7 Abs 2 EKHG – unten V. 3. d).

cc) Die **Höhe** der Unterhaltsleistung bestimmt sich nach der tatsächlichen Unterhaltsleistung durch den Getöteten, soweit diese nur einigermaßen der gesetzlichen Unterhaltspflicht entspricht; hat der Getötete weniger als den gesetzlichen Unterhalt geleistet, so muss der Täter zumindest den gesetzlichen Unterhalt leisten. Im Falle bloßer Gefährdungshaftung (§ 12 Abs 2 EKHG, § 3 RHPflG) ist immer nur der gesetzliche Unterhalt zu ersetzen.

Der Anspruch wird nicht dadurch ausgeschlossen, dass ein Dritter dem Verletzten Unterhalt gewährt (§ 14 Abs 4 EKHG, analog im ABGB), eine Vorteilsausgleichung ist also ausgeschlossen (oben A. XI. 1.).

> **Beachte:**
> Der Dritte kann den geleisteten Unterhalt nach § 1042 vom Ersatzpflichtigen ersetzt verlangen (unten 2. Abschnitt: Bereicherungsrecht C. III.). Die Unterhaltsleistung erfolgt in Form einer monatlichen Rente (§ 14 Abs 1 Z 3 EKHG). Statt einer Rente kann der Verletzte aus wichtigen Gründen die Abfindung in einem einmaligen Kapitalbetrag fordern, wenn sie dem Ersatzpflichtigen wirtschaftlich zumutbar ist (§ 14 Abs 3 EKHG). Für den Unterhaltsanspruch gilt § 1418 Satz 3.

dd) Die **Dauer** der Unterhaltsleistung bestimmt sich nach der hypothetischen Lebenserwartung des Getöteten (§ 12 Abs 2 EKHG, § 3 RHPflG), bei unterhaltsberechtigten Kindern ist die Grenze der Selbsterhaltungsfähigkeit (§ 231 Abs 3) zu beachten.

4. Verletzung der geschlechtlichen Selbstbestimmung

> *§ 1328: „Wer jemanden durch eine strafbare Handlung oder sonst durch Hinterlist, Drohung oder Ausnutzung eines Abhängigkeits- oder Autoritätsverhältnisses zur* **Beiwohnung oder sonst zu geschlechtlichen Handlungen** *mißbraucht, hat ihm den* **erlittenen Schaden und den entgangenen Gewinn** *zu ersetzen sowie eine angemessene* **Entschädigung für die erlittene Beeinträchtigung** *zu leisten."*

a) Nach § 1328 wird ersatzpflichtig, wer jemanden durch eine strafbare Handlung oder sonst durch Hinterlist, Drohungen oder Ausnutzung eines Abhängigkeits- oder Autoritätsverhältnisses zur Beiwohnung oder sonst zu geschlechtlichen Handlungen missbraucht.

> **Beachte:**
> Für die strafbaren Handlungen siehe §§ 201 ff StGB.

b) Ersetzt werden **Vermögensschäden** (zB Verdienstentgang während einer Schwangerschaft, Kosten einer psychotherapeutischen Behandlung), dazu kommt eine angemessene **Entschädigung für die erlittene Beeinträchtigung** (= immaterieller Schaden; oben A. VIII. 2. b) aa).

5. Verletzung der Privatsphäre

> § 1328a: *„(1) Wer rechtswidrig und schuldhaft in die **Privatsphäre eines Menschen eingreift** oder Umstände aus der Privatsphäre eines Menschen **offenbart** oder **verwertet**, hat ihm den dadurch entstandenen **Schaden zu ersetzen**. Bei erheblichen Verletzungen der Privatsphäre, etwa wenn Umstände daraus in einer Weise verwertet werden, die geeignet ist, den Menschen in der Öffentlichkeit bloßzustellen, umfasst der Ersatzanspruch auch eine Entschädigung für die erlittene persönliche Beeinträchtigung.*
>
> *(2) Abs. 1 ist nicht anzuwenden, sofern eine Verletzung der Privatsphäre nach **besonderen Bestimmungen** zu beurteilen ist. Die Verantwortung für Verletzungen der Privatsphäre durch Medien richtet sich bei Dazwischentreten eines medienrechtlich Verantwortlichen allein nach den Bestimmungen des Mediengesetzes, BGBl. Nr. 314/1981, in der jeweils geltenden Fassung.*

a) Wer rechtswidrig und schuldhaft in die Privatsphäre eines Menschen **eingreift** oder Umstände aus der Privatsphäre eines Menschen **offenbart** (dh an nicht Eingeweihte bzw die Öffentlichkeit weitergibt) oder **verwertet** (dh aus diesen wirtschaftlichen Nutzen zieht), hat nach § 1328a Abs 1 S 1 **Schadenersatz** zu leisten. Bei erheblichen Verletzungen der Privatsphäre, etwa wenn Umstände daraus in einer Weise verwertet werden, die geeignet ist, den Menschen in der Öffentlichkeit bloßzustellen, umfasst der Ersatzanspruch gem § 1328a Abs 1 S 2 auch eine Entschädigung für die **erlittene Beeinträchtigung** (= immaterieller Schaden; oben A. VIII. 2. b) aa).

b) Das Recht auf Achtung der Privatsphäre genoss bereits vor Einführung des § 1328a durch das ZivRÄG 2004 als eines der **Persönlichkeitsrechte** des **§ 16 absoluten Schutz** nach den allgemeinen schadenersatzrechtlichen Prinzipien. Jedoch war der Ausgleich auf den Ersatz von **Vermögensschäden** (wie zB Verdienstentgang etc) beschränkt. **Immaterielle Schäden** konnte der Betroffene nur in Ausnahmefällen geltend machen (vgl insb §§ 7 ff MedienG, § 29 DSG, §§ 77, 78, 87 Abs 2 UrhG). In 1328a Abs 1 S 1 ist der Anspruch auf Ersatz der erlittenen psychischen Beeinträchtigung bzw Kränkung nun ausdrücklich statuiert. Er gebührt jedoch nur bei **erheblichen Beeinträchtigungen**. Je privater der Bereich, der verletzt wurde, je schwerwiegender das Verschulden des Schädigers und je gravierender die Folgen für den Betroffenen, desto eher soll ein Anspruch auf Ersatz des ideellen Schadens in Betracht kommen und desto höher soll dieser ausfallen.

c) Was zur **Privatsphäre** eines Menschen gehört, definiert die Bestimmung selbst nicht; einen Anhaltspunkt bietet jedoch Art 8 EMRK (Grundrecht auf Achtung des Privat- und Familienlebens), dessen Kernbereich die intime Sphäre eines Menschen sowie seine spezifischen Interessen, Neigungen und Gewohnheiten, die Ausdruck seiner Persönlichkeit sind, erfasst. Kennzeichnend für das Privatleben ist jedenfalls der Umstand der „Nichtöffentlichkeit" – darunter fallen also alle Angelegenheiten und Bereiche, die nicht für die Öffentlichkeit bestimmt sind (wie zB Intim- und Familienleben, Wohnung, Haus, Hotelzimmer, private Interessen und Aktivitäten, der Werdegang einer Person, bestimmte Ereignisse des Lebens – und damit Strafregister, Schulzeugnisse, Gesundheitsdaten etc).

d) Die **Rechtswidrigkeit** der die Privatsphäre verletzenden Handlung kann sich aus dem Verstoß gegen gesetzliche Regelungen (zB Art 20 Abs 3 B-VG – Amtsverschwiegenheit, Art 10 und 10a StGG – Brief- und Fernmeldegeheimnis, § 1 DSG – Grundrecht auf Datenschutz, § 109 StGB – Hausfriedensbruch), der Missachtung beruflicher Verschwiegenheitspflichten (so etwa für Ärzte, Rechtsanwälte, Beamte), der Verletzung von Vertragspflichten oder aus einer umfassenden Abwägung der Interessen von Beeinträchtigtem, Eingreifendem und Allgemeinheit ergeben.

> **Beispiele** für widerrechtliche Eingriffe in die Privatsphäre:
> illegale Tonüberwachung, Verwertung von Akteninhalten, die private Angelegenheiten betreffen, Einhacken in Privatcomputer, zwangsweises Outen von Personen etc.

Bezüglich des **Verschuldens** genügt grundsätzlich *leichte Fahrlässigkeit*. Dies ist insofern außergewöhnlich, als ideelle Schäden ohne Vorliegen einer Körperverletzung (§ 1325) sonst nur bei qualifiziertem Verschulden zu ersetzen sind.

> **Beachte 1:**
> Die allgemeine Bestimmung des § 1328a ABGB greift nach dessen Abs 2 nur dann, wenn keine sondergesetzlichen Regelungen (wie zB §§ 7 ff MedienG, § 29 DSG, §§ 77 f UrhG) bestehen, die einen immateriellen Ersatzanspruch vorsehen.
>
> Die Verantwortung für Verletzungen der Privatsphäre durch **Medien** richtet sich bei **Dazwischentreten eines medienrechtlich Verantwortlichen** allein nach den Bestimmungen des MedienG. Dieses wiederum sieht einen Schadenersatzanspruch nur gegen den Medieninhaber vor. Sinn dieser Beschränkung ist es, bei den traditionellen Medien die einzelnen Journalisten vor Schadenersatzansprüchen zu schützen.
>
> Da diese Beschränkung bei Persönlichkeitsverstößen in sozialen Netzwerken jedoch uU verhindern kann, dass der unmittelbare Täter vom Geschädigten belangt werden kann, wurde durch das Hass-im-Netz-Bekämpfungs-Gesetz (HiNBG) nunmehr festgelegt, dass bei einer Verletzung der Privatsphäre **ohne** Dazwischentreten eines medienrechtlich Verantwortlichen § 1328a *neben* dem MedienG anwendbar bleibt. Ist der unmittelbare Täter gleichzeitig Medieninhaber (bspw der Inhaber einer Facebook-Seite), dann hat der Geschädigte ein Wahlrecht, ob er gegen ihn nach den Bestimmungen des MedienG oder im Wege des Zivilverfahrens vorgeht.

> **Beachte 2:**
> Neben dem Ersatz materieller und ideeller Schäden hat der Betroffene einen Anspruch auf **Unterlassung** weiterer Eingriffe und kann die **Beseitigung** des rechtswidrigen Zustands verlangen – vgl A. VIII. 1. c) (Vernichtung heimlich aufgenommener Fotos, Einstellen des Winkels der Überwachungskamera derart, dass sie das Nachbargrundstück nicht mehr erfassen kann etc). Dies ergibt sich nunmehr ausdrücklich aus § 20 Abs 1. Berechtigt ist primär der Betroffene – unter den Voraussetzungen des § 17a Abs 3 auch Nachkommen. (Zur Klagebefugnis des Dienstgebers, wenn das Ansehen oder die Privatsphäre eines Arbeitnehmers iZm seiner Tätigkeit verletzt werden, siehe § 20 Abs 2. Zu möglichen Ansprüchen gegen den „Vermittler", dessen Dienste sich der unmittelbare Schädiger bediente, siehe § 20 Abs 3.)

6. Freiheitsberaubung

> *§ 1329: „Wer jemanden durch gewaltsame Entführung, durch Privatgefangennehmung oder vorsätzlich durch einen widerrechtlichen Arrest seiner* **Freiheit** *beraubt, ist verpflichtet, dem Verletzten die vorige* **Freiheit zu verschaffen** *und* **volle Genugtuung** *zu leisten. Kann er ihm die Freiheit nicht mehr verschaffen, so muß er den Hinterbliebenen, wie bei der Tötung, Ersatz leisten."*

Schutzobjekt dieser Bestimmung ist die persönliche, körperliche Bewegungsfreiheit. Nach § 1329 ist bei Freiheitsberaubung neben der **Naturalherstellung** (Verschaffung der Freiheit) volle Genugtuung zu leisten. Ersetzt wird also der **Vermögensschaden** (zB Verdienstentgang). Nach der Rechtsprechung gebührt überdies auch für den erlittenen **ideellen Schaden** Ersatz, sofern aufseiten des Schädigers **Vorsatz** vorliegt (oben A. VIII. 2. b) aa). Ein Teil der Lehre spricht sich allerdings dafür aus, auch Fahrlässigkeit genügen zu lassen.

> **Beachte:**
> Ansprüche wegen (hoheitlicher) Freiheitsentziehung gibt es auch nach **Art 7** des **BVG** über den Schutz der persönlichen Freiheit sowie nach dem **StEG 2005**. Diese Tatbestände setzen kein Verschulden voraus (so auch die Rechtsprechung zum AHG iVm § 1329 und Art 5 Abs 5 EMRK – oben A. VIII. 2. b) aa) ccc). Das StEG regelt Schadenersatzansprüche wegen Schäden, die jemand durch den Entzug der persönlichen Freiheit zum Zweck der Strafrechtspflege oder durch eine strafgerichtliche Verurteilung erlitten hat. Der genaue Anwendungsbereich ist in § 2 StEG geregelt. Dieser umfasst die gesetzwidrige Haft, die ungerechtfertigte Haft und die Wiederaufnahme. Ansprüche nach dem StEG bestehen neben dem AHG (Anspruchsgrundlagenkonkurrenz). Der Ersatz-

anspruch wegen des Entzugs der persönlichen Freiheit nach dem StEG umfasst sowohl Vermögensschäden als auch eine angemessene Entschädigung für die durch die Festnahme oder die Anhaltung erlittene Beeinträchtigung („Haftübel"; vgl § 5 StEGB). Die Ersatzansprüche nach dem AHG iVm § 1329 und Art 5 Abs 5 EMRK sowie nach Art 7 des BVG über den Schutz der persönlichen Freiheit umfassen ebenfalls ideelle Schäden.

7. Ehrenbeleidigung und Verbreitung unwahrer Tatsachen

> § 1330: *„(1) Wenn jemandem durch **Ehrenbeleidigung** ein wirklicher Schade oder Entgang des Gewinnes verursacht worden ist, so ist er berechtigt, den **Ersatz** zu fordern.*
> *(2) Dies gilt auch, wenn jemand **Tatsachen verbreitet**, die den **Kredit**, den **Erwerb** oder das **Fortkommen eines anderen gefährden** und deren **Unwahrheit** er kannte oder kennen mußte. In diesem Falle kann auch der **Widerruf** und die **Veröffentlichung** desselben verlangt werden. Für eine nicht öffentlich vorgebrachte Mitteilung, deren Unwahrheit der Mitteilende nicht kennt, **haftet er nicht**, wenn er oder der Empfänger der Mitteilung an ihr ein berechtigtes Interesse hatte."*

a) § 1330 regelt zwei Haftungstatbestände: **Ehrenbeleidigung** (Abs 1) und **Verbreitung unwahrer Tatsachen**, die den Kredit, den Erwerb oder das Fortkommen eines anderen gefährden (Abs 2). Beachte dazu auch die §§ 111 ff StGB.

b) Ersetzt wird nur der **Vermögensschaden**.

> **Beachte:**
> Nach §§ 6, 7 MedienG steht auch ein Anspruch auf Geldersatz für immaterielle Schäden zu.

c) Nach **§ 1330 Abs 2** haftet der Täter nur, wenn er die Unwahrheit der verbreiteten Tatsache kannte oder kennen musste. Nach der Rechtsprechung reicht *leichte Fahrlässigkeit* aus.

Für eine nicht öffentlich vorgebrachte Mitteilung haftet der Täter nicht (Rechtfertigungsgrund), wenn er die Unwahrheit der Mitteilung nicht kennt und er oder der Empfänger der Mitteilung ein berechtigtes Interesse an ihr hat (Abs 2 Satz 3).

d) Nach § 1330 Abs 2 steht auch ein Anspruch auf **Widerruf** und auf **Veröffentlichung** des Widerrufs zu (Naturalherstellung – oben A. VIII. 1. c).

e) Nach der Rechtsprechung besteht bei beiden Tatbeständen des § 1330 auch ein **Unterlassungsanspruch**.

> **Beachte:**
> Unterlassungsansprüche sind anders als Schadenersatzansprüche nicht von einem Verschulden abhängig, Voraussetzung ist aber, dass eine Wiederholungsgefahr besteht.

f) **Verjährung**: Ehrenbeleidigungen iSd § 1330 Abs 1 unterliegen nach § 1490 Abs 1 Satz 1 einer besonderen einjährigen Verjährungsfrist. Dagegen unterliegen nach § 1490 Abs 1 Satz 2 tätliche Ehrenbeleidigungen (zB Misshandlung) einer dreijährigen Verjährungsfrist. Für Ersatzansprüche nach § 1330 Abs 2 gilt wie für sonstige Schadenersatzansprüche § 1489 (§ 1490 Abs 2).

8. Sachschäden

> *§ 1331:* „Wird jemand an seinem **Vermögen vorsätzlich oder durch auffallende Sorglosigkeit** eines Anderen beschädiget; so ist er **auch den entgangenen Gewinn**, und, wen der Schade vermittelst einer durch ein **Strafgesetz verbothenen Handlung oder aus Muthwillen und Schadenfreude** verursachet worden ist, den **Werth der besonderen Vorliebe** zu fordern berechtiget."
>
> *§ 1332:* „Der Schade, welcher aus einem **minderen Grade des Versehens oder der Nachlässigkeit** verursacht worden ist, wird nach dem **gemeinen Werthe**, den die Sache zur Zeit der Beschädigung hatte, ersetzt."
>
> *§ 1332a:* „Wird ein **Tier verletzt**, so gebühren die tatsächlich aufgewendeten Kosten der Heilung oder der versuchten Heilung auch dann, wenn sie den Wert des Tieres übersteigen, soweit auch ein verständiger Tierhalter in der Lage des Geschädigten diese Kosten aufgewendet hätte."

a) Bei leicht fahrlässiger Beschädigung einer Sache ist der **gemeine Wert** der Sache (§ 305) zum Zeitpunkt der Schädigung zu ersetzen (§ 1332). Gemeiner Wert ist nach hM der Einkaufswert (zur Schadensberechnung auch oben A. VIII. 2. a).

> **Beachte:**
> Bei Kraftfahrzeugen hat der Geschädigte trotz Reparatur (Naturalherstellung – oben A. VIII. 1.) einen Anspruch auf Ersatz des **merkantilen Minderwertes**. Das ist jene Wertminderung, die ein Fahrzeug trotz Reparatur weiter aufweist. Der Ersatz beruht auf dem Gedanken, dass reparierte (Unfall-)Fahrzeuge nach der Verkehrsauffassung einen geringeren Zeitwert als unfallfreie Fahrzeuge haben. Die merkantile Wertminderung ist nach der Rechtsprechung als positiver Schaden einzustufen.

b) Wird eine Sache durch eine strafrechtlich verbotene Handlung oder aus Mutwillen und Schadenfreude beschädigt, so ist der **Wert der besonderen Vorliebe** (Affektionsinteresse) zu ersetzen (§ 1331). Der Wert der besonderen Vorliebe entspricht dem außerordentlichen Wert nach § 305.

> **Beachte:**
> § 1331 enthält eine weitere Untergliederung des Schadensbegriffs der §§ 1323, 1324: Bei besonders qualifiziertem Verschulden ist nicht nur das Interesse, sondern auch das Affektionsinteresse zu ersetzen (§ 1331 1. Halbsatz wiederholt den Inhalt des § 1324 – dazu auch oben A. VIII. 2. a).

c) Für **Tiere** (§ 285a) gibt es eine Sonderregelung (§ 1332a): Bei Verletzung eines Tieres werden die tatsächlichen Heilungskosten auch ersetzt, wenn sie den Wert des Tieres übersteigen, soweit auch ein verständiger Tierhalter in der Lage des Geschädigten diese Kosten aufgewendet hätte (siehe auch oben A. VIII. 1. b).

9. Haftung für Rat, Auskunft und Gutachten

> *§ 1300:* „Ein **Sachverständiger** ist auch dann verantwortlich, wenn er **gegen Belohnung in Angelegenheiten seiner Kunst oder Wissenschaft aus Versehen einen nachtheiligen Rath** ertheilet. **Außer diesem Falle** haftet ein Rathgeber nur für den Schaden, welchen er **wissentlich** durch Ertheilung des Rathes dem Anderen verursacht hat."

§ 1300 regelt die Haftung für Rat und Auskunft, wobei Rat und Auskunft nach hA gleich zu behandeln sind. Erfasst werden auch Gutachten. Zu unterscheiden sind folgende Fälle:

a) Rat und Auskunftserteilung „**gegen Belohnung**": Nach § 1300 Satz 1 wird von einem Sachverständigen (§ 1299) für jeden – auch leicht fahrlässig erteilten – Rat (jede Auskunft) gehaftet, wenn dieser „gegen Belohnung" erfolgt ist. Dies wird sehr weit interpretiert. Umfasst sind jeder Rat und jede Auskunft innerhalb einer Sonderbeziehung, worunter bspw Verträge, aber auch sonstige geschäftliche Kontakte fallen. Entgeltlichkeit ist keine Voraussetzung. Lediglich ein selbstloser Rat aus reiner Gefälligkeit fällt nicht unter § 1300 Satz 1.

> **Beachte 1:**
> IdR wird nach § 1300 Satz 1 nur gegenüber demjenigen gehaftet, dem Rat oder Auskunft erteilt worden ist. Eine **Haftung gegenüber Dritten** kommt nur dann in Betracht, wenn entweder ein Vertrag mit Schutzwirkungen zugunsten Dritter vorliegt oder aber die objektiv-rechtlichen Schutzpflichten auf den Dritten zu erstrecken sind. Letzteres ist dann zu bejahen, wenn eine Aussage erkennbar drittgerichtet ist, mithin einen Vertrauenstatbestand schafft, der für den Dritten eine Entscheidungsgrundlage darstellen soll. IdS wird zB derjenige, der ein Gutachten zur Schätzung des Verkehrswerts einer Liegenschaft erstellt, auch einem potenziellen Kreditgeber gegenüber ersatzpflichtig, wenn er damit rechnen musste, dass das Gutachten Entscheidungsgrundlage für die Kreditgewährung werden soll.

> **Beachte 2:**
> Die Erteilung eines falschen Rates kann auch durch die **Unterlassung einer Aufklärung** erfolgen.

b) Ausgenommen von § 1300 Satz 1 ist die Erteilung eines Rates (einer Auskunft) oder die Erstellung eines Gutachtens aus **Gefälligkeit**. In diesem Fall haftet der Ratgeber nur für den **wissentlich** falschen Rat (§ 1300 Satz 2). § 1300 Satz 2 ist ein Beispiel, in dem das ABGB auf eine gesteigerte Form des Vorsatzes (*Wissentlichkeit*) abstellt (oben A. VII. 3. a) aa). Die hA geht jedoch davon aus, dass bedingter Vorsatz ausreichend ist. § 1300 Satz 2 erfasst nur die deliktische Haftung für bloße Vermögensschäden. Führt der Rat (die Auskunft) zur Schädigung eines absolut geschützten Rechtsguts, greift eine Haftung nach allgemeinen Grundsätzen.

10. Wegehalterhaftung

> *§ 1319a: „(1) Wird durch den **mangelhaften Zustand eines Weges** ein Mensch getötet, an seinem Körper oder an seiner Gesundheit verletzt oder eine Sache beschädigt, so **haftet** derjenige für den Ersatz des Schadens, der für den ordnungsgemäßen Zustand des Weges als **Halter** verantwortlich ist, sofern **er oder einer seiner Leute den Mangel vorsätzlich oder grobfahrlässig verschuldet hat**. Ist der Schaden bei einer **unerlaubten**, besonders auch widmungswidrigen, Benützung des Weges entstanden und ist die Unerlaubtheit dem Benützer entweder nach der Art des Weges oder durch entsprechende Verbotszeichen, eine Abschrankung oder eine sonstige Absperrung des Weges **erkennbar** gewesen, so kann sich der **Geschädigte auf den mangelhaften Zustand des Weges nicht berufen**.*
> *(2) Ein **Weg** im Sinn des Abs. 1 ist eine Landfläche, die von jedermann unter den gleichen Bedingungen für den Verkehr jeder Art oder für bestimmte Arten des Verkehres benützt werden darf, auch wenn sie nur für einen eingeschränkten Benützerkreis bestimmt ist; zu einem Weg gehören auch die in seinem Zug befindlichen und dem Verkehr dienenden Anlagen, wie besonders Brücken, Stützmauern, Futtermauern, Durchlässe, Gräben und Pflanzungen. Ob der Zustand eines Weges mangelhaft ist, richtet sich danach, was nach der Art des Weges, besonders nach seiner Widmung, für seine Anlage und Betreuung angemessen und zumutbar ist.*
> *(3) Ist der mangelhafte Zustand durch **Leute des Haftpflichtigen** verschuldet worden, so haften auch sie nur bei Vorsatz oder grober Fahrlässigkeit."*

a) Der Halter eines Wegs haftet nach § 1319a, wenn durch den **mangelhaften Zustand** des Wegs ein Schaden herbeigeführt wird und den Halter selbst oder seine Leute (§ 1319a Abs 3) ein *grobes Verschulden* trifft. Wer jedermann Wege zur Benutzung zur Verfügung stellt, soll nicht mit aller Strenge haften müssen.

Beachte 1:

Ob der Zustand eines Wegs mangelhaft ist, richtet sich danach, welche Erhaltungs- bzw Sicherungsmaßnahmen nach der Art des Weges, besonders nach seiner Widmung, für seine Anlage und Betreuung angemessen und **zumutbar** sind (§ 1319a Abs 2 letzter Satz). So wird die Zumutbarkeit für den Wegehalter bei einem Gebirgspfad anders zu beurteilen sein als auf einer Autobahn.

Beachte 2:

Die **Streupflicht auf Gehsteigen** im Ortsgebiet trifft den Eigentümer der angrenzenden Liegenschaften (§ 93 StVO, Schutzgesetz nach § 1311!). Die Beschränkungen des § 1319a gelten hier nicht. Der nach § 93 StVO Verpflichtete haftet also auch bei leichter Fahrlässigkeit.

b) **Halter** eines Wegs ist, wer die Kosten für die Errichtung und Erhaltung des Wegs trägt und die Verfügungsmacht über den Weg hat.

c) **Weg**

   aa) Zur Definition des **Wegs** siehe § 1319a Abs 2. Auch Wege, die nur einem eingeschränkten Benützerkreis offen stehen (zB „Anrainer frei"), sind von § 1319a erfasst, sofern sie jedermann unter den gleichen Bedingungen benutzen darf.

   Die sich in einem abgezäunten Grundstück befindenden Wege sind in der Regel vom Anwendungsbereich des § 1319a ausgenommen, es sei denn, auch sie wären der Allgemeinheit zugänglich gemacht (zB öffentlicher Garten, Park). Genauso liegt bei einer in einem Innenhof liegenden Fläche in der Regel kein Weg iSd § 1319a Abs 2 vor.

   Skipisten, Rodelbahnen oder Langlaufloipen sind Wege (bei Skipisten ergibt sich die Haftung aber aus dem Beförderungsvertrag des Skifahrers mit dem Liftbetreiber!). Für die Schleppspur eines Schlepplifts gilt § 9a EKHG.

   bb) Bei einer **unerlaubten Benutzung** des Wegs haftet der Wegehalter nicht, wenn die Unerlaubtheit dem Benützer nach der Art des Wegs oder durch Verbotszeichen (zB „Durchgang verboten"), eine Absperrung oder Abschrankung erkennbar ist (§ 1319a Abs 1 Satz 2). „Durchgang bis auf Widerruf gestattet" soll nur die Ersitzung eines Wegservituts verhindern („Scheinservitut"), macht aber die Benutzung nicht unerlaubt.

d) § 1319a ist ein **deliktischer** Haftungstatbestand (Verletzung von Verkehrssicherungspflichten).

   aa) Die Beweislast für das Verschulden trägt daher nach § 1296 der Geschädigte (oben A. XIII. 1.). Ein Teil der Lehre sieht § 1319a als Schutzgesetz (§ 1311), daher würde nach § 1298 eine Beweislastumkehr greifen (oben A. XIII. 2. a). Zum selben Ergebnis kommt man, wenn man die Straßenverwaltungsvorschriften des öffentlichen Rechts (zB Bundes- oder LandesstraßenG) als Schutzgesetze betrachtet.

   bb) Der Wegehalter haftet aber abweichend von § 1315 (Besorgungsgehilfe – unten III. 1. b) für das grobe Verschulden seiner **Leute**. Auf deren Gefährlichkeit oder Untüchtigkeit (§ 1315) kommt es nicht an. **Selbstständige Unternehmer**, die mit der Erhaltung des Wegs beauftragt sind (zB Straßenmeisterei), gelten jedoch **nicht** als Leute. In diesem Fall haftet der Wegehalter nur für ein Auswahl- und Überwachungsverschulden. Für den Unternehmer selbst gilt die Einschränkung des § 1319a auf grobes Verschulden nicht.

e) § 1319a schließt als Deliktstatbestand eine weitergehende **Haftung** des Wegehalters **aus Vertrag** nicht aus (zB Mautstraße, Beförderungsvertrag beim Skilift). Aus Vertrag haftet der Wegehalter auch für leichte Fahrlässigkeit sowie für ein Verschulden seiner Gehilfen nach § 1313a (unten III. 1. a). Die Beweislast für fehlendes Verschulden trägt der Schädiger (§ 1298 – oben A. XIII. 2. a).

> **Beachte:**
> Auch eine Haftung aus culpa in contrahendo (oben 1. d) schließt die Anwendung des § 1319a aus.

> **Beispiel:**
> A stürzt beim Betreten eines Gasthauses auf dem nicht gestreuten Weg vor dem Gasthaus.

> Für die Autobahn-Vignette bejaht der OGH das Vorliegen eines Vertragsverhältnisses (Entgelt!), daher gelten die Haftungsbeschränkungen des § 1319a ABGB nicht.

11. Haftung für Bauwerke

> § 1319: *„Wird durch **Einsturz oder Ablösung von Teilen eines Gebäudes** oder eines anderen auf einem Grundstück aufgeführten **Werkes** jemand verletzt oder sonst ein Schaden verursacht, so ist der **Besitzer des Gebäudes oder Werkes zum Ersatze verpflichtet**, wenn die Ereignung die Folge der mangelhaften Beschaffenheit des Werkes ist und er nicht **beweist**, daß er alle zur Abwendung der Gefahr erforderliche Sorgfalt angewendet habe."*

a) Nach § 1319 haftet der **Besitzer** eines Bauwerks für Schäden, die durch den Einsturz oder das Ablösen von Teilen eines Gebäudes oder eines anderen auf einem Grundstück aufgeführten Werks verursacht werden. Der Besitzer kann sich von seiner Haftung befreien, wenn er beweist, dass er alle zur Abwendung der Gefahr eines Schadenseintritts notwendigen Vorkehrungen getroffen hat (**Beweislastumkehr** – oben A. XIII. 2.).

„**Werk**" wird von der Rechtsprechung sehr weit interpretiert. Es ist darunter jeder künstliche Aufbau und jede sonstige willkürliche Gestaltung der Landschaft (zB Gerüst, Dachgarten, Tribüne, elektrische Leitung oder Zaun) zu verstehen. Auch Bodenvertiefungen, Schächte und Gruben fallen darunter.

Auf Schäden durch Dachlawinen oder durch einen umgestürzten Baum ist nach der Rechtsprechung § 1319 **analog** anzuwenden. Siehe für die Dachlawine auch § 93 Abs 2 StVO (Schutzgesetz nach § 1311!).

> **Beachte:**
> „Besitzer" ist nicht im sachenrechtlichen Sinn (§ 309), sondern ähnlich wie „Halter" in §§ 1319a (oben 10.), 1320 (unten 12.) oder bei der Gefährdungshaftung (unten V. 1. c) zu verstehen. Es kommt auf die tatsächliche Möglichkeit an, Gefahren abzuwenden. Besitzer bzw Halter ist derjenige, der für die Instandhaltung des Gebäudes auf eigene Rechnung zu sorgen hat.

b) Schwierig ist die **Abgrenzung** des § 1319 von **§ 1318** (unten III. 4.).

   aa) Diese Abgrenzung ist notwendig, weil verschiedene Personen ersatzpflichtig werden (§ 1319: Besitzer des Bauwerkes; § 1318: Wohnungsinhaber). Überdies ist die in § 1318 normierte Haftung nach überwiegender Ansicht eine verschuldensunabhängige Haftung, die an eine objektiv erkennbare Gefährlichkeit anknüpft (str; siehe aus der jüngeren Rsp 10 Ob 27/20y), jene nach § 1319 nach zumindest überwiegender älterer Rsp eine Verschuldenshaftung mit Beweislastumkehr (ebenfalls str; die jüngere Rsp geht zum Teil von einer Gefährdungshaftung aus [2 Ob 175/20d]).

bb) Bei der **Abgrenzung** ist nach einem Teil der Lehre zu fragen, wer für die Erhaltung jener Teile zuständig ist, durch deren Herabfallen der Schaden verursacht wird. Ist der Wohnungsinhaber zuständig, so greift § 1318, ist der Besitzer des Bauwerks zuständig, so ist § 1319 anzuwenden.

c) Nach jüngerer Rsp ist die **Wegehalterhaftung** gem 1319a lex specialis im Verhältnis zur Bauwerkhaftung gem § 1319, wenn der Wegehalter gleichzeitig als Besitzer einer im Zuge des Wegs bestehenden Anlage zu werten ist und die Funktion der Baulichkeit als Verkehrsweg klar im Vordergrund steht (vgl 8 Ob 103/17f: elektrische Viehsperre auf einem Radweg).

12. Tierhalterhaftung

> § 1320: „*(1) Wird jemand durch ein **Tier beschädigt**, so ist derjenige dafür verantwortlich, der es dazu **angetrieben, gereizt oder zu verwahren vernachlässigt** hat. Derjenige, der das Tier **hält**, ist verantwortlich, wenn er nicht **beweist**, daß er für die erforderliche Verwahrung oder Beaufsichtigung gesorgt hatte.*
> *(2) In der Alm- und Weidewirtschaft kann der Halter bei Beurteilung der Frage, welche Verwahrung erforderlich ist, auf anerkannte Standards der Tierhaltung zurückgreifen. Andernfalls hat er die im Hinblick auf die ihm bekannte Gefährlichkeit der Tiere, die ihm zumutbaren Möglichkeiten zur Vermeidung solcher Gefahren und die erwartbare Eigenverantwortung anderer Personen gebotenen Maßnahmen zu ergreifen. Die erwartbare Eigenverantwortung der Besucher von Almen und Weiden richtet sich nach den durch die Alm- und Weidewirtschaft drohenden Gefahren, der Verkehrsübung und anwendbaren Verhaltensregeln.*"

Bei der Haftung nach § 1320 sind zwei Fälle zu unterscheiden:

a) Derjenige, der das Tier zur Schädigung angetrieben, gereizt oder zu verwahren vernachlässigt hat, haftet nach allgemeinen Grundsätzen (§ 1320 Satz 1).

b) Der **Tierhalter** haftet nach § 1320 Satz 2 zudem für Schäden, wenn er nicht beweist (Beweislastumkehr), dass er für die erforderliche Verwahrung bzw Beaufsichtigung gesorgt hat. Wie bei § 1319 (oben 11.) wird zu § 1320 zum Teil vertreten, dass der Tierhalter auch dann haftet, wenn er die notwendigen Vorkehrungen zur Verwahrung und Beaufsichtigung des Tiers ohne Verschulden unterlassen hat (Gefährdungshaftung). Auch der OGH geht davon aus, dass in § 1320 zwar „keine (volle) Gefährdungshaftung" vorgesehen sei, die besondere Tiergefahr aber dadurch berücksichtigt werde, dass nicht auf das subjektive Verschulden des Halters, sondern auf die **objektiv gebotene Sorgfalt** abgestellt werde (vgl 2 Ob 70/16g).

Tierhalter ist, wer über die Verwahrung und Beaufsichtigung des Tiers zu entscheiden hat bzw die tatsächliche Herrschaft über das Tier ausübt (Halter sind bspw: Betreiber eines Wildparks oder eines Tierheimes, Eheleute in gemeinsamer Wohnung, Lebensgefährten etc. Kein Halter ist dagegen der behandelnde Tierarzt oder ein bloßer „Hundeausführer").

> **Beachte:**
> Bei Schädigung durch ein Tier besteht nach § 1321 das Recht zur **Privatpfändung**, um den Schadenersatzanspruch sicherzustellen (siehe auch § 1322). Beachte überdies § 383: Der Ersatz von Wildschäden wird durch „politische" Gesetze (Landesjagdgesetze) geregelt, die auch Jagdschäden erfassen (Beispiel für Eingriffs- [Jagdschäden] bzw Gefährdungshaftung [Wildschäden]).

c) Im Jahr 2019 wurde § 1320 Abs 1 ein neuer Abs 2 angefügt, der sich speziell mit der Ersatzpflicht von Haltern in der Alm- und Weidewirtschaft befasst. § 1320 Abs 2 enthält für diesen Bereich konkrete gesetzliche Vorgaben zur Beurteilung der erforderlichen Verwahrung. Zudem sollte mit der Novelle aber auch das Prinzip der Eigenverantwortung von Almbesuchern betont werden, worauf die Bestimmung ausdrücklich Bezug nimmt.

13. Haftung bei Arbeitsunfällen

a) Wird ein Dienstnehmer (DN) infolge eines Arbeitsunfalls oder einer Berufskrankheit verletzt, so erbringt der Sozialversicherungsträger (SVT) Leistungen (zB Kosten des Krankenhausaufenthaltes). Im Schadenersatzrecht knüpfen sich daran zwei Fragen:

1. Kann der DN auch vom Dienstgeber (DG) oder von Arbeitskollegen Schadenersatz verlangen?
2. Schadenersatzansprüche eines DN (Ausnahme: Schmerzengeld) gehen auf den SVT über (Legalzession), soweit der SVT Leistungen zu erbringen hat (§ 332 Abs 1 ASVG). Kann nun der SVT Regress verlangen, und bei wem kann er sich regressieren?

b) Antwort auf Frage 1:

aa) **Haftung des Arbeitgebers:** Für die Körperverletzung eines DN infolge eines **Arbeitsunfalls** oder durch eine Berufskrankheit haftet der DG nur bei **Vorsatz** (§ 333 Abs 1 ASVG). Diese Einschränkung gilt auch gegenüber den Hinterbliebenen (Unterhalt nach § 1327 – oben 3. b), wenn der DN getötet wird (§ 333 Abs 1 Satz 2 ASVG). Der Schadenersatzanspruch des DN bzw seiner Hinterbliebenen vermindert sich selbst bei Vorsatz des DG um die Leistungen aus der gesetzlichen Unfallversicherung (§ 333 Abs 2 ASVG: Vorteilsausgleichung – oben A. XI. 1.).

> **Beachte:**
> Hintergrund für dieses rechtspolitisch fragwürdige Privileg ist, dass der DG für den DN Sozialversicherungsbeiträge bezahlen muss und sich damit teilweise von der Haftung befreien kann („Ablöse"). Der Haftungsausschluss des § 333 Abs 1 ASVG bezieht sich (soweit es um Ersatzansprüche infolge einer Körperschädigung geht) auf alle nach den §§ 1325 ff ABGB zustehenden Ersatzansprüche. Er betrifft insb auch Schadenersatzansprüche, für die keine kongruenten Leistungen aus der Sozialversicherung erbracht werden, etwa Ansprüche auf Schmerzengeld oder auf Verunstaltungsentschädigung (soweit nicht eine Integritätsabgeltung [§ 213a ASVG] sachlich kongruent ist). Vom Haftungsausschluss erfasst sind nicht nur Ansprüche des Geschädigten selbst, sondern auch solche von nahen Angehörigen (zB durch Schockschäden).

Das Dienstgeberhaftungsprivileg des § 333 Abs 1 ASVG **gilt nicht**, wenn der Arbeitsunfall durch ein **Verkehrsmittel** eingetreten ist, für dessen Betrieb gesetzlich eine erhöhte Haftpflicht besteht (§ 333 Abs 3 ASVG). Gemeint sind Eisenbahnen und Kraftfahrzeuge, für die eine Gefährdungshaftung nach EKHG besteht (unten V. 3.). Hier haftet der DG auch ohne Vorsatz, seine Haftung wird aber im Regelfall durch die Deckungspflicht des Haftpflichtversicherers „ersetzt", der jedenfalls die Mindestdeckungssumme an den geschädigten DN leisten muss.

bb) **Haftung des Arbeitskollegen:**

Das Dienstgeberhaftungsprivileg gilt auch für gesetzliche oder bevollmächtigte **Vertreter** des Unternehmers und für **Aufseher im Betrieb** (§ 333 Abs 4 ASVG). Aufseher ist nach der Rechtsprechung, wem eine gewisse Selbstständigkeit und Verantwortlichkeit für das Zusammenspiel persönlicher und technischer Kräfte übertragen ist. Beispiel: Polier auf einer Baustelle.

Schädigt ein DN, der kein Aufseher im Betrieb ist („einfacher Arbeitskollege"), einen Arbeitskollegen, so haftet er nach allgemeinen Grundsätzen. Ein möglicher Rückgriff durch den SVT als Legalzessionar wird jedoch durch § 332 Abs 5 ASVG eingeschränkt (hierzu sogleich unten c) bb).

c) Antwort auf Frage 2: **Regress des SVT**

aa) gegen den DG, Vertreter oder Aufseher:

Hat der DG, Vertreter oder Aufseher den Arbeitsunfall (die Berufskrankheit) durch **grobes Verschulden** verursacht, so muss er dem SVT alle von diesem an den DN erbrachten Leistungen ersetzen. Ein Mitverschulden des DN mindert den Regressanspruch nicht (§ 334 Abs 3 ASVG), der SVT kann aber bei grober Fahrlässigkeit auf den Regress ganz oder teilweise verzichten, wenn die wirtschaftlichen Verhältnisse des Verpflichteten (DG, Vertreter, Aufseher) dies begründen (§ 334 Abs 5 ASVG).

Die Regressbestimmung des § 334 ASVG gilt nicht für Leistungen nach § 213a ASVG (§ 334 Abs 1 ASVG). Nach § 213a ASVG hat der DN aus der Unfallversicherung einen Anspruch auf **Integritätsabgeltung**, wenn der Arbeitsunfall (die Berufskrankheit) durch grob fahrlässige Außerachtlassung von Arbeitnehmerschutzvorschriften verursacht wird.

Die §§ 333, 334 ASVG gelten auch, wenn DG eine juristische Person, OG oder KG ist und der Arbeitsunfall (die Berufskrankheit) durch ein Organ der juristischen Person oder durch einen persönlich haftenden Gesellschafter der OG bzw KG verursacht wird (§ 335 Abs 1 ASVG).

bb) gegen den Arbeitskollegen:

Der SVT kann beim Arbeitskollegen des Dienstnehmers, der im Zeitpunkt der Schädigung im selben Betrieb wie der geschädigte DN beschäftigt war, **Regress** nehmen, wenn der Versicherungsfall (zB Arbeitsunfall) durch ein grobes Verschulden des Arbeitskollegen oder durch ein Fahrzeug verursacht wurde, für das eine erhöhte gesetzliche Haftpflicht (Gefährdungshaftung, zB EKHG für Kraftfahrzeuge) besteht (§ 332 Abs 5 ASVG).

14. Haftung des Reiseveranstalters beim Pauschalreisevertrag

a) Der Reisende hat gegen den Reiseveranstalter Anspruch auf angemessenen Ersatz des Schadens, den er infolge einer Vertragswidrigkeit erlitten hat. War die Vertragswidrigkeit **erheblich**, so umfasst der Schadenersatzanspruch gem § 12 Abs 2 PRG (vormals: § 31e Abs 3 KSchG) auch den Anspruch auf **angemessenen Ersatz der entgangenen Urlaubsfreude** (ideeller Schadenersatz – vgl oben A. VIII. 2. b). Beim Schadenersatzanspruch nach § 12 PRG handelt es sich um einen Tatbestand der Verschuldenshaftung.

Bei bestimmten Vertragswidrigkeiten hat der Reisende gem § 12 Abs 3 PRG **keinen** Ersatzanspruch – nämlich bei solchen, die ihm selbst oder einem unbeteiligten Dritten (hier steht die Ausnahme unter der weiteren Voraussetzung der Unvorhersehbarkeit und Unvermeidbarkeit der Vertragswidrigkeit) zuzurechnen sind oder die auf unvermeidbaren und außergewöhnlichen Umständen beruhen.

b) Der Reisende hat dem Reiseveranstalter jede Vertragswidrigkeit, die er während der Erbringung der im Pauschalreisevertrag vereinbarten Reiseleistungen wahrnimmt, unter Berücksichtigung der jeweiligen Umstände unverzüglich **mitzuteilen**. Die Unterlassung der Mitteilung einer wahrgenommenen Vertragswidrigkeit kann dem Reisenden als Mitverschulden angerechnet werden (§ 1304 ABGB).

> **Beachte:**
> Das PRG gilt für Pauschalreiseverträge zwischen einem Unternehmer und einem **Reisenden** sowie für Verträge über die Vermittlung von verbundenen Reiseleistungen, die zwischen einem Unternehmer und einem Reisenden geschlossen werden. Eine Einschränkung auf Verbraucher enthält das PRG nicht.

c) Für die **Bemessung** des immateriellen Schadenersatzanspruchs können nach den Materialien zum PRG die Kriterien des bisherigen § 31e Abs 3 KSchG weiterhin herangezogen werden: Es ist sohin insbesondere auf die Schwere und Dauer des Mangels, den Grad des Verschuldens, den vereinbarten Zweck der Reise sowie die Höhe des Reisepreises Bedacht zu nehmen. Dabei handelt es sich aber lediglich um allgemeine Vorgaben, sodass auch ein Pauschalbetrag (laut Erl eventuell in der Höhe von € 50,– bis 60,–) pro verpatztem Urlaubstag zugesprochen werden könnte.

d) Vereinbarungen, durch die für den Schadenersatzanspruch des Reisenden eine **Verjährungsfrist** von weniger als zwei Jahren vorgesehen wird, sind nach § 12 Abs 6 PRG jedenfalls unwirksam.

II. Haftung für schuldloses Verhalten

1. Schädigung im Notstand

a) Notstand kann sowohl ein **Rechtfertigungs-** als auch ein **Schuldausschließungsgrund** sein (oben A. V. 4. b). Wer im rechtfertigenden Notstand einem anderen einen Schaden zufügt, handelt nicht rechtswidrig. Beim entschuldigenden Notstand wird dagegen nur das Verschulden des Schädigers ausgeschlossen, sofern der durch die Eingriffshandlung drohende Nachteil nicht unverhältnismäßig schwerer wiegt als der abzuwehrende und von einem maßgerechten Menschen ein anderes Verhalten nicht zu erwarten war. In beiden Fällen greift grundsätzlich keine Haftung (siehe aber sogleich § 1306a).

b) Wer sich aus **eigenem Verschulden** in einen Notstand versetzt und einen Schaden verursacht, wird allerdings ersatzpflichtig (§ 1307 Satz 1). Haftungsgrund ist hier nicht das Verhalten im Notstand, sondern das (zeitlich vorgelagerte) Verschulden des Täters, der sich in eine Notstandssituation versetzt.

> **Beispiel:**
> Hat sich Willi im Beispiel oben trotz der Warnungen des Hüttenwirts vor einem bevorstehenden Wettersturz auf die Skitour gemacht, so muss er die im Schneesturm aufgebrochene Tür der Schutzhütte ersetzen.

Ersatzpflichtig wird auch ein Dritter, der den Schädiger schuldhaft in einen Notstand versetzt (§ 1307 Satz 2).

c) Nach § 1306a sind – auch ohne ein Verschulden iSd § 1307 (oben b) – im Notstand verursachte Schäden unter bestimmten Voraussetzungen trotz der fehlenden Rechtswidrigkeit zu ersetzen. Bei der Entscheidung, ob und in welchem Umfang der im Notstand Handelnde ersatzpflichtig wird, sind folgende Gesichtspunkte abzuwägen:

– Hat der Geschädigte aus Rücksicht auf die dem in Notstand Handelnden drohende Gefahr die Abwehr der Notstandshandlung unterlassen?
– Die Größe der Gefahr (Notstandssituation) im Verhältnis zum Umfang des eingetretenen Schadens.
– Das Verhältnis der Vermögenslage des Schädigers zu der des Geschädigten (wirtschaftliche Zumutbarkeit der Schadenstragung).

2. Schädigung durch Deliktsunfähige

a) Deliktsunfähige werden nicht ersatzpflichtig, weil es am Zurechnungsgrund des Verschuldens fehlt (oben A. VII. 2.). Wenn der Geschädigte einen deliktsunfähigen Schädiger schuldhaft zur Schädigung veranlasst (Mitverschulden), so hat er keinen Ersatzanspruch (§ 1308: Kulpakompensation – oben A. X. 1. c).

b) Sonst werden statt des deliktsunfähigen Schädigers die für ihn **Aufsichtspflichtigen** (zB Eltern, Lehrer) ersatzpflichtig, wenn sie schuldhaft die notwendige Obsorge unterlassen und der Schaden durch diese Unterlassung eingetreten ist (§ 1309).

> **Beispiel:**
> Adelheid lässt ihren 3-jährigen Sohn Fritz mit Zündhölzern spielen. Während Adelheid bei der Nachbarin Kaffee trinkt, zündet Fritz den Heustadel des Bauern Franz an.

> **Beachte:**
> Eltern und sonstige Aufsichtspflichtige haften nur bei Verschulden. Die häufig (zB auf Baustellen) anzutreffende Aufschrift „Eltern haften für ihre Kinder" ist also nur teilweise richtig (und ändert auch nichts an der Haftung des Baustellen-Betreibers, zB wegen Verletzung von Verkehrssicherungspflichten).

c) Nur wenn der Geschädigte von der Aufsichtsperson nach § 1309 (oben b) keinen Ersatz bekommt, weil diese kein Verschulden trifft oder sie zahlungsunfähig ist, wird der deliktsunfähige Schädiger selbst nach § 1310 ersatzpflichtig. § 1310 ist also subsidiär zu § 1309. Bei der **Billigkeitsentscheidung**, ob und in welchem Umfang der Deliktsunfähige ersatzpflichtig wird, sind nach § 1310 folgende Gesichtspunkte abzuwägen:

– Trifft den Schädiger trotz der fehlenden Verschuldensfähigkeit nicht dennoch im konkreten Fall ein **Verschulden**? So sind zB größere Kinder durchaus in der Lage, bestimmte Gefahren und damit die Rechtswidrigkeit ihres Verhaltens einzusehen.

– Hat der Geschädigte die **Verteidigung** des geschädigten Rechtsguts **unterlassen**, um den Schädiger zu schonen?

– Die **Vermögenslage** des Schädigers im Vergleich zu der des Geschädigten. Wem ist die Schadenstragung wirtschaftlich eher zumutbar? Als Vermögen gilt nach der Rechtsprechung auch der Deckungsanspruch des Schädigers aus einer Haftpflichtversicherung.

> **Beispiel:**
> Der 10-jährige Karl schießt mit dem Fußball die Fensterscheibe des Nachbarn Kunibert ein. Dieser Schaden ist (in der Regel) durch die in der Haushalts-Bündelversicherung enthaltene Privathaftpflichtversicherung abgedeckt, welche Karl senior abgeschlossen hat.

III. Haftung für fremdes Verhalten

1. Gehilfenhaftung

a) Erfüllungsgehilfe

aa) Der Geschäftsherr (GH) haftet nach **§ 1313a** für das Verschulden seines Erfüllungsgehilfen (EGeh) wie für eigenes Verschulden. § 1313a gilt auch für den gesetzlichen Vertreter eines nicht oder nicht voll Geschäftsfähigen.

> **Beachte:**
> 1. Auch für Schädigungen durch den gewillkürten Vertreter haftet der Vertretene, unterscheide davon streng die Haftung des falsus procurator (zur Stellvertretung siehe *ORAC-Rechtsskriptum* „Schuldrecht Allgemeiner Teil").
> 2. § 1313a wurde anders als § 1315 (unten b) erst durch die III. Teilnovelle zum ABGB 1916 eingefügt.
> 3. Zur Zurechnung eines Verschuldens des Gehilfen (Geh) des Geschädigten als Mitverschulden nach § 1304 siehe oben A. X. 1. b).

bb) **Erfüllungsgehilfe** ist jemand, dessen sich der GH zur Erfüllung eines **Schuldverhältnisses** bedient. Voraussetzung für die Haftung nach § 1313a ist also, dass zwischen dem GH und dem geschädigten Dritten ein **Vertrag** oder ein **vorvertragliches Schuldverhältnis** (Sonderbeziehung) besteht. § 1313a gilt sowohl für die Erfüllung von Hauptleistungs- als auch von Nebenpflichten

(Aufklärungs-, Schutz- und Sorgfaltspflichten). Dies ist für das vorvertragliche Schuldverhältnis (culpa in contrahendo – oben I. 1. d) wichtig, weil vor Vertragsabschluss nur Nebenpflichten, aber noch keine Hauptleistungspflichten bestehen. § 1313a gilt auch beim Vertrag mit Schutzwirkungen zugunsten Dritter im Verhältnis zum Dritten.

> **Beachte:**
> 1. Grund für die Haftung des GH (Schuldner) ist, dass sein Vertragspartner (Gläubiger) nicht dadurch schlechtergestellt werden soll, dass der Schuldner nicht selbst erfüllt, sondern für die Erfüllung einen Geh einsetzt (Arbeitsteiligkeit). Der Einsatz eines Geh bringt dem Schuldner Vorteile, daher muss er auch für ein Fehlverhalten des Geh einstehen („**Guter Tropfen – schlechter Tropfen**").
> 2. Die Verpflichtung des GH kann sich auch aus dem **Gesetz** ergeben (zB Unterhaltspflicht). Beachte aber, dass zwischen dem GH und dem Geschädigten eine **Sonderbeziehung** bestehen muss. Gesetzliche Pflichten gegenüber der Allgemeinheit (zB Verkehrssicherungspflichten) führen daher nicht zur Anwendung des § 1313a.

cc) Der GH haftet nur für jene vom EGeh rechtswidrig und schuldhaft verursachten Schäden, die **durch die Erfüllung** entstehen. Für Schäden **anlässlich** der Erfüllung haftet der GH nicht nach § 1313a, sondern nur nach § 1315 (unten b).

> **Beachte:**
> Bei der Schädigung anlässlich der Erfüllung besteht zwischen der schädigenden Handlung und der Vertragserfüllung nur ein äußerer, lediglich durch Zeit und Ort begründeter Zusammenhang. Die Haftung nach § 1313a setzt jedoch einen inneren sachlichen Zusammenhang zwischen schädigender Handlung und Aufgabenbereich des Gehilfen voraus. Ein solcher ist etwa idR dann zu verneinen, wenn der Gehilfe auf Verlangen des Gläubigers zusätzliche, über die vom Schuldner übernommenen Verpflichtungen hinausgehende Arbeiten durchführt.

dd) EGeh kann auch ein **selbstständiger Unternehmer** sein, zB ein Subunternehmer, den ein Werkunternehmer zur Erfüllung des Werkvertrags einsetzt (Schuldvertragsrecht). Dagegen sind Zulieferer von Rohstoffen oder Produzenten idR keine EGeh.

> **Beachte:**
> Setzt der EGeh seinerseits einen Geh ein, so ist dieser zweite Geh auch EGeh des ersten GH (**Erfüllungsgehilfenkette**).

> **Beispiel:**
> Ein Bauherr beauftragt einen Generalunternehmer mit dem Bau eines Hauses. Der Generalunternehmer setzt zur Durchführung der Bauarbeiten weitere Werkunternehmer (Baumeister, Zimmerer, Installateur usw) ein, die ihrerseits Arbeitnehmer einsetzen. Der Arbeiter des Baumeisters ist EGeh des Baumeisters im Verhältnis zum Generalunternehmer, aber auch EGeh des Generalunternehmers im Verhältnis zum Bauherrn, ja sogar EGeh des Bauherrn im Verhältnis zu Dritten, mit denen der Bauherr in Vertragsbeziehung steht (zB Wohnbaugesellschaft – Wohnungseigentümer).

ee) Der Einsatz eines EGeh ist beim Auftrag von der **Substitution** zu unterscheiden: Bei erlaubter oder unvermeidlicher Substitution haftet der Substituent nur für Auswahlverschulden (§ 1010 Satz 2). Bei unerlaubter Substitution haftet er für jeden Schaden, der ohne die Weitergabe nicht entstanden wäre (§ 1010 Satz 1), also auch für zufällige Schäden (casus mixtus – oben A. I. 1.).

b) Besorgungsgehilfe

aa) Besteht zwischen dem GH und dem Geschädigten keine Sonderbeziehung (Schuldverhältnis), so haftet der GH für ein Verhalten seines Geh nach § 1315. **§ 1315** gilt also im **deliktischen** Bereich, aber auch für Schäden, die **anlässlich** der Erfüllung eines Schuldverhältnisses entstehen (oben a) cc). Der GH haftet nach § 1315 nur, wenn er sich einer untüchtigen oder wissentlich einer gefährlichen Person zur Besorgung seiner Angelegenheiten bedient.

> **Beachte:**
> 1. Die Beweislast für die Untüchtigkeit bzw Gefährlichkeit des Besorgungsgehilfen (BGeh) trägt der Geschädigte. Bei einer Schädigung durch Unterlassen des BGeh bejaht die Rechtsprechung allerdings eine Beweislastumkehr: Der GH muss die Tüchtigkeit des BGeh bzw dessen ausreichende Überwachung beweisen.
> 2. Nach der Rechtsprechung kann BGeh auch ein selbstständiger Unternehmer sein. Bedient sich dieser Unternehmer mit Einverständnis des GH wiederum eines Geh, so ist dieser zweite Geh auch BGeh des ersten GH (**Besorgungsgehilfenkette**).
> 3. Zur Zurechnung eines Verschuldens des Geh des Geschädigten als Mitverschulden nach § 1304 siehe oben A. X. 1. b.

bb) **Untüchtig** ist der BGeh, wenn er für die Tätigkeit ungeeignet ist, zu der ihn der GH einsetzt. Nach hM haftet der GH nur, wenn die Untüchtigkeit **habituell** ist. Dies ist dann der Fall, wenn die Untüchtigkeit auf mangelnde Ausbildung oder eine Veranlagung zurückzuführen ist. Hat der BGeh schon mehrmals den Fehler begangen, der schließlich zur Schädigung des Dritten führt, so lässt dies auf seine habituelle Untüchtigkeit schließen. Eine habituelle Untüchtigkeit kann sich aber auch aus einem einmaligen, schwerwiegenden Fehlverhalten ergeben.

> **Beachte:**
> Die Haftung des GH für den untüchtigen BGeh ist eine Erfolgshaftung, weil es auf ein Verschulden des GH (Kenntnis oder Kennenmüssen der Untüchtigkeit) nicht ankommt; anders beim gefährlichen BGeh (unten cc).

cc) Für den **gefährlichen** BGeh haftet der GH nach § 1315 nur, wenn er von der Gefährlichkeit weiß oder grob fahrlässig nicht weiß. Der GH haftet nur für jenen Schaden, der gerade durch die Gefährlichkeit, die ihm bekannt ist, entstanden ist.

> **Beispiel:**
> Der GH haftet nach § 1315, wenn er einen vorbestraften Dieb einstellt, er von den Vorstrafen weiß (grob fahrlässig nicht weiß) und der BGeh dann tatsächlich einen Diebstahl begeht. Zündet der BGeh dagegen ein Haus an, so haftet der GH nicht bzw nur dann, wenn er auch von einer pyromanischen Neigung seines BGeh gewusst hat.

> **Beachte:**
> Die Haftung für den gefährlichen BGeh ist eine Haftung wegen Auswahlverschuldens (culpa in eligendo). Das Wissen des GH um die Gefährlichkeit des Geh hat der Geschädigte zu beweisen (§ 1296).

dd) Zur eingeschränkten Haftung nach § 1315 gibt es **Ausnahmen**. In diesen Fällen kommt es auf die Gefährlichkeit oder Untüchtigkeit des Geh nicht an, obwohl dieser BGeh und nicht EGeh ist:

- Der **Wegehalter** haftet nach § 1319a für grobes Verschulden seiner Leute (oben I. 10.).
- Der **Gastwirt** haftet nach § 970 für jedes Verschulden seiner Leute (vgl *ORAC-Rechtsskriptum* „Schuldverträge").
- Haftung der juristischen Person für ihre Organe und Repräsentanten (unten 2.).
- Gehilfenhaftung bei der Gefährdungshaftung (unten V.):

    Haftung für jedes Verschulden des Geh (§ 19 Abs 2 EKHG, § 56 ForstG, § 10 RohrleitungsG); Haftung nur für das Verschulden leitender Angestellter (§ 2 RHPflG). Bei der Gefährdungshaftung kraft Analogie (unten V. 2.) haftet der Inhaber eines gefährlichen Betriebs für grobes Verschulden seines BGeh.

c) Haftung des Gehilfen

aa) Der Geh (EGeh oder BGeh) selbst haftet dem Geschädigten, wenn er rechtswidrig und schuldhaft handelt. Unterscheide von der Gehilfenhaftung die Haftung des Vertreters ohne Vertretungsmacht (falsus procurator – vgl *ORAC-Rechtsskriptum* „Schuldrecht Allgemeiner Teil").

bb) Beim EGeh ist für die Rechtswidrigkeit zu beachten, dass zwischen dem EGeh und dem Geschädigten **kein Schuldverhältnis** besteht. Das Schuldverhältnis besteht nur zwischen dem GH und dem Geschädigten. Das Verhalten des EGeh kann daher nicht wegen der Verletzung von Pflichten aus diesem Schuldverhältnis rechtswidrig sein, weil diese Pflichten nur den GH treffen. Der EGeh handelt daher nur dann rechtswidrig, wenn ein anderer Grund für die Rechtswidrigkeit vorliegt (Verstoß gegen ein Schutzgesetz, Eingriff in ein absolut geschütztes Rechtsgut des Geschädigten – oben A. V. 2.).

Beachte:
Man könnte auch meinen, der Vertrag zwischen dem GH und dem EGeh entfalte Schutzwirkungen zugunsten des Geschädigten (Vertrag mit Schutzwirkung für Dritte), womit der EGeh dem Geschädigten aus einem Vertrag (GH-EGeh!) haften würde. Das wird von der hM abgelehnt.

d) Regress

Hat der GH dem Geschädigten den Schaden ersetzt, so kann er vom EGeh Regress verlangen (§ 1313). Im DHG bestehen Sonderbestimmungen über den Regress, hier kann auch der DN als EGeh vom DG als GH Regress verlangen (unten IV.1.).

2. Haftung juristischer Personen

a) Juristische Personen sind nicht selbst handlungsfähig, daher auch nicht deliktsfähig. Zur juristischen Person und ihrer Handlungsfähigkeit siehe *ORAC-Rechtsskriptum* „Schuldrecht Allgemeiner Teil".

b) Juristische Personen haften für rechtswidriges und schuldhaftes Verhalten der für sie handelnden natürlichen Personen:

   aa) Die juristische Person haftet wie eine natürliche Person als Geschäftsherr für das Verhalten ihrer **EGeh** nach § 1313a oder § 1315 (oben 1.).

   bb) Die juristische Person haftet für das Verschulden der nach ihrer Satzung vertretungsbefugten **Organe**. Handeln die Organe einer juristischen Person in ihrer Funktion, so wird ihr Verhalten der juristischen Person zugerechnet.

cc) Für das Verschulden jener Personen, die keine satzungsmäßige Organstellung innehaben, haftet die juristische Person, soweit diese eine leitende oder verantwortliche Tätigkeit ausüben. Diese **Repräsentantenhaftung** wird mit dem Hinweis auf den Begriff des Machthabers in § 337 begründet.

> **Beachte:**
> Anders als bei der Haftung für den EGeh (oben 1. a) ist bei der Haftung der juristischen Person für ihre Organe oder Repräsentanten ein Zusammenhang der Tätigkeit des Organs bzw Repräsentanten mit der Erfüllung eines Schuldverhältnisses nicht erforderlich. Im deliktischen Bereich haftet die juristische Person ohne die Einschränkungen des § 1315.
> Bei **juristischen Personen öffentlichen Rechts** ist zu unterscheiden: Im Rahmen der Hoheitsverwaltung gilt das AHG (unten 3.). Handelt die juristische Person als Privater (Privatwirtschaftsverwaltung), so haftet sie wie jede juristische Person nach den eben dargelegten Grundsätzen.

3. Amtshaftung

a) Die Haftung nach AHG

aa) Das AHG regelt als Ausführungsgesetz zu Art 23 B-VG den Ersatz von Schäden, die ein **Organ in Vollziehung der Gesetze** durch rechtswidriges und schuldhaftes Verhalten einem **Dritten** zufügt. Für diesen Schaden haftet der Rechtsträger nach ABGB, das Organ haftet dem Geschädigten nicht (§ 1 AHG). Hinsichtlich des Verschuldens bejaht die Rechtsprechung eine Beweislastumkehr (oben A. XIII. 2. a). Wie im OrgHG ist der Schaden nur in Geld zu ersetzen.

> **Beachte:**
> Das OrgHG regelt den Ersatz von Schäden, die das Organ dem Rechtsträger zufügt (unten IV. 2.). Merke noch einmal die systematischen Bezüge von DHG, OrgHG und AHG: Das OrgHG regelt für die Hoheitsverwaltung Fall 1 des DHG (unten IV. 1. c). Welchen Fall regelt das AHG? Antwort: Fall 3 des DHG (unten IV. 1. e). Was ist mit Fall 2 des DHG? Antwort: Den gibt es in der Hoheitsverwaltung nicht, das Organ selbst haftet dem Geschädigten nicht!

bb) **Organ** ist jede physische Person, die in Vollziehung der Gesetze handelt, auf die Art und Dauer der Bestellung kommt es nicht an (§ 1 Abs 2 AHG). **Rechtsträger** sind die Gebietskörperschaften, sonstige öffentlich-rechtliche Körperschaften (zB Kammern) und die Sozialversicherungsträger (§ 1 AHG).

> **Beachte:**
> Beide Begriffe entsprechen jenen des OrgHG (unten IV. 2.). Art 23 B-VG erwähnt wie das OrgHG neben den Körperschaften auch Anstalten öffentlichen Rechts.

cc) Weil das Organ in Vollziehung der Gesetze handeln muss, werden nach dem AHG nur Schäden im Rahmen der **Hoheitsverwaltung** und im Bereich der **Rechtsprechung** ersetzt.

Ausgenommen ist dagegen die Gesetzgebung („legislatives Unrecht"). Darüber hinaus können gem § 2 Abs 3 AHG auch aus höchstgerichtlichen Entscheidungen (OGH, VfGH, VwGH) keine Schadenersatzansprüche abgeleitet werden. (Hier kann allenfalls eine Staatshaftung auf Ebene des Europarechts greifen, wenn bspw Richtlinien nicht umgesetzt oder unionsrechtswidrige Entscheidungen erlassen werden.)

> **Beachte:**
> Für die Privatwirtschaftsverwaltung gelten die allgemeinen Regeln über die Haftung juristischer Personen (oben 2.).

dd) Der Geschädigte hat keinen Ersatzanspruch nach AHG, wenn er den Schaden durch ein **Rechtsmittel** oder durch Beschwerde beim Verwaltungsgericht und Revision beim Verwaltungsgerichtshof hätte abwenden können („Rettungspflicht"; § 2 Abs 2 AHG). Als Rechtsmittel gilt nicht die Vorausklage gegen einen Mitschädiger, die Amtshaftung ist also nicht subsidiär gegenüber sonstigen Schadenersatzansprüchen.

ee) Hat der Rechtsträger dem Geschädigten den Schaden ersetzt, so kann er vom Organ **Regress** verlangen, wenn das Organ ein grobes Verschulden (Vorsatz oder grobe Fahrlässigkeit) trifft (§ 3 Abs 1 AHG). Bei Fahrlässigkeit des Organs kann der Regressanspruch nach Billigkeit gemäßigt werden, für die Billigkeitsentscheidung gilt § 2 Abs 2 DHG (§ 3 Abs 2 AHG; zum DHG siehe IV. 1.).

ff) Der Rechtsträger hat keinen Regressanspruch, wenn das Organ auf **Weisung** eines Vorgesetzten gehandelt hat, außer der Vorgesetzte ist offenbar unzuständig oder die Befolgung der Weisung strafgesetzwidrig (§ 4 AHG).

gg) Das Organ kann dem Regressanspruch des Rechtsträgers alle **Einwendungen** entgegenhalten, die der Rechtsträger dem Dritten gegenüber nicht ausgeübt hat. Hätten diese Einwendungen den Schadenersatzanspruch des Dritten gemindert, so vermindert sich auch der Regressanspruch (§ 5 AHG).

> **Beachte** dazu auch § 3 Abs 4 und § 4 Abs 4 DHG (unten IV. 1.). Der Rechtsträger kann dem Organ den Streit verkünden (§ 10 AHG) und so die Minderung seines Regressanspruches vermeiden.

hh) Die **Verjährung** von Amtshaftungsansprüchen ist in § 6 AHG geregelt. Dieser kombiniert eine dreijährige, subjektive Frist (Fristbeginn frühestens ein Jahr nach Rechtskraft einer rechtsverletzenden Entscheidung oder Verfügung) mit einer langen Frist von 10 Jahren.

b) Die Haftung nach dem PBEG

Nach dem Polizeibefugnis-EntschädigungsG haftet der Rechtsträger Bund auch, wenn **unbeteiligten Personen rechtmäßig und schuldlos ein Schaden** zugefügt wird.

> **Beispiel:**
> Beim Feuergefecht zwischen der Polizei und einem Bankräuber trifft ein Querschläger aus der Waffe eines Polizisten einen unbeteiligten Passanten.

> **Beachte:**
> Soweit auch bei rechtmäßigem Verhalten Ersatz zu leisten ist, liegt ein Fall der Eingriffshaftung vor (oben A. I. 3. c). Handelt das Organ rechtswidrig und schuldhaft, so hat der Geschädigte auch Ansprüche nach dem AHG (Anspruchsgrundlagenkonkurrenz).

Es gelten folgende Voraussetzungen für den Schadenersatzanspruch:

aa) Der Schaden wird bei der Ausübung von Zwangsbefugnissen durch die im WaffengebrauchsG genannten Maßnahmen (Anwendung physischer Gewalt) unmittelbar verursacht (§ 1 PBEG). Daher bestehen keine Ersatzansprüche mittelbar Geschädigter, wie zB bei Tötung nach § 1327.

bb) Der Schaden wird durch die Handlung eines Organs des öffentlichen Sicherheitsdienstes im Vollziehungsbereich des Bundes verursacht (§ 1 PBEG).

cc) Ein Schadenersatz ist ausgeschlossen, wenn der Geschädigte die Zwangsmaßnahme selbst durch rechtswidriges Verhalten ausgelöst hat (bei einem Mitverschulden wird der Schadenersatz wie nach § 1304 gemindert). Lag die Polizeimaßnahme im überwiegenden Interesse des Geschädigten, so werden Sachschäden gar nicht, Personenschäden nach Billigkeit ersetzt (§ 2 Abs 2 PBEG).

dd) Ein Ersatz nach dem PBEG ist auch ausgeschlossen, wenn der Schaden durch Versicherungsleistungen oder durch Hilfeleistung nach dem VerbrechensopferG gedeckt ist (§ 2 Abs 1 PBEG).

ee) Ersatz zu leisten ist nur für Körperverletzungen und Sachbeschädigungen. Es wird nur der positive Schaden ersetzt, nicht aber entgangener Gewinn oder Schmerzengeld (§ 2 Abs 1 PBEG).

4. Haftung des Wohnungsinhabers

a) Der Wohnungsinhaber haftet nach **§ 1318** für sowohl für Personen- als auch für Sachschäden, die dadurch entstehen, dass eine gefährlich aufgehängte oder aufgestellte Sache herabfällt oder aus der Wohnung etwas herausgeworfen oder herausgegossen wird. Die Bestimmung wird analog auf gefährlich verwahrte Flüssigkeiten angewendet (zB Schäden an einer weiter unten gelegenen Wohnung aufgrund einer defekten Zuleitung einer Waschmaschine).

Wohnungsinhaber kann der Eigentümer, aber auch der Pächter oder Mieter sein. Der Zweck der Bestimmung liegt darin, dass derjenige, der über bestimmte abgegrenzte Räume verfügt, verhindern soll, dass aus diesen heraus Schäden verursacht werden.

b) Es handelt sich um eine Haftung für **fremdes Verhalten**, weil der Wohnungsinhaber auch dann haftet, wenn etwa ein Dritter eine Sache aus der Wohnung herauswirft. Auf ein Verschulden des Wohnungsinhabers kommt es nicht an; daher ist die Haftung nach § 1318 nach einem Teil der Lehre eine **Gefährdungshaftung**. Auch der OGH betont, dass § 1318 kein Verschulden des Wohnungsinhabers am eingetretenen Schaden voraussetze. Es kommt lediglich darauf an, ob die Gefahr, aus der der Schaden später entstand, objektiv erkennbar war. Begründet wird diese strenge Haftung mit dem typischerweise gegebenen Beweisnotstand aufseiten des Geschädigten und der regelmäßig vorhandenen Regressmöglichkeit des Wohnungsinhabers. Zur Abgrenzung von § 1319 siehe oben I. 11.

c) **Keine Haftung** nach § 1318 besteht für Personen, die dem Wohnungsinhaber die Verfügungsgewalt (gewaltsam) entzogen haben. Ob auch durch Tiere verursachte Schadensfälle mitterfasst sind, ist strittig.

IV. Dienstnehmerhaftpflicht und Organhaftpflicht

1. Dienstnehmerhaftpflicht

a) Das DHG regelt den Ersatz von Schäden, die ein **Dienstnehmer** (DN) bei Erbringung seiner Dienstleistungen **dem Dienstgeber** (DG) **oder einem Dritten** (D) zugefügt hat. Das DHG ist lex specialis zum ABGB. Allerdings regelt das DHG nur die Minderung bzw den Erlass eines Schadenersatz- oder Regressanspruchs des DG gegenüber dem DN bzw den Regressanspruch des DN gegen den DG. Die allgemeinen Voraussetzungen des Schadenersatz- bzw Regressanspruchs sind nach ABGB zu beurteilen.

> **Beachte:**
> Die Rechte des DN nach dem DHG können nicht im Arbeitsvertrag, sondern nur durch Kollektivvertrag aufgehoben oder beschränkt werden (§ 5 DHG). Zum Begriff des DN siehe § 1 Abs 1 DHG; das DHG gilt auch für arbeitnehmerähnliche Personen. Vorstands- und Aufsichtsratsmitglieder einer AG sind vom DHG nicht erfasst, diese haften nach den §§ 84, 99 AktG. Streitig ist die Anwendung des DHG auf Geschäftsführer einer GmbH, die hM lehnt eine Anwendung ab.

b) Das DHG regelt drei Fälle:

aa) **Fall 1:** Der DN fügt dem **DG** einen Schaden zu, der DG macht seinen Schadenersatzanspruch gegen den DN geltend.

bb) Der DN fügt einem **D** einen Schaden zu. Je nachdem, gegen wen der D seinen Schadenersatzanspruch geltend macht, sind wiederum zwei Fälle zu unterscheiden:

- **Fall 2:** Der D macht den Schadenersatzanspruch gegen den **DN** geltend, der DN verlangt vom DG Regress.
- **Fall 3:** Der D verlangt vom **DG** Schadenersatz, der DG regressiert sich beim DN.

Die Lösung dieser drei Fälle folgt einem einheitlichen Prinzip: Abstufung des Schadenersatzes bzw Regresses nach dem Grad des Verschuldens beim DN.

c) **Fall 1:** Der DN fügt dem **DG** einen Schaden zu (§ 2 DHG).

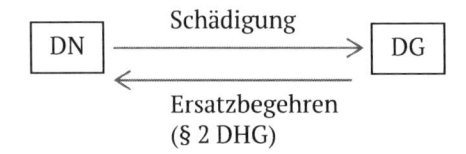

```
                Schädigung
   ┌────┐ ─────────────────→ ┌────┐
   │ DN │                    │ DG │
   └────┘ ←───────────────── └────┘
                Ersatzbegehren
                  (§ 2 DHG)
```

aa) Handelt der DN **fahrlässig** (DHG: Versehen), so kann das Gericht den Schadenersatzanspruch des DG aus Billigkeit mäßigen oder bei **leichter Fahrlässigkeit** (DHG: minderer Grad des Versehens) ganz erlassen (§ 2 Abs 1 DHG). Bei Vorsatz des DN besteht kein Mäßigungsrecht.

bb) Bei der Billigkeitsentscheidung hat das Gericht insbesondere die in § 2 Abs 2 aufgezählten Umstände zu berücksichtigen:

- Ausmaß der mit der Tätigkeit verbundenen Verantwortung des DN (Z 1)
- Berücksichtigung eines mit der Tätigkeit verbundenen Wagnisses bei der Bemessung des Entgelts (Z 2)
- Grad der Ausbildung des DN (Z 3)
- Bedingungen, unter denen die Dienstleistung zu erbringen ist (Z 4)
- Schadensgeneigtheit der Tätigkeit des DN (Z 5)

cc) Für eine **entschuldbare Fehlleistung** (leichteste Fahrlässigkeit) haftet der DN dem DG nicht (§ 2 Abs 3 DHG – oben A. VII. 3. b) aa). Die Abgrenzung zur leichten Fahrlässigkeit kann im Einzelfall schwierig sein.

dd) Das DHG ist auch auf Schädigungen durch den DN im Homeoffice anwendbar. Seit April 2021 werden vom DHG zudem Beschädigungen von im Homeoffice verwendeten (digitalen) Arbeitsmitteln oder Arbeitsergebnissen erfasst, die **haushaltsangehörige Personen** des DN herbeigeführt haben. So legt § 2 Abs 4 DHG ausdrücklich fest, dass die Bestimmungen des DHG sinngemäß anzuwenden sind, wenn dem DG durch im gemeinsamen Haushalt mit dem DN lebende Personen im Zusammenhang mit Arbeiten im Homeoffice ein Schaden zugefügt wird.

d) **Fall 2:** Der DN fügt einem D einen Schaden zu, der D verlangt vom DN Ersatz (§ 3 DHG).

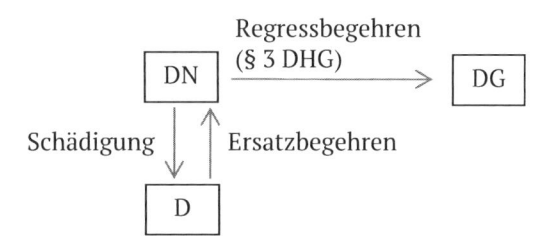

```
                    Regressbegehren
                       (§ 3 DHG)
              DN ─────────────────→ DG
                 ↓ ↑
      Schädigung │ │ Ersatzbegehren
                 ↓ │
               D
```

aa) Der DN muss den Anspruch des D dem DG unverzüglich mitteilen und ihm den Streit verkünden (§ 3 Abs 1 DHG). Unterlässt der DN die Streitverkündung nach § 3 Abs 1 DHG, so verliert er damit nicht seinen Regressanspruch. Der DG kann ihm allerdings die Einwendungen gegen den D entgegenhalten. Hätten diese Einwendungen den Ersatzanspruch des D gemindert, so vermindert sich auch der Regressanspruch des DN (§ 3 Abs 4 DHG).

bb) Hat der DN dem D im Einverständnis mit dem DG oder aufgrund eines rechtskräftigen Urteils den Schaden ersetzt, so kann er bei Fahrlässigkeit vom DG **Regress** verlangen, sofern der DG für den Schaden aus Gehilfenhaftung haftet (dazu oben III. 1.). Für die Entscheidung über das Ausmaß des Regressanspruches sind wiederum die Billigkeitsgründe des § 2 Abs 2 DHG entscheidend (§ 3 Abs 2 DHG – oben c) bb). Daraus folgt *(jetzt geht es um einen Anspruch des DN, es wird daher umgekehrt abgestuft wie bei Fall 1!)*: Kein Regress des DN bei Vorsatz. Richterliche Bestimmung des Regressanspruches bei Fahrlässigkeit bis hin zum Zuspruch vollen Regresses. Bei einer entschuldbaren Fehlleistung kann der DN jedenfalls vollen Regress beim DG nehmen (§ 3 Abs 3 DHG).

> **Beachte:**
> Der Regress umfasst auch die Kosten des Vorprozesses gegen den geschädigten D sowie Exekutionskosten. Leistet der DN dem D ohne Einverständnis des DG oder ohne ein rechtskräftiges Urteil Schadenersatz, so hat er nach der Rechtsprechung keinen Regressanspruch gegen den DG (Gegenschluss aus § 3 Abs 2 DHG).

e) **Fall 3:** Der DN fügt einem D einen Schaden zu, der D verlangt Ersatz vom **DG** (§ 4 DHG). Der DG ersetzt dem D den Schaden, weil er für das Verschulden des DN aus Gehilfenhaftung haftet (dazu oben III. 1.).

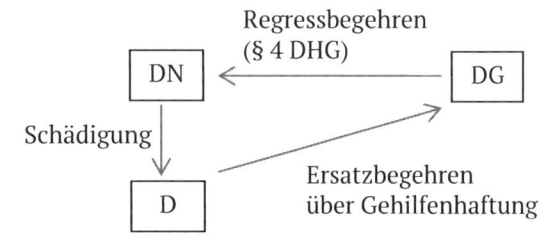

```
                    Regressbegehren
                       (§ 4 DHG)
              DN ←───────────────── DG
                 ↓                  ╱
      Schädigung │                 ╱
                 ↓          Ersatzbegehren
               D            über Gehilfenhaftung
```

aa) In diesem Fall gilt nach § 4 DHG spiegelbildlich das zu Fall 2 Ausgeführte (es geht jetzt ja wieder wie in Fall 1 um einen Anspruch des DG!): Der DG hat dem DN den Streit zu verkünden (§ 4 Abs 1 DHG). Für die Unterlassung der Streitverkündung entspricht § 4 Abs 4 DHG dem § 3 Abs 4 DHG.

bb) Der **Regressanspruch** des DG gegen den DN folgt denselben Regeln wie der Schadenersatzanspruch in Fall 1: voller Regress bei Vorsatz des DN. Der Regress kann vom Gericht bei Fahrlässigkeit des DN gemäßigt, bei leichter Fahrlässigkeit ganz erlassen werden. Für die Billigkeitsentscheidung gilt wiederum § 2 Abs 2 DHG (§ 4 Abs 2 DHG – oben c) bb). Bei einer entschuldbaren Fehlleistung des DN hat der DG keinen Regressanspruch (§ 4 Abs 3 DHG).

> **Beachte:**
> Der Regress umfasst auch die Kosten des Vorprozesses gegen den geschädigten D sowie Exekutionskosten. Leistet der DG dem D ohne Einverständnis des DN oder ohne ein rechtskräftiges Urteil Schadenersatz, so hat er nach der Rechtsprechung keinen Regressanspruch gegen den DN (Gegenschluss aus § 4 Abs 2 DHG).

2. Organhaftpflicht

a) Das OrgHG regelt als Ausführungsgesetz zu Art 23 B-VG die Ersatzpflicht für Schäden, welche **Organe** in Vollziehung der Gesetze **dem Rechtsträger** zufügen (§ 1 Abs 1 OrgHG).

> **Beachte:**
> Auf Organe ist das DHG nicht anzuwenden (§ 1 Abs 2 DHG), allerdings entspricht das OrgHG im Wesentlichen dem DHG. Welchen der 3 Fälle oben 1. zum DHG regelt das OrgHG für die Hoheitsverwaltung? Antwort: Fall 1. Schädigt das Organ einen **Dritten**, so ist das AHG anzuwenden (oben III. 3.).

b) **Organe** sind nach § 1 Abs 2 OrgHG alle physischen Personen, wenn sie in Vollziehung der Gesetze (Gerichtsbarkeit oder Hoheitsverwaltung) handeln. Auf die Art und Dauer der Bestellung des Organs kommt es nicht an. Für die Privatwirtschaftsverwaltung gilt das DHG (oben 1.). **Rechtsträger** sind die Gebietskörperschaften, die Träger der Sozialversicherung und sonstige Körperschaften oder Anstalten des öffentlichen Rechts (§ 1 Abs 1 OrgHG).

c) Das Organ haftet für rechtswidriges und schuldhaftes Verhalten (§ 1 Abs 1 OrgHG), der Schadenersatz beurteilt sich nach ABGB. Der Ersatzanspruch ist ausgeschlossen, wenn der Rechtsträger den Schaden durch **Rechtsmittel** oder durch eine Beschwerde beim Verwaltungsgericht und Revision beim Verwaltungsgerichtshof oder durch sonst eine gesetzlich begründete Maßnahme hätte abwenden können („Rettungspflicht"; § 2 Abs 1 OrgHG).

d) Hat das Organ eine **Weisung** befolgt und dadurch den Schaden herbeigeführt, so haftet es nur, wenn die Weisung von einem offenbar unzuständigen Vorgesetzten stammt oder die Befolgung der Weisung strafgesetzwidrig ist (§ 2 Abs 2 OrgHG).

e) Handelt das Organ **fahrlässig**, so kann der Ersatzanspruch gemäßigt, bei leichter Fahrlässigkeit ganz erlassen werden (§ 3 Abs 1 OrgHG). Das OrgHG verweist ausdrücklich auf § 2 Abs 2 DHG (§ 3 Abs 2 OrgHG). Zu § 2 Abs 2 DHG siehe oben 1. c) bb). Für eine entschuldbare Fehlleistung haftet das Organ nicht (§ 2 Abs 2 OrgHG).

Kontrollpunkte:
- ✓ Generalklausel der Verschuldenshaftung
- ✓ Unterschiede und Gemeinsamkeiten bei vertraglicher, vorvertraglicher und deliktischer Haftung
- ✓ Vertrag mit Schutzwirkung zugunsten Dritter
  - Konstruktion
  - Anwendungsvoraussetzungen
  - Rechtsfolgen
  - Subsidiaritätsthese

- ✓ Spezialtatbestände der Verschuldenshaftung: jeweils Definition; Anspruchsvoraussetzungen; Abgrenzung; Ersatzmöglichkeiten (bspw auch für ideelle Schäden?); Beweislastverteilung
  - Körperverletzung (§§ 1325 f)
  - Tötung (§ 1327)
  - Verletzung der geschlechtlichen Selbstbestimmung (§ 1328)
  - Verletzung der Privatsphäre (§ 1328a)
  - Freiheitsberaubung (§ 1329)
  - Ehrenbeleidigung (§ 1330)
  - Sachschäden (§§ 1331, 1332, 1332a [Verletzung von Tieren])
  - Haftung für Rat, Auskunft und Gutachten (§ 1300)
  - Wegehalterhaftung (§ 1319a)
  - Haftung des Besitzers für Bauwerke (§ 1319 [wird zT als Gefährdungshaftungstatbestand gewertet] – Abgrenzung zu § 1318)
  - Tierhalterhaftung (§ 1320 [wird zT als Gefährdungshaftungstatbestand gewertet])
  - Haftung bei Arbeitsunfällen
    - Haftung des Arbeitgebers
    - Haftung der Arbeitskollegen
    - Regressmöglichkeiten des Sozialversicherungsträgers
  - Haftung für entgangene Urlaubsfreuden
- ✓ Haftung für schuldloses Verhalten
  - Billigkeitshaftung nach § 1306a
  - Billigkeitshaftung nach § 1310 (Verhältnis zu § 1309)
- ✓ Gehilfenhaftung
  - Erfüllungsgehilfenhaftung (§ 1313a)
    - Definition
    - Anspruchsvoraussetzungen
  - Besorgungsgehilfenhaftung (§ 1315)
    - Definition
    - Anspruchsvoraussetzungen
    - gesetzliche Ausnahmen zu § 1315
- ✓ Haftung juristischer Personen
  - Haftung nach §§ 1313a, 1315
  - Haftung für Organe
  - Repräsentantenhaftung
- ✓ Amtshaftung
- ✓ Organhaftung
- ✓ Dienstnehmerhaftpflichtgesetz (va auch Regressansprüche)

V. Gefährdungshaftung

1. Die Gefährdungshaftung im Allgemeinen

a) Haftungstatbestände

aa) Die Gefährdungshaftung ist anders als die Verschuldenshaftung nicht allgemein geregelt. Die wichtigsten Tatbestände finden sich in **Sondergesetzen**:

- Eisenbahn- und KraftfahrzeughaftpflichtG (EKHG – unten 3.)
- §§ 146 ff LuftfahrtG (LFG)
- AtomhaftungsG
- ReichshaftpflichtG (RHPflG)
- §§ 10 ff RohrleitungsG
- §§ 48 ff GaswirtschaftsG 2011
- § 53 ForstG
- §§ 160 ff MineralrohstoffG (MinroG)

bb) Gefährdungshaftungstatbestände **im ABGB**:

- § 1318 (oben III. 4. [str])
- § 1319 (oben I. 11. [str]),
- § 1320 (oben I. 12. [str])
- § 364a wird von der Rechtsprechung (neben der dort normierten Eingriffshaftung [hierzu oben A. I. 3]) auch als Anknüpfungspunkt für eine Gefährdungshaftung gesehen. In Analogie zu § 364a sei ein verschuldensunabhängiger Ersatzanspruch dann zu bejahen, wenn die behördliche Genehmigung eine Immission zwar nicht deckt, die Bekämpfung der Immission aber faktisch erschwert sei („nachbarrechtliche Gefährdungshaftung").
- Auch § 970 beinhaltet eine Gefährdungshaftung, soweit der Gastwirt für Schäden haftet, die fremde, in dem Hause aus- und eingehende Personen verursachen („Gefahr des offenen Hauses" – siehe *ORAC-Rechtsskriptum* „Schuldverträge"). Diese weitgehende Haftung beruht auf dem Gedanken, dass der Betrieb eines Gastgewerbes damit einhergeht, dass stets eine größere Anzahl von Menschen unkontrollierbar aus- und eingehen kann, der Gast den Betrieb typischerweise nicht kennt und sich daher im Beweisnotstand befindet, während es dem Gastwirt regelmäßig leichter möglich ist, den Schädiger auszuforschen.

b) Rechtsgrund der Haftung

aa) Die Gefährdungshaftung setzt keine Rechtswidrigkeit und kein Verschulden voraus (oben A. I. 3. b). Rechtsgrund der Haftung ist die von der Rechtsordnung gestattete Gefährdung. Anstelle der Zurechnungselemente Rechtswidrigkeit und Verschulden tritt die **besondere Gefährlichkeit** einer Sache. Die Schaffung bzw das Betreiben einer Gefahrenquelle ist von der Rechtsordnung erlaubt. Wer gefährliche Sachen im eigenen Interesse einsetzt, soll aber im Gegenzug auch für Schäden durch diese Sachen haften (cuius commodum, eius periculum). Die Haftung ist also der Nachteil, der für die erlaubte Gefährdung Dritter in Kauf genommen werden muss.

> **Beachte:**
> Die sondergesetzlichen Gefährdungshaftungstatbestände schließen eine Verschuldenshaftung nach ABGB nicht aus (§ 19 Abs 1 EKHG; §§ 9, 9a RHPflG; 162 LFG; § 56 ForstG; § 166 MinroG; § 11 Abs 3 RohrleitungsG).

bb) Die **besondere Gefährlichkeit einer Sache** als Rechtsgrund der Gefährdungshaftung ergibt sich

- aus der hohen **Wahrscheinlichkeit** eines Schadenseintritts (zB Kraftfahrzeug)

  oder

- aus dem großen **Umfang** eines allenfalls eintretenden Schadens, auch wenn der Schadenseintritt unwahrscheinlich ist (zB Atomkraftwerk).

c) Haftung des Halters

Bei der Gefährdungshaftung haftet meist derjenige für den Schaden, dessen Interessen die Gefahrenquelle dient und der die Möglichkeit der Einflussnahme darauf hat. Diese Person nennt man Halter (vgl zB § 5 EKHG – unten 3.): Er hat die **Verfügungsgewalt** über die Gefahrenquelle und betreibt diese auf eigene **Rechnung**. Im Halterbegriff verwirklichen sich also die unter b) aa) genannten Gesichtspunkte zum Rechtsgrund der Gefährdungshaftung: Nur wer die Verfügungsgewalt über eine Sache hat, kann auch Gefahren durch diese Sache abwehren. Wer eine Sache auf eigene Rechnung betreibt, dessen Eigeninteresse dient der Betrieb dieser Sache.

> **Beachte:**
> Halter muss nicht der Eigentümer, sondern kann auch der Mieter, Pächter, Fruchtnießer sein. Halter können auch mehrere Personen gleichzeitig sein.

d) Haftungshöchstbeträge

Ein weiteres Kennzeichen der meisten Gefährdungshaftungstatbestände ist die Beschränkung der Haftung durch Haftungshöchstbeträge (zB §§ 15, 16 EKHG, §§ 7a, 7b RHPflG, § 151 LFG, nicht jedoch im PHG!). Im ABGB finden sich Haftungshöchstbeträge nur bei der Gastwirtehaftung (dazu *ORAC-Rechtsskriptum* „Schuldverträge").

2. Gefährdungshaftung kraft Analogie

a) Bei gefährlichen Sachen und Anlagen, für die keine sondergesetzliche Gefährdungshaftung besteht, bejaht die Rechtsprechung vorsichtig eine Gefährdungshaftung in Analogie zu den gesetzlichen Gefährdungshaftungstatbeständen (Rechtsanalogie). Hintergrund dieser Rechtsprechung ist meist der Versuch, die enge Gehilfenhaftung nach § 1315 zu umgehen (oben III. 1. b) dd).

b) Voraussetzung für eine Gefährdungshaftung kraft Analogie ist, dass ein **gefährlicher Betrieb** vorliegt.

    aa) Gefährlich ist ein Betrieb nach der Rechtsprechung, wenn er nicht bloß infolge zufälliger konkreter Umstände, sondern infolge seiner allgemeinen Beschaffenheit die Interessen Dritter besonders gefährdet (vgl den Fall eines Hotels, in dessen Abstellraum ohne Wissen des Betreibers Schwarzpulver lagert). So liegt ein gefährlicher Betrieb etwa dann vor, wenn gewaltige Elementarkräfte entfesselt werden, schwere Massen mit ungeheurer Geschwindigkeit dahingleiten, Zündstoffe hergestellt bzw verwendet werden, der feste Boden untergraben oder der Luftraum unsicher gemacht wird. Die Rechtsprechung ist bei der Annahme eines gefährlichen Betriebes eher restriktiv.

    bb) **Kein** gefährlicher Betrieb sind zB: Bauunternehmen, Baustelle (aber: Verkehrssicherungspflicht – oben I. 1. b), Installationsunternehmen, Bäckerei, Autoreparaturwerkstätte, Lastaufzug, Planierraupe, Sodawasserflasche.

> **Beachte:**
> Beachte aber die Möglichkeit der „nachbarrechtlichen Gefährdungshaftung" in Analogie zu § 364a. Diese Ersatzpflicht gilt auch für Schäden, die dem Nachbarn durch einmalige Vorfälle wie durch Eindringen von Wasser (zB Wasserrohrbruch) entstehen.

3. Haftung für Eisenbahnen und Kraftfahrzeuge

a) Anwendungsbereich

aa) Das EKHG regelt den Ersatz von Schäden, die durch einen **Unfall beim Betrieb** einer Eisenbahn oder beim Betrieb eines Kraftfahrzeuges verursacht werden (§ 1 EKHG). Ersetzt werden **Körperschäden** (Tötung, Körperverletzung) und **Sachschäden**, nicht aber reine Vermögensschäden. Die Gefährdungshaftung nach EKHG lässt eine Verschuldenshaftung nach ABGB unberührt (§ 19 Abs 1 EKHG).

> **Beachte:**
> Der **Begriff „Kraftfahrzeug"** ist gem § 2 Abs 2 EKHG im Sinne des KFG 1967 auszulegen. Nicht als Kraftfahrzeuge gelten solche mit einer Bauartgeschwindigkeit von nicht mehr als 10 km/h.

bb) **Unfall** ist nach der Rechtsprechung ein unmittelbar von außen her, plötzlich mit mechanischer Kraft einwirkendes Ereignis. Kein Unfall sind daher sich wiederholende, mit der Betriebsgefahr zusammenhängende schädliche Einwirkungen (zB Abgase eines Kraftfahrzeugs). Unfall ist auch die vorsätzliche Verletzung eines anderen mithilfe eines Kraftfahrzeugs (hier besteht natürlich auch eine Verschuldenshaftung nach ABGB!).

> **Beachte:**
> Unerheblich ist, wo sich der Unfall ereignet, das EKHG gilt auch bei Unfällen auf nicht öffentlichen Verkehrsflächen oder wenn öffentliche Straßen bei einer Motorsportveranstaltung für den Verkehr gesperrt sind.

cc) Ein Unfall **beim Betrieb** liegt vor, wenn er mit den typischen Betriebsgefahren (Geschwindigkeit), mit einem bestimmten Betriebsvorgang oder einer bestimmten Betriebseinrichtung in Zusammenhang steht. Daher liegt auch ein Unfall beim Betrieb vor, wenn ein Fahrzeug behindernd abgestellt ist, ein stehendes Fahrzeug entladen wird oder ein Fahrzeug ohne Motor rollt.

> **Beispiele:**
> Die Rechtsprechung hat einen Unfall beim Betrieb auch dann bejaht, wenn aus einem Fahrzeug Öl ausfließt und jemand ausrutscht; oder: Der Reifen eines stehenden Lkw explodiert infolge überhitzter Bremsen. Auch der Sturz beim Ein- oder Aussteigen aus einem Obus, der Eisenbahn oder Straßenbahn ist ein Unfall beim Betrieb.

b) Haftungsausschlüsse

> **Beachte:**
> Diese Ausschlusstatbestände gelten nur für die Haftung nach EKHG, eine Verschuldenshaftung nach ABGB ist damit nicht ausgeschlossen.

aa) Für **Personenschäden** (Tötung oder Verletzung eines durch die Eisenbahn oder das Kraftfahrzeug beförderten Menschen) ist die Haftung nach § 3 EKHG ausgeschlossen:

   aaa) § 3 Z 1 EKHG: Der Verletzte wurde zur Zeit des Unfalls durch die **Eisenbahn ohne den Willen des Betriebsunternehmers und ohne Entgelt** befördert („blinder Passagier").

   bbb) § 3 Z 2 EKHG: Der Verletzte wurde zur Zeit des Unfalls durch das **Kraftfahrzeug ohne den Willen des Halters** befördert („blinder Passagier").

   ccc) § 3 Z 3 EKHG: Der Verletzte war zur Zeit des Unfalls **beim Betrieb** der Eisenbahn bzw des Kraftfahrzeugs **tätig** (zB Lenker, Lokführer, Schaffner).

bb) Für **Schäden an beförderten Sachen** ist das EKHG nicht anzuwenden, weil dafür die Haftung aus dem Transportvertrag (Werkvertrag) greift (§ 4 EKHG). Daher haftet ein Abschleppunternehmer für Schäden am abgeschleppten Auto nicht nach EKHG. Gegenausnahme: **Handgepäck** oder Sachen, die der Fahrgast zur Zeit des Unfalls **an sich trug** (Haftung, soweit nicht ein Ausschluss nach § 3 EKHG vorliegt – oben aa). Zur Haftung des Frachtführers siehe etwa §§ 429 ff UGB (*ORAC-Rechtsskriptum* „Unternehmensbezogene Geschäfte").

cc) Die Haftung nach EKHG ist ausgeschlossen, wenn der Unfall durch ein **unabwendbares Ereignis** verursacht wurde (§ 9 Abs 1 EKHG). Unabwendbar ist ein Ereignis, wenn es trotz aller erdenklichen Sachkunde und Vorsicht nicht abgewendet werden kann. § 9 Abs 2 EKHG nennt beispielsweise Ereignisse, die auf das Verhalten des Geschädigten, eines nicht beim Betrieb tätigen Dritten oder eines Tieres zurückzuführen sind, wenn der Halter (Betriebsunternehmer) als auch die mit seinem Willen beim Betrieb tätigen Personen jede nach den Umständen des Falles gebotene Sorgfalt beachtet haben.

Ist das unabwendbare Ereignis auf einen **Fehler in der Beschaffenheit** oder auf ein **Versagen der Verrichtungen** des Kraftfahrzeugs (der Eisenbahn) zurückzuführen, so besteht eine Haftung (§ 9 Abs 1 EKHG); der Haftungsausschluss kommt nicht zur Anwendung.

> **Beispiele:**
> 1. Fehler in der Beschaffenheit: Fahrzeug entspricht nicht den Zulassungsvorschriften des KFG, Konstruktions- oder Materialfehler (Produkthaftung!);
> 2. Versagen der Verrichtungen: Bremsversagen, Ausfallen der Beleuchtung, Blockieren der Lenkung.

Ist der Unfall auf eine von einem nicht beim Betrieb tätigen Dritten oder einem Tier (nicht vom Geschädigten!) herbeigeführte **außergewöhnliche Betriebsgefahr** zurückzuführen, so besteht trotz Anwendung der gebotenen Sorgfalt eine Haftung (§ 9 Abs 2 aE EKHG).

> **Beispiel:**
> Als der Fußgänger Bruno unvermittelt auf die Straße tritt, verreißt Albert sein Auto, kommt auf die Gegenfahrbahn und stößt frontal gegen das Auto der Claudia. A haftet für die Schäden der C. Wenn A dagegen völlig sorgfaltsgemäß fährt und auch sein Auto keine Mängel aufweist, dennoch aber den völlig überraschend auf die Straße tretenden Fußgänger B niederstößt und verletzt, so ist A gegenüber B gem § 9 EKHG von der Haftung befreit.

c) Die haftpflichtigen Personen

aa) Nach dem EKHG haftet bei der Eisenbahn der **Betriebsunternehmer**, beim Kraftfahrzeug der **Halter** (§ 5 Abs 1 EKHG). Mehrere Betriebsunternehmer bzw mehrere Halter haften solidarisch (§ 5 Abs 2 EKHG).

Halter ist, wer das Kraftfahrzeug für eigene Rechnung in Gebrauch hat und wem die tatsächliche Verfügungsgewalt zusteht (siehe auch oben 1. c).

> **Beachte:**
> Nicht entscheidend ist, wer Eigentümer oder Zulassungsbesitzer des Kraftfahrzeugs ist. Daher kann auch der Mieter oder Entlehner Halter sein, ebenso der Käufer eines Kraftfahrzeugs bei einem Kauf unter Eigentumsvorbehalt. Wird ein Kraftfahrzeug in Reparatur gegeben, so wird der ursprüngliche Halter nach jüngerer Rechtsprechung – bei einer kurzfristigen Überlassung (etwa für eine Fahrt oder einen Tag) – nicht durch den Werkstätteninhaber abgelöst. Die Haltereigenschaft kann auch auf mehrere Personen zugleich zutreffen (Mithalterschaft: zB Ehegatten, die das Fahrzeug abwechselnd benützen). Der Lenker eines Kraftfahrzeugs haftet nach ABGB (siehe auch bb).

bb) Die Haftung des Halters/Betriebsunternehmers ist ausgeschlossen, wenn jemand zur Zeit des Unfalls das Kraftfahrzeug (die Eisenbahn) ohne den Willen des Halters benutzt. Dieser **Schwarzfahrer** (zB Dieb) haftet anstelle des Halters (§ 6 Abs 1 Satz 1 EKHG).

cc) Der Halter haftet aber neben dem Schwarzfahrer (Solidarhaftung), wenn er **durch sein Verschulden** oder ein Verschulden jener Personen, die mit seinem Willen beim Betrieb des Kraftfahrzeuges tätig sind, die **Benutzung des Verkehrsmittels ermöglicht** (§ 6 Abs 1 Satz 2 EKHG). Nach der Rechtsprechung genügt für das schuldhafte Ermöglichen einer Schwarzfahrt bereits, dass der Halter sein Kraftfahrzeug unversperrt stehen lässt (siehe dazu § 102 Abs 6 KFG). Weil Halter und Schwarzfahrer solidarisch haften, bestehen gegenseitige Regressansprüche (siehe auch oben A. IX. 2.; zur Verjährung oben A. XII. 2.).

dd) Der Halter haftet über das EKHG hinaus nach **ABGB** (siehe § 19 Abs 1 EKHG), wenn er durch das schuldhafte Ermöglichen der Schwarzfahrt die Allgemeinheit unmittelbar gefährdet. Dies ist deshalb wichtig, weil nach ABGB anders als im EKHG (§§ 15, 16 EKHG) keine Haftungshöchstbeträge bestehen (unten d) bb).

> **Beispiel:**
> Die Rechtsprechung bejaht etwa eine Halterhaftung nach ABGB, wenn damit gerechnet werden muss, dass ein autobegeisterter junger Mann ohne Führerschein, zB ein Bekannter des Halters, der Versuchung einer Schwarzfahrt nicht widerstehen kann und einen Unfall verursacht.

ee) § 6 Abs 1 EKHG gilt nicht, soweit der **Schwarzfahrer** für den Betrieb des Kraftfahrzeugs **angestellt** ist oder ihm das Kraftfahrzeug vom Halter überlassen ist (§ 6 Abs 2 EKHG). In diesem Fall bleibt es bei der Haftung des Halters nach § 5 EKHG. Der Schwarzfahrer haftet nach ABGB (§ 6 Abs 2 Satz 2 EKHG: Verschuldenshaftung mit Beweislastumkehr – oben A. XIII. 2.).

> **Beachte noch einmal genau das durchaus logisch aufgebaute System der 4 Tatbestände in den §§ 5, 6 EKHG:**
> 1. Regel: Halterhaftung nach § 5;
> 2. Ausnahme zu 1.: Haftung des Schwarzfahrers (§ 6 Abs 1 Satz 1);
> 3. Ergänzung zu 2.: Solidarhaftung Halter/Schwarzfahrer (§ 6 Abs 1 Satz 2);
> 4. wie die Regel bei 1.: Halterhaftung bei Anstellung zum Betrieb oder Überlassung (§ 6 Abs 2 Satz 1), ABGB-Haftung des Schwarzfahrers mit Beweislastumkehr (§ 6 Abs 2 Satz 2).

d) Weitere Einzelfragen

aa) Ein **Mitverschulden** des Geschädigten ist nach § 1304 ABGB verhältnismäßig zu berücksichtigen (§ 7 Abs 1 EKHG). Im Fall der Tötung mindert das Mitverschulden des Getöteten den Unterhaltsanspruch nach § 1327 (§ 7 Abs 2 EKHG – oben I. 3. b) bb). Bei einer Sachbeschädigung wird dem Geschädigten das Verschulden desjenigen als Mitverschulden zugerechnet, der die tatsächliche Gewalt über die Sache ausübt (§ 7 Abs 2 EKHG – siehe oben A. X. 1. b).

bb) Die Haftung nach EKHG ist durch **Höchstbeträge** begrenzt (§§ 15, 16 EKHG). Diese Begrenzung gilt nicht für eine alternativ bestehende Haftung auf anderer Grundlage, bspw wenn einen Beteiligten ein Verschulden trifft und er somit nach ABGB haftet (§ 19 Abs 1 EKHG).

cc) Ersatzansprüche nach EKHG **verjähren** wie im ABGB (§ 1489) in drei Jahren ab Kenntnis von Schaden und der Person des Ersatzpflichtigen, sonst in 30 Jahren (§ 17 Abs 1 EKHG – oben A. XII. 1.).

dd) Der Ersatzberechtigte muss innerhalb von drei Monaten ab Kenntnis von Schaden und der Person des Ersatzpflichtigen dem Ersatzpflichtigen den Unfall **anzeigen**, sonst verliert er seine Ersatzansprüche (§ 18 EKHG: **Verwirkung**).

VI. Produkthaftung

1. Anwendungsbereich des PHG

Das PHG regelt den Ersatz von Schäden, die durch den Fehler eines Produkts verursacht werden. Ersetzt werden wie im EKHG (oben V. 3.) nur Personen- und Sachschäden, nicht aber der reine Vermögensschaden.

> **Beachte:**
> Nur Schäden an einer vom Produkt verschiedenen Sache werden ersetzt. Nicht aber der Schaden am Produkt selbst („Weiterfresserschaden"); dafür steht die Vertragshaftung und/oder die Gewährleistung zur Verfügung. Das gilt auch dann, wenn ein Einzelteil eines Teilherstellers andere Teile des Gesamtprodukts zerstört.

> **Beispiel:**
> Durch einen defekten Schalter in einem Fernseher entsteht ein Zimmerbrand. Zerstört wird neben dem Fernseher ua ein wertvoller Perserteppich. Nur der Perserteppich, nicht aber der Fernseher wird nach dem PHG ersetzt.

2. Wer wird ersatzpflichtig?

a) Ersatzpflichtig wird der Hersteller (§ 1 Abs 1 Z 1 PHG) oder der Importeur (§ 1 Abs 1 Z 2 PHG), im Fall des § 1 Abs 2 PHG (unten d) auch jeder Händler, der das Produkt in Verkehr gebracht hat.

b) **Hersteller** ist nach § 3 PHG, wer das Produkt (Endprodukt, Grundstoff oder Teilprodukt) hergestellt und in Verkehr gebracht hat. Als Hersteller haftet auch, wer als Hersteller auftritt, indem er seinen Namen, seine Marke oder ein anderes Erkennungszeichen auf dem Produkt anbringt („Quasi-Hersteller").

c) **Importeur** ist jener Unternehmer, der das Produkt zum Vertrieb in den EWR eingeführt und hier in den Verkehr gebracht hat (§ 1 Abs 1 Z 2 PHG; vgl auch § 17 PHG idF BGBl 1993/95).

d) Kann der Hersteller oder der Importeur nicht festgestellt werden, so haftet jeder Unternehmer, der das Produkt in Verkehr gebracht hat (**Händler**), wenn er dem Geschädigten nicht in angemessener Frist den Hersteller (Importeur) oder denjenigen nennt, der ihm das Produkt geliefert hat (*Benennungspflicht*: § 1 Abs 2 PHG).

e) Zur Sicherung von Ersatzansprüchen nach dem PHG sind Hersteller und Importeure zu einer **Deckungsvorsorge** verpflichtet (§ 16 PHG). Die Deckungsvorsorge kann durch eine Produkthaftpflichtversicherung oder in anderer geeigneter Weise (zB bilanzielle Rückstellung, Deckungszusage eines Dritten) erfolgen, über Art und Ausmaß entscheidet die Üblichkeit im redlichen Geschäftsverkehr.

3. Produkt

Produkt ist jede **bewegliche körperliche Sache** einschließlich Energie (§ 4 PHG). Auch wenn die bewegliche körperliche Sache Teil einer anderen beweglichen Sache oder mit einer unbeweglichen Sache verbunden ist, ist sie Produkt.

4. Inverkehrbringen

In den Verkehr gebracht ist ein Produkt, sobald der Unternehmer es einem anderen in dessen Verfügungsmacht oder zu dessen Gebrauch übergeben hat. Die Versendung an den Abnehmer genügt (§ 6 PHG). Behauptet ein Hersteller oder Importeur, das Produkt nicht in Verkehr gebracht zu haben, so trägt er dafür die Beweislast (§ 7 Abs 1 PHG: Beweislastumkehr).

5. Fehler

a) Fehlerhaft ist ein Produkt, wenn es nicht die **Sicherheit** bietet, die man unter Berücksichtigung aller Umstände zu erwarten berechtigt ist (§ 5 Abs 1 PHG).

b) Als Umstände, die zur Erwartung einer bestimmten Sicherheit berechtigen, sind im Gesetz beispielhaft genannt:

aa) Die **Darbietung** des Produkts (zB Werbeprospekt, Gebrauchsanweisung) – sog **Instruktionsfehler**.

> **Merke:**
> Es gehört zu den Pflichten eines Herstellers, den Benutzer auf gefährliche Eigenschaften des Produkts hinzuweisen, sofern ein **Schutzbedürfnis** des Verbrauchers besteht. Ein solches ist immer dann gegeben, wenn der Hersteller damit rechnen muss, dass ein Produkt in die Hände von Personen gerät, die mit den Produktgefahren nicht vertraut sind. Beurteilungsmaßstab ist dabei der Idealtypus des durchschnittlichen Produktbenutzers. Was im Erfahrungswissen eines solchen (potenziellen) Abnehmers liegt, muss nicht zum Inhalt einer Warnung gemacht werden.

bb) Der **Gebrauch** des Produkts, mit dem billigerweise gerechnet werden kann.

> **Beachte:**
> Dies muss anders als im Gewährleistungsrecht nicht der bestimmungsgemäße Gebrauch sein. Produzenten müssen auch mit einem gewissen Missbrauch rechnen, so nehmen zB Kleinkinder Spielzeug gerne in den Mund. Für unvorhersehbare oder geradezu absurde Gebrauchsarten hat der Hersteller aber nicht einzustehen. Auch für absichtlichen Missbrauch besteht keine Haftung.

cc) Der **Zeitpunkt**, zu dem das Produkt in den Verkehr gebracht worden ist.

Wird später ein besseres Produkt in Verkehr gebracht, so ist das ursprünglich in Verkehr gebrachte Produkt deshalb nicht fehlerhaft (§ 5 Abs 2 PHG). Behauptet ein nach dem PHG Haftpflichtiger, das Produkt sei im Zeitpunkt des Inverkehrbringens noch nicht fehlerhaft gewesen, so muss er dies als unter Berücksichtigung der Umstände wahrscheinlich dartun (Glaubhaftmachung iSd Zivilprozessrechts).

6. Verschuldensunabhängige Haftung

Die Haftung nach PHG ist verschuldensunabhängig, der Hersteller (Importeur) kann sich also nicht durch den Nachweis eines fehlenden Verschuldens von der Haftung befreien (§ 8 PHG).

7. Haftungsausschlüsse

a) Sachschäden von Unternehmern (§ 2 Z 1 PHG).

b) Nach dem PHG gibt es (nur!) für Sachschäden einen **Selbstbehalt** (§ 2 Z 2 PHG): Ersetzt werden nur Schäden über € 500,–.

> **Beachte:**
> Die vom Selbstbehalt erfassten Schäden können aber im Rahmen einer alternativen Haftung nach dem ABGB geltend gemacht werden. (unten 11.).

c) Nach § 8 PHG ist die Haftung in folgenden Fällen ausgeschlossen:

   aa) Der Fehler des Produkts ist auf eine Rechtsvorschrift oder behördliche Anordnung zurückzuführen, der das Produkt zu entsprechen hat (§ 8 Z 1 PHG).

   bb) Die Eigenschaften des Produkts konnten zum Zeitpunkt des Inverkehrbringens nach dem Stand der Wissenschaft und Technik nicht als Fehler erkannt werden (§ 8 Z 2 PHG: „Entwicklungsrisiko").

   cc) Der Hersteller des Grundstoffs oder eines Teilprodukts haftet nicht, wenn der Fehler durch die Konstruktion des Endprodukts oder durch die Anleitungen des Herstellers des Endprodukts verursacht worden ist (§ 8 Z 3 PHG).

d) Ein **vertraglicher** Haftungsausschluss ist unzulässig (§ 9 PHG).

8. Mitverschulden

Bei einem Mitverschulden des Geschädigten gilt § 1304 (§ 11 PHG – oben A. X.).

9. Mehrere Ersatzpflichtige

Mehrere Ersatzpflichtige haften solidarisch (§ 10 PHG). Zum Regress siehe § 12 PHG.

10. Verjährung

Grundsätzlich verjähren Ersatzansprüche nach PHG wie im ABGB in drei Jahren ab Kenntnis vom Schaden und der Person des Ersatzpflichtigen (§ 1489). Liegt diese Kenntnis nicht vor, so greift nicht die 30-jährige Verjährungsfrist des ABGB. In diesem Fall verjähren die Ersatzansprüche zehn Jahre nach dem Zeitpunkt des Inverkehrbringens (§ 13 PHG).

11. Verhältnis zum ABGB

a) Das ABGB bleibt subsidiär neben dem PHG anwendbar (§ 14 PHG).

b) Bestimmungen des ABGB oder anderer Vorschriften (zB sondergesetzliche Gefährdungshaftung – oben IV.), nach denen ein Schadenersatz in größerem Umfang oder von anderen Personen als nach dem PHG zusteht, bleiben vom PHG unberührt (§ 15 Abs 1 PHG).

   aa) Daher sind Fälle, die das PHG nicht erfasst, weiterhin nach der vor dem PHG entwickelten Konstruktion eines **Vertrags mit Schutzwirkung zugunsten Dritter** (oben I. 1. c) zu lösen.

Demnach entfaltet der Vertrag zwischen Hersteller und Händler Schutzwirkungen zugunsten des Endverbrauchers.

bb) Die Haftung nach ABGB hat eine Bedeutung für Sachschäden von Unternehmern nach dem 1. 1. 1994 (§ 2 Z 1 PHG), beim Selbstbehalt nach § 2 Z 2 PHG und für den Fall, dass das Produkt vor dem 1. 7. 1988 (Inkrafttreten des PHG) in Verkehr gebracht wurde, weil das PHG auf Schäden durch Produkte, die vor seinem Inkrafttreten in Verkehr gebracht worden sind, nicht anzuwenden ist (§ 19 PHG).

Kontrollpunkte:

✓ Gefährdungshaftung
- Haftungstatbestände
- Rechtsgrund der Haftung
- Charakteristika (Haftung des Halters; Haftungshöchstbeträge)
- Gefährdungshaftung qua Analogie
- Gefährdungshaftung nach dem EKHG
  - Anwendungsbereich
  - Anspruchsvoraussetzungen
  - Haftungsausschlüsse (bei Personenschäden; bei Schäden an beförderten Sachen; bei unabwendbaren Ereignissen)
  - haftpflichtige Personen (Halterhaftung als Grundregel; Haftung des Schwarzfahrers; Solidarhaftung von Halter und Schwarzfahrer; Halterhaftung bei Anstellung zum Betrieb oder Überlassung)
  - Haftungshöchstbeträge
  - parallele Haftungsmöglichkeiten nach ABGB

✓ Produkthaftung nach dem PHG
- Anwendungsbereich
- Anspruchsvoraussetzungen
- Haftungsausschlüsse (§ 2 PHG; 8 PHG; § 9 PHG)
- haftpflichtige Personen (Hersteller/Importeur; allenfalls Händler)
- subsidiäre Anwendbarkeit des ABGB

Zweiter Abschnitt
Bereicherungsrecht

A. Allgemeines

I. Funktion des Bereicherungsrechts (BerR)

1. Das BerR dient dazu, bestimmte Vermögensverschiebungen, die von der Rechtsordnung als **ungerechtfertigt** angesehen werden, rückgängig zu machen. Mit dem Bereicherungsanspruch fordert der Bereicherungsgläubiger (= Entreicherter = derjenige, auf dessen **Kosten** die Bereicherung erfolgt ist) die Bereicherung vom Bereicherungsschuldner (= Bereicherter) heraus.

2. Das BerR ist im ABGB nicht in einem geschlossenen Abschnitt geregelt. Bereicherungsansprüche finden sich in vielen, teilweise verstreuten Gesetzesbestimmungen, zB §§ 877, 921, 1041, 1174, 1431 ff, 1447. Auch außerhalb des ABGB gibt es bereicherungsrechtliche Normen, so zB § 4 KSchG, §§ 14 ff FAGG oder § 27 Abs 3 MRG.

II. Einteilung der Bereicherungsansprüche

Bereicherungsansprüche werden in zwei große Gruppen eingeteilt, je nachdem auf welche Weise die Vermögensverschiebung zustande gekommen ist. Kommt es durch eine **Leistung** zu einer ungerechtfertigten Vermögensverschiebung, so erfolgt die Rückabwicklung mithilfe einer **Leistungskondiktion**. Bei einer ungerechtfertigten Vermögensverschiebung auf **sonstige Weise** dient der **Verwendungsanspruch** zur Rückforderung.

> **Beispiel für Leistungskondiktion:**
> Der Antiquar A verkauft dem B ein wertvolles altes Buch; A übergibt B das Buch, B bezahlt den Kaufpreis. Entgegen der Zusicherung des A ist das Buch schimmelbefallen, sodass B den Kaufvertrag wandelt; die in Erfüllung des Kaufvertrags erbrachten Leistungen werden mit Hilfe von Leistungskondiktionen (condictio causa finita, § 1435) zurückgefordert.

> **Beispiel für Verwendungsanspruch:**
> A und B lagern ihre Weinvorräte gemeinsam in einem ihnen beiden zugänglichen Keller. Eines Abends entnimmt A, der nicht mehr ganz nüchtern ist, dem gemeinsamen Lager versehentlich eine Weinflasche des B und trinkt sie aus. Dadurch kommt es zu einer Bereicherung (= Vermögensverschiebung) des A, die nicht auf eine Leistung des B an den A zurückzuführen ist. B geht daher mithilfe des Verwendungsanspruchs gegen A vor.

III. Das Verhältnis von Bereicherungs- und Schadenersatzrecht

1. Unabhängigkeit von Bereicherungs- und Schadenersatzanspruch

Bereicherungsansprüche sind vom Eintritt eines Schadens aufseiten des Bereicherungsgläubigers unabhängig. Dies ergibt sich aus der Funktion des BerR: Im Gegensatz zum Schadenersatzrecht, das dem Ausgleich von Schäden, die der Anspruchsberechtigte erleidet, dient, kommt dem BerR die Funktion zu, eine ungerechtfertigte Bereicherung aufseiten des Bereicherungsschuldners rückgängig zu machen. Eine solche Bereicherung kann entstehen, ohne dass der Verkürzte einen Schaden erleidet.

Zweiter Abschnitt: Bereicherungsrecht

Beachte:
Hat der Bereicherungsgläubiger durch die ungerechtfertigte Vermögensverschiebung einen Schaden erlitten, so kann er bei Vorliegen der sonstigen Voraussetzungen, wie zB Rechtswidrigkeit, Verschulden etc, neben den Bereicherungsansprüchen auch Schadenersatzansprüche geltend machen. *Siehe hierzu unten C. II. 2. c).*

Überprüfungsfälle – welcher Anspruch bzw welche Ansprüche können geltend gemacht werden?
- A fährt, weil er nicht aufpasst, mit seinem Fahrrad den Seitenspiegel von Bs Auto ab. **Lösung:** Schadenersatzansprüche des B (B ist geschädigt, A aber nicht bereichert).
- A nutzt die Ferienwohnung des B ohne dessen Erlaubnis. In dieser Zeit hätte B die Wohnung selbst nicht genützt. Auch kommt es zu keinen Abnutzungserscheinungen. **Lösung:** Bereicherungsansprüche des B (A ist bereichert, B aber nicht geschädigt).
- A stiehlt den Hamster des B. **Lösung:** Bereicherungs- und Schadenersatzansprüche des B (A ist bereichert, B ist geschädigt).

2. Verschuldensunabhängigkeit des Bereicherungsanspruchs

Ein Bereicherungsanspruch impliziert keinen persönlichen Vorwurf; auch derjenige, den an der Bereicherung kein Verschulden trifft, ist einem Bereicherungsanspruch ausgesetzt.

Beispiel:
Da ein Sturm den Zaun beschädigt hat, grast die Schafherde des Bauern Bertl, der davon nichts weiß, auf der Wiese seines Nachbarn Navratil; Navratil hat einen auf den Wert des von den Schafen verzehrten Grases gerichteten Verwendungsanspruch, obwohl Bertl keinerlei Verschulden trifft.

Beachte:
Auch im Schadenersatzrecht ist Verschulden nicht immer eine notwendige Voraussetzung. Sowohl die Gefährdungs- als auch die Eingriffshaftung setzen kein Verschulden voraus (vgl hierzu Abschnitt A. I. 4.).
Demgegenüber kann aus der grundsätzlichen Verschuldensun*abhängigkeit* im Bereicherungsrecht nicht auch auf die Un*beachtlichkeit* des Verschuldens für diesen Bereich geschlossen werden (siehe hierzu etwa die „Zweckvereitelung wider Treu und Glauben" bei der condictio causa data, causa non secuta – B. 3. d)).

B. Die Leistungskondiktionen

I. Begriff der Leistung

1. Definition

Eine Leistung im Sinne des BerR ist die **bewusste** und **zweckgerichtete** Vermehrung fremden Vermögens. Erfolgt die Leistung in Erfüllung eines Schuldverhältnisses, so liegt der Zweck darin, dieses Schuldverhältnis zum Erlöschen zu bringen.

2. Beispiele

Eine Leistung kann dadurch bewirkt werden, dass der Leistungsempfänger eine Sache erhält; eine Leistung kann jedoch auch in einer Handlung – zB einer Dienstleistung (Haareschneiden beim Friseur) – bestehen. Auch durch Unterlassen vermag eine Leistung erbracht zu werden: Unterlassung einer Konkurrenztätigkeit durch den ausgeschiedenen Angestellten.

II. Die einzelnen Leistungskondiktionen

1. Condictio indebiti – Rückforderung wegen irrtümlicher Zahlung einer Nichtschuld (§ 1431)

> § 1431: „Wenn jemanden aus einem **Irrthume**, wäre es auch ein Rechtsirrthum, eine Sache oder eine Handlung geleistet worden, wozu er gegen den Leistenden **kein Recht** hat; so kann in der Regel im ersten Falle die Sache zurückgefordert, im zweyten aber ein dem verschafften Nutzen angemessener Lohn verlangt werden."
>
> § 1432: „Doch können Zahlungen einer **verjährten**, oder einer solchen Schuld, welche nur aus **Mangel der Förmlichkeiten** ungültig ist, oder zu deren Eintreibung das Gesetz bloß das **Klagerecht** versagt, eben so wenig zurückgefordert werden, als wenn jemand eine Zahlung leistet, von der er **weiß, daß er sie nicht schuldig ist.**"
>
> § 1433: „Diese Vorschrift (§ 1432) kann aber auf den Fall, in dem eine minderjährige, eine nicht geschäftsfähige volljährige oder eine andere Person bezahlt hat, die **nicht frei über ihr Eigentum verfügen kann**, nicht angewendet werden."
>
> § 1434: „Die Zurückstellung des Bezahlten kann auch dann begehret werden, wenn die **Schuldforderung** auf was immer für eine Art **noch ungewiß** ist; oder wenn sie noch von der Erfüllung einer beygesetzten **Bedingung abhängt**. Die Bezahlung einer richtigen und unbedingten Schuld kann aber deßwegen **nicht zurückgefordert** werden, weil die **Zahlungsfrist noch nicht verfallen ist.**"

Die condictio indebiti hat zwei Voraussetzungen:

- eine rechtsgrundlose Leistung und
- die Schutzwürdigkeit des Leistenden, die idR in einem Irrtum begründet liegt.

a) Rechtsgrundlosigkeit der Leistung

Rechtsgrundlos ist die Leistung dann, wenn die Verbindlichkeit, zu deren Erfüllung geleistet wurde, nicht bestand. Beispiel: Doppelzahlung einer Kaufpreisschuld. Da die Kaufpreisforderung mit der ersten Zahlung erloschen ist, erfolgt die zweite Zahlung rechtsgrundlos. Mit Hilfe von § 1431 werden auch jene Leistungen zurückgefordert, die in Erfüllung eines wegen Dissens nicht zustande gekommenen Vertrags erbracht wurden.

> **Beachte:**
> Kommt demgegenüber ein – sei es auch mit Irrtum behafteter – Vertrag zustande, so kann die Leistung des Irrenden *nicht* mittels § 1431 kondiziert werden. Die Schuld, auf die hin geleistet wurde, besteht dann ja in Form eines zunächst gültigen Vertrages. In diesem Fall ist eine bereicherungsrechtliche Rückforderung erst nach erfolgreicher Vertragsanfechtung möglich. Diese stützt sich dann allerdings auf § 877 (vgl hierzu 4.)

b) Irrtum des Leistenden

Der Irrtum des Leistenden kann sich auf den Bestand der Schuld, ihren Gegenstand oder auf die Person des Gläubigers beziehen. Relevant ist sowohl ein Tatsachen- als auch ein Rechtsirrtum. Auch ein verschuldeter Irrtum berechtigt nach hA zur Rückforderung. Die Beweislast für den Irrtum liegt beim Leistenden.

> **Beachte:**
> Der nach § 1431 erforderliche Irrtum unterliegt *nicht* den besonderen Voraussetzungen des § 871.

c) Wissentliche Zahlung einer Nichtschuld

Weiß der Leistende, dass er dem Leistungsempfänger nichts schuldet, und leistet er trotzdem, kann er die Sache nicht zurückfordern. Dies ergibt sich schon daraus, dass bei sicherer Kenntnis des Nichtbestehens der Verbindlichkeit das Irrtumserfordernis des § 1431 ABGB zu verneinen ist (zu bloßen Zweifeln über das Bestehen der Verbindlichkeit siehe aber sogleich). Darüber hinaus schließt aber auch § 1432 letzter Satzteil eine bereicherungsrechtliche Rückforderung explizit aus.

Nach hA steht § 1432 letzter Satzteil nicht nur der bereicherungsrechtlichen Rückforderung des Leistenden, sondern auch einer möglichen Eigentumsklage (§ 366) desselben entgegen. Es kommt zum Eigentumserwerb des Leistungsempfängers, wobei umstritten ist, wie dieser Eigentumserwerb zu konstruieren ist. Nach einer Ansicht soll hier eine Ausnahme vom Prinzip der kausalen Tradition (zu diesem siehe *ORAC-Rechtsskriptum* „Sachenrecht Allgemeiner Teil" 2. Abschnitt B) vorliegen; nach anderer Ansicht stellt § 1432 einen besonderen gesetzlichen Titel für den Eigentumserwerb dar.

d) Zweifel

Dem Irrtum gleichgestellt ist der **Zweifel** über den Bestand der Verbindlichkeit, sodass in diesem Fall der Anwendungsbereich von § 1431 grundsätzlich ebenso eröffnet ist. Allerdings kann in einer Zahlung trotz Zweifel uU ein konkludentes Anerkenntnis gesehen werden (§ 863). Zur Sicherheit empfiehlt es sich daher, bei Leistung einen Rückforderungsvorbehalt zu machen.

e) Zwang und List

Wer durch **Zwang** zur Leistung bewegt wird, ist ebenfalls zur Rückforderung berechtigt. Nach der Rsp sind bei der Beurteilung, ob eine Zwangslage des Leistenden vorliegt, nicht die strengen Anforderungen der §§ 870, 875 zu stellen. Es reicht etwa die Zahlung einer Nichtschuld unter dem Druck einer Vollstreckung. Auch die durch **List** des Leistungsempfängers erlangte Leistung fällt unter § 1431 (vgl aber unten 4. zu den Fällen, in denen nicht die Leistung selbst unmittelbar auf Zwang oder List beruht, sondern auf einem mit Zwang bzw List behafteten Vertrag. In diesen Fällen gelangt § 877 – nach erfolgreicher Anfechtung – zur Anwendung).

Bei listiger Irreführung und ungerechtem Zwang ist die Rückforderung nach § 1431 nicht durch § 1432 (Kenntnis der Nichtschuld oder Naturalobligationen [hierzu sogleich g)]) eingeschränkt.

f) Zahlung vor Fälligkeit und vor Bedingungseintritt

Rechtsgültig bestehende Schulden, die vor Eintritt der Fälligkeit bezahlt werden, können nicht zurückgefordert werden. Hingegen findet bei **bedingten** Forderungen die Rückforderung statt, wenn die Leistung vor Bedingungseintritt erbracht wird (§ 1434).

g) Zahlung einer Naturalobligation

Durch Bezahlung von Naturalobligationen entsteht in der Regel keine Kondiktion:

aa) Was in Erfüllung einer verjährten Schuld geleistet wird, kann nicht zurückgefordert werden (§ 1432).

bb) Gleiches gilt für die Rückforderung von Leistungen, die zur Bezahlung einer Forderung erbracht wurden, die mangels der Einhaltung von **Formvorschriften** nicht klagbar ist.

> **Beispiel:**
> Zahlung des Bürgen, obwohl die Formvorschrift des § 1346 Abs 2 nicht eingehalten wurde. Durch die Erfüllung kommt es zur **Heilung** des formnichtigen Geschäfts (Konvaleszenz).

Der Grund für diese Ausnahme liegt darin, dass Formvorschriften oftmals nur dem Schutz vor übereiltem Vertragsabschluss dienen, dieser Zweck aber nach der Erfüllung wegfällt.

Daher ist eine Heilung der Formnichtigkeit in jenen Fällen problematisch, in denen die Formvorschrift einen anderen Zweck als den Übereilungsschutz hat. Dies gilt beispielsweise für die Notariatsaktspflicht von Kauf- und Tauschverträgen zwischen Ehegatten gem § 1 Abs 1 lit b NotAktG. Diese dient primär dem **Schutz der Gläubiger der Ehegatten**; es soll verhindert werden, dass sich ein Ehegatte den Ansprüchen seiner Gläubiger mit der Behauptung entzieht, er habe ursprünglich eine ihm gehörende Sache dem anderen Ehepartner übertragen, ohne dass dies objektiv nachprüfbar wäre. Ein Teil der L verneint daher die Heilung in diesen Fällen.

> **Beachte:**
> Bei zweiseitig verbindlichen Rechtsgeschäften (zB Kauf) tritt die Heilung erst dann ein, wenn beide Seiten erfüllt haben. Leistet eine Partei vor und bleibt die Gegenleistung aus, kann das Geleistete zwar nicht mit der condictio indebiti, aber mithilfe einer condictio causa data, causa non secuta zurückgefordert werden (siehe unten 3. c) aa).

h) Schutz Geschäftsunfähiger

Nicht voll geschäftsfähige Personen werden durch § 1433 privilegiert: Sie können die Leistung auch dann zurückfordern, wenn sie eine noch nicht fällige Schuld oder eine Naturalobligation bezahlt haben oder nicht im Irrtum über das Bestehen des Rechtsgrundes waren.

2. Condictio causa finita – Rückforderung wegen nachträglichen Wegfalls des Rechtsgrundes (§ 1435)

> *§ 1435: „Auch Sachen, die als eine **wahre Schuldigkeit gegeben worden** sind, kann der Geber von dem Empfänger zurück fordern, wenn der **rechtliche Grund, sie zu behalten, aufgehört hat**."*

Mit der condictio causa finita können Leistungen zurückgefordert werden, deren ursprünglich bestehender Rechtsgrund später – ohne sachenrechtliche ex-tunc-Wirkung (zu diesem Fall unten 4.) – wegfällt. Zu einem solchen Wegfall der causa kann es aus verschiedenen Gründen kommen. Beispielsweise seien genannt:

a) Rücktritt vom Vertrag nach §§ 918, 920

b) Einvernehmliche Auflösung des Vertrags

c) Gewährleistungsrechtliche Auflösung des Vertrags gem § 932 Abs 4

d) Anfechtung des Vertrags wegen Laesio enormis nach § 934

e) Eintritt einer auflösenden Bedingung

f) Wegfall des Vertrags wegen nachträglicher Unmöglichkeit

g) Beseitigung des Rechtsgrunds durch ein Erkenntnis des VfGH

h) Aufhebung des Urteils, aufgrund dessen geleistet wurde, nach außerordentlicher Revision oder Wiederaufnahme

Das ABGB wiederholt die Anordnung von § 1435 an mehreren Stellen ausdrücklich (siehe insb § 921 Satz 2 [Rücktritt infolge Schuldnerverzugs oder infolge nachträglicher vom Schuldner zu vertretender Unmöglichkeit] und § 1447 Satz 3 [Vertragswegfall bei zufälliger nachträglicher Unmöglichkeit]). Diese Normen sind Spezialbestimmungen zu § 1435. Selbiges gilt für § 4 KschG, §§ 14 ff FAGG und § 12

Abs 3 VKrG, die die Anordnung des § 1435 ABGB allerdings nicht nur wiederholen, sondern auch modifizieren.

> **Beachte:**
> Durch das neue **Verbrauchergewährleistungsgesetz** (VGG) wird sich in dessen Anwendungsbereich (vgl § 1 VGG) die Rückabwicklung einer gewährleistungsrechtlichen Vertragsauflösung künftig nach § 15 Abs 3 VGG bzw §§ 24 ff VGG (sofern ein Vertrag über die Bereitstellung digitaler Leistungen aufgelöst wurde) richten. Rückabwicklungsregelungen infolge eines Verzugs eines Unternehmers gegenüber einem Verbraucher werden in § 7c Abs 3 und § 7d Abs 2 KSchG eingefügt (siehe hierzu *ORAC-Rechtsskriptum* „Schuldrecht Allgemeiner Teil" Abschnitte D. IV. 3., D. VIII. 3. und C. I. 3.).

3. Condictio causa data, causa non secuta – Rückforderung wegen Nichteintritt des erwarteten Erfolges (§ 1435 analog)

a) Funktion

In Analogie zu § 1435 haben L und Rsp die condictio causa data, causa non secuta entwickelt. Sie steht dem Leistenden zu, wenn er eine Leistung in **der dem Empfänger erkennbaren Erwartung** eines bestimmten Erfolgs erbringt, dieser Erfolg jedoch nicht eintritt.

Wichtig ist, dass die Leistung **nicht Gegenstand eines Vertrags** sein darf. In einem solchen Fall kann die Leistung nur dann zurückgefordert werden, wenn es dem Leistenden gelingt, den Vertrag, der der Leistung zugrunde liegt, zB durch Anfechtung zu beseitigen. Andernfalls verbleibt die Leistung beim Empfänger.

> **Beispiel:**
> Kauft K ein Bild des Malers M, um es seiner Freundin zu schenken, so kann er den Kaufpreis nicht nach § 1435 analog kondizieren, wenn sich herausstellt, dass diese keine Bilder des Malers M mag. Eine Rückforderung kommt nur dann infrage, wenn K den Kaufvertrag – zB durch Irrtumsanfechtung oder gewährleistungsrechtliche Vertragsauflösung – beseitigen kann. Wird der Vertrag erfolgreich mittels Irrtumsanfechtung beseitigt, erfolgt die Rückabwicklung mittels § 877 ABGB. Im Falle einer erfolgreichen gewährleistungsrechtlichen Vertragsauflösung kommt dagegen § 1435 ABGB (in Form der condictio causa finita) zur Anwendung.

Das gilt insb auch für **Schenkungen**.

> **Beispiel:**
> S schenkt dem B ein gebrauchtes Auto in der Erwartung, B werde ihm dafür beim Hausbau helfen. Erfüllt sich diese Erwartung nicht, so kann S das Auto nur dann zurückfordern, wenn es ihm gelingt, die Schenkung nach § 901 (Motivirrtum) anzufechten oder gem § 948 wegen Undanks zu widerrufen. Ist er damit nicht erfolgreich und bleibt der Vertrag aufrecht, darf B das Auto behalten.

§ 1435 ABGB analog ist überdies dann *nicht* heranzuziehen, wenn sich der verfehlte Leistungszweck in der **Erfüllung einer Verbindlichkeit** erschöpft. In diesem Fall ist § 1431 einschlägig (hierzu oben 1.)

b) Hauptanwendungsfälle

Hauptsächliches Anwendungsgebiet für die condictio causa data, causa non secuta sind jene Fälle, in denen eine rechtsgeschäftliche Bindung entweder nicht möglich ist oder die Parteien keine vertragliche Verpflichtung wollen.

aa) Ein Beispiel hierfür sind Arbeitsleistungen, die jemand in der Erwartung erbringt, der Leistungsempfänger werde ihn in seinem **Testament bedenken**. In solchen Fällen kommt kein Vertrag zustande, weil einerseits eine Verpflichtung zur testamentarischen Bedenkung unwirksam wäre, die Parteien andererseits aber oftmals keinen normalen Arbeitsvertrag schließen wollen. Hier kann der Leistende seine Arbeitsleistungen kondizieren, wenn sich seine Erwartung enttäuscht und er nicht im Testament berücksichtigt wird.

> **Beachte:**
> Seit 1. 1. 2017 können Arbeitsleistungen, die in der **Pflege** des Erblassers bestanden, auch über § 677 abgegolten werden („Pflegevermächtnisanspruch"; vgl hierzu *ORAC-Rechtsskriptum* „Erbrecht"). Liegen sowohl die Tatbestandsvoraussetzungen für einen Anspruch nach § 1435 analog als auch nach § 677 vor, so kommt dem Pflegenden ein Wahlrecht zu (str).

bb) Leistungen während **aufrechter Lebensgemeinschaft bzw Ehe** können nach Auflösung der Lebensgemeinschaft/Ehe dann zurückgefordert werden, wenn sie in Erwartung des längeren Fortbestehens der Lebensgemeinschaft/Ehe und nicht schenkungsweise erbracht wurden.

> **Beispiel:**
> A und B leben in nichtehelicher Lebensgemeinschaft. Als B von ihrer Mutter ein Grundstück erbt, beginnt man darauf ein Haus zu bauen in der Absicht, dort zu wohnen. Noch bevor das Haus fertiggestellt ist, trennen sich die beiden. Bis zu diesem Zeitpunkt hat A für den Bau des Hauses beträchtliche Aufwendungen gemacht. Da diese im Hinblick auf den Zweck des zukünftigen gemeinsamen Wohnens getätigt wurden, steht A ein Anspruch nach § 1435 analog zu.

Bezüglich Leistungen, die während aufrechter Ehe erbracht wurden, stellt sich allerdings die Frage, in welchem **Verhältnis** der Anspruch nach § 1435 analog zu den Ansprüchen nach den **§§ 81 ff EheG** steht. Nach hA geht der Anspruch nach § 1435 analog der Aufteilung des ehelichen Gebrauchsvermögens bzw der ehelichen Ersparnisse vor. Wird ein Anspruch nach § 1435 analog geltend gemacht, kommt es erst nach seiner Berücksichtigung zur Aufteilung nach den §§ 81 ff EheG. Ist ein solcher Anspruch allerdings nicht erhoben worden, so ist eine spätere Geltendmachung nach der Aufteilung des Vermögens gem den §§ 81 ff EheG ausgeschlossen. Diese Rsp gilt sinngemäß wohl auch für eingetragene Partnerschaften (vgl hierzu die §§ 24 ff EPG).

Der Rückforderungsanspruch nach § 1435 analog besteht auch dann, wenn den Leistenden ein **Verschulden** am Scheitern der Beziehung trifft (hierzu siehe unten c)).

cc) In den Anwendungsbereich des § 1435 analog fallen grundsätzlich auch Leistungen zwischen **Verlobten**, die in Erwartung der Eheschließung erbracht werden und **keine bloßen Schenkungen** sind. Sie können nach Auflösung des Verlöbnisses zurückgefordert werden. Für Leistungen, die **bloße Schenkungen ohne weitergehende Zweckbindung** sind, gelten dagegen die Sondernormen des § 46 und des § 1247: Sie können dann zurückgefordert werden, wenn den Leistenden am Nichtzustandekommen der Ehe kein Verschulden trifft.

dd) Erfüllt jemand einen **formnichtigen Vertrag**, weil er erwartet, auch der andere Teil werde seine Leistung erbringen, bleibt die Gegenleistung jedoch aus, so hat der Vorleistende eine condictio causa data, causa non secuta. Wichtig: Die Kondiktion verdrängt in diesem Fall § 1432. Nach § 1432 wäre die Rückforderung ausgeschlossen, weil ein bloß wegen Nichteinhaltung der vorgeschriebenen Form nichtiger Vertrag erfüllt wird.

ee) Leistungen in Erwartung eines späteren Vertragsabschlusses, der dann nicht zustande kommt, können ebenfalls mithilfe der condictio causa data, causa non secuta zurückgefordert werden.

c) Vereitlung wider Treu und Glauben

Hat der Leistende den Eintritt des erwarteten Erfolgs wider Treu und Glauben vereitelt, so steht ihm kein Anspruch nach § 1435 analog zu. Nach der Rsp liegt Vereitlung wider Treu und Glauben aber nur in seltenen Ausnahmefällen vor (siehe etwa die E 4 Ob 189/13t: Entwendung von Goldbarren im Wert von € 26.000,– zwischen Lebensgefährten [Bejahung einer treuwidrigen Zweckvereitelung]).

> **Beachte:**
> Der Anspruch nach § 1435 analog kann auch von dem geltend gemacht werden, den am Scheitern der Ehe oder Lebensgemeinschaft ein **Alleinverschulden** trifft.

d) Analoge Anwendung des § 1152

Eine Besonderheit gilt für die Höhe des Entgeltsanspruchs desjenigen, der **Arbeitsleistungen** in der dem Empfänger erkennbaren Erwartung einer bestimmten Entlohnung – zB in Form einer testamentarischen Berücksichtigung – erbringt: Da dem Leistungsempfänger klar sein musste, dass die Arbeitsleistungen nicht unentgeltlich erfolgen sollten, kommt nach hA § 1152 per analogiam zur Anwendung, sodass dem Leistenden ein **angemessenes Entgelt** zusteht. In diesem Fall ist die Höhe des Anspruchs vom Umfang des durch die Arbeitsleistungen bewirkten Nutzens beim Leistungsempfänger **unabhängig**. Dies stellt eine Ausnahme vom Grundsatz, dass die Höhe des Bereicherungsanspruchs vom Umfang des verschafften Nutzens abhängt, dar. Der Leistungsempfänger trägt somit das Risiko des erfolgreichen Einsatzes der Arbeitsleistungen.

> **Beachte:**
> Der OGH geht zudem davon aus, dass dem Leistenden auch der Ersatz allfälliger **Geld- und Materialaufwendungen** zusteht, wenn die zweckverfehlte Leistung über ausdrückliches Verlangen des Leistungsempfängers erbracht wurde und den Leistenden an der Zweckverfehlung keine wie immer geartete Veranlassung für den Wegfall des Zwecks trifft.

Der Anspruch des Leistenden aus zweckverfehlenden Arbeitsleistungen verjährt in drei Jahren ab dem Zeitpunkt, in dem er erkennen konnte, dass der erwartete Erfolg nicht eintreten wird. Dies leitet die Rsp aus § 1486 Z 5 ab.

Der in Analogie zu § 1152 gewährte Anspruch auf ein angemessenes Entgelt setzt voraus, dass der Leistende die Zweckvereitlung nicht selbst in zurechenbarer Weise verursacht hat.

> **Beispiel:**
> Erbringt ein Partner einer nichtehelichen Lebensgemeinschaft in Erwartung ihres Fortbestandes Arbeitsleistungen für den Bau eines gemeinsamen Hauses, so kann er dann, wenn er die Lebensgemeinschaft wegen einer neuen Beziehung auflöst, nur den verschafften Nutzen, nicht aber ein angemessenes Entgelt fordern.

Haben **beide** Seiten die Zweckvereitlung zu vertreten, so wird der Verlust – dh die Differenz zwischen Nutzen und angemessenem Entgelt – in sinngemäßer Anwendung des § 1304 von beiden getragen.

B. Die Leistungskondiktionen

Beachte:
Für die Kondiktion von Arbeitsleistungen gilt also ein dreistufiges Schema:
1. Zweckvereitlung ohne Verschulden und ohne Verstoß gegen Treu und Glauben: angemessenes Entgelt in Analogie zu § 1152
2. Zweckvereitlung in einer vom Leistenden zu vertretenden Weise: Nutzenherausgabe
3. Zweckvereitlung wider Treu und Glauben: kein Anspruch

e) § 1174 Abs 1 Satz 1

Eine Einschränkung der condictio causa data, causa non secuta enthält § 1174 Abs 1 Satz 1: Was jemand wissentlich zur Bewirkung einer unmöglichen (iSd § 878) oder unerlaubten Handlung gegeben hat, kann er nicht wieder zurückfordern. Der Grund für den Rückforderungsausschluss liegt darin, dass andernfalls der Leistende mit der Drohung der Rückforderung auf den Leistungsempfänger dahin gehend Druck ausüben könnte, dass dieser die verbotene Handlung durchführt. Nur das Entgelt für eine verbotene oder unmögliche **Handlung** kann nicht zurückgefordert werden; das Entgelt für eine – zB aufgrund von Zollvorschriften – verbotene **Sachleistung** kann hingegen zurückgefordert werden.

f) Darlehen für verbotenes Spiel

Nach § 1174 Abs 2 kann ein zum Zweck eines verbotenen Spiels gegebenes Darlehen nicht zurückgefordert werden. Dieser Konditionsausschluss gilt nur dann, wenn der Darlehensgeber wusste, dass das Darlehen zu einem verbotenen Spiel verwendet werden sollte.

§ 1174 Abs 2 wird von einem Teil der L (*Rummel, Wilburg*) einschränkend so ausgelegt, dass das Darlehen nur dann nicht zurückgefordert werden darf, wenn der Darlehensnehmer das Geld beim Spiel **verliert**. Anderes vertritt aber der OGH, der dem Darlehensgeber die Rückforderung in keinem Fall gestattet; darüber hinaus lässt der OGH auch die Rückforderung bereits zurückbezahlter Darlehensraten zu. Da jener Geldbetrag, der bei einem verbotenen Spiel verloren wird, nach § 877 wieder zurückgefordert werden kann, führt die Ansicht des OGH zu einer Bereicherung des Darlehensgebers.

g) Zum Verhältnis von condictio causa data, causa non secuta und Ansprüchen wegen Wegfalls der Geschäftsgrundlage

Hier gilt Folgendes: Eine condictio causa data, causa non secuta kommt nur bezüglich solcher Leistungen infrage, die nicht Gegenstand eines Vertrags sind. Die Grundsätze über den Wegfall der Geschäftsgrundlage betreffen hingegen Leistungen, bezüglich derer es einen an und für sich gültigen Rechtsgrund gibt; sie können dazu führen, dass dieser Rechtsgrund wegen Veränderung der Umstände beseitigt wird. Die Rückabwicklung von eventuell schon erbrachten Leistungen erfolgt dann mithilfe einer condictio causa finita bei nachträglichem Wegfall der Geschäftsgrundlage bzw mithilfe einer condictio sine causa bei anfänglichem Fehlen.

4. Condictio sine causa (§ 877) – Rückforderung wegen Aufhebung eines Vertrages „aus Mangel der Einwilligung"

§ 877: *„Wer die **Aufhebung eines Vertrages aus Mangel der Einwilligung** verlangt, muß dagegen auch alles **zurückstellen**, was er aus einem solchen Vertrage zu seinem Vortheile erhalten hat."*

a) Mithilfe der condictio sine causa werden die Leistungen zurückgefordert, die in Erfüllung eines Vertrags erbracht wurden, der später wegen eines Willensmangels, wie zB Irrtum oder List, angefochten und aufgehoben wurde. Die condictio sine causa setzt keinen Irrtum des Leistenden über die Gültigkeit seiner Leistungsverpflichtung voraus; er kann auch dann kondizieren, wenn er von der Anfechtbarkeit des Vertrags wusste – darin liegt ein wichtiger Unterschied zu § 1431.

b) Keine Anwendung findet § 877 in folgenden Fällen:

   aa) Ist ein Vertrag wegen Dissens oder wegen des Vorliegens eines Scheingeschäfts nicht gültig zustande gekommen, wird das Geleistete mit einer condictio indebiti (§ 1431) oder einer condictio causa data, causa non secuta (§ 1435 analog) zurückgefordert. § 1431 setzt im Gegensatz zu § 877 den Irrtum des Leistenden über das Bestehen einer Verpflichtung voraus.

   bb) Ist der Vertrag wegen fehlender Geschäftsfähigkeit einer Partei nicht gültig zustande gekommen, kann der Geschäftsunfähige seine Leistung aufgrund von § 1432 iVm § 1433 trotz Kenntnis von der fehlenden Verpflichtung mit einer condictio indebiti zurückfordern. Dem geschäftsfähigen Partner bleibt bei Kenntnis von der fehlenden Verpflichtung nur die condictio causa data, causa non secuta.

c) Der Großteil der L und Rsp wendet § 877 generell auf alle wegen **Gesetz- oder Sittenwidrigkeit** nichtigen Verträge an. Die Rückforderung ist aber nur dann zulässig, wenn sie durch den **Zweck des Verbots**, gegen das das Rechtsgeschäft verstößt, nicht ausgeschlossen wird.

> **Beachte:**
> Der Zweck des Verbots bestimmt auch, ob das verbotene Geschäft überhaupt nichtig ist. So machen Verstöße gegen die Vorschriften über die Ladenschlusszeiten das dennoch abgeschlossene Rechtsgeschäft nicht ungültig.

d) Eine eigene Anordnung trifft **§ 7 Abs 2 WucherG** für wucherische Kreditverträge: Ist ein Kreditvertrag wegen Wuchers nichtig, darf der Bewucherte die vertraglich vorgesehenen Zahlungsfristen in Anspruch nehmen; er muss den Kredit nicht sofort zurückzahlen. An Zinsen muss er – falls im Vertrag nicht sowieso eine geringere Verzinsung vorgesehen ist – nur das Zweifache des im Zeitpunkt der Schließung des Vertrags geltenden Basiszinssatzes leisten.

e) Im Anwendungsbereich des MRG gilt die Sondervorschrift des § 27 Abs 3 MRG, nach der Leistungen, die gegen Vorschriften des MRG verstoßen, samt gesetzlicher Zinsen zurückgefordert werden können. Die Besonderheit gegenüber der Kondiktion nach § 877 liegt darin, dass der Anspruch nach § 27 Abs 3 MRG bereits innerhalb von **3 Jahren** und nicht erst innerhalb von 30 Jahren verjährt.

5. Condictio ob turpem vel iniustam causam – Rückforderung wegen ungerechten oder verwerflichen Grundes (§ 1174 Abs 1 Satz 3)

> § 1174: „(1) (...). Ist aber etwas **zu Verhinderung einer unerlaubten Handlung** demjenigen der diese Handlung begehen wollte, gegeben worden, so findet die **Zurückforderung** statt.
> (2) (...)"

Eine besondere Kondiktion gewährt § 1174 Abs 1 Satz 3: Was zur Verhinderung einer unerlaubten Handlung demjenigen gegeben wird, der diese Handlung begehen wollte, kann zurückgefordert werden. Droht jemand zB, ein Verbrechen zu begehen, falls ihm nicht ein bestimmter Geldbetrag gegeben wird, kann dieser Betrag nach § 1174 Abs 1 Satz 3 zurückgefordert werden.

Überprüfungsfälle – welche Leistungskondiktion ist einschlägig?

- A droht B, diesem sein Bein zu brechen. B bringt A durch Zahlung von € 500,– von seinem Vorhaben ab. **Lösung:** condictio ob turpem vel iniustam causam
- C erbringt Arbeitsleistungen auf dem Bauernhof ihres Partners E, um sich dort gemeinsam mit E eine Existenz aufzubauen. Ein Jahr später lernt sie F kennen, weswegen ihre Beziehung zu E in die Brüche geht. **Lösung:** condictio causa data causa non secuta
- G überweist die ihm von H gelegte Rechnung irrtümlich doppelt. **Lösung:** condictio indibiti
- I kauft von J einen Gebrauchtwagen. Aufgrund gravierender Mängel des Fahrzeuges wird der Kaufvertrag gewandelt. **Lösung:** condictio causa finita (beachte: bereicherungsrechtlicher Rückforderungsanspruch *beider* Vertragsparteien!)
- K tauscht ein komplettes Set Sammelkarten gegen eine seltene „legendäre Sammelfigur" des L. Es stellt sich heraus, dass die „legendäre Sammelfigur" eine Fälschung ist, weswegen der Vertrag aufgrund von List angefochten wird. **Lösung:** condictio sine causa (auch hier: bereicherungsrechtlicher Rückforderungsanspruch *beider* Vertragsparteien!)

Kontrollpunkte:

✓ Bereicherungsrecht allgemein
 - Funktion
 - Einteilung der Bereicherungsansprüche (Leistungskondiktionen vs Verwendungsansprüche)
 - Verhältnis Bereicherungsrecht – Schadenersatzrecht

✓ Leistungskondiktionen allgemein
 - Definition
 - Charakteristika (Begriff der Leistung; ungerechtfertigte Vermögensverschiebung)

✓ Kondiktionsansprüche im Einzelnen (Tatbestandskriterien; Anwendungsfälle; Abgrenzung)
 - condictio indebiti (§ 1431)
 - condictio causa finita (§ 1435)
 - condictio causa data, causa non secuta (§ 1435 analog)
 - condictio sine causa (§ 877)
 - condictio ob turpem vel iniustam causam (§ 1174 Abs 1 S 3)

C. Der Verwendungsanspruch nach § 1041

*§ 1041: „Wenn ohne Geschäftsführung eine **Sache zum Nutzen eines Andern verwendet worden ist;** kann der Eigenthümer sie in **Natur**, oder, wenn dieß nicht mehr geschehen kann, den **Werth verlangen**, den sie zur Zeit der Verwendung gehabt hat, obgleich der Nutzen in der Folge vereitelt worden ist."*

I. Allgemeines

1. Begriff

Ungerechtfertigte Vermögensverschiebungen können auch auf andere Weise als durch eine Leistung des Entreicherten an den Bereicherten zustande kommen. Eine ungerechtfertigte Vermögensverschiebung **ohne Leistung** liegt dann vor, wenn eine Sache, die von der Rechtsordnung dem Entreicherten **zugewiesen** ist, auf andere Weise zum Nutzen des Bereicherten verwendet worden ist. Solche Vermögensverschiebungen werden mithilfe des Verwendungsanspruchs nach § 1041 rückgängig gemacht. Der Verwendungsanspruch lässt sich als Fortwirkung des Rechts des Verkürzten an der Sache, die zugunsten des Bereicherten verwendet wurde, verstehen.

> **Beachte:**
> Auch außerhalb des ABGB finden sich „Sonderverwendungsansprüche" für bestimmte Bereiche, wie etwa § 86 UrhG, § 150 PatG, § 53 MarkSchG, § 34 MuSchG und § 41 GMG.

2. „Sache"

Der Verwendungsanspruch setzt voraus, dass ein Vermögensgut (eine Sache im Sinne des § 1041) zum Nutzen eines anderen verwendet wurde, das jemandem von der Rechtsordnung ausschließlich zugewiesen ist. Solche Sachen sind nicht nur körperliche Sachen, sondern **jedes vermögenswerte** Gut, also iS des § 285 auch beschränkte dingliche Rechte, Forderungsrechte, Arbeitsergebnisse, Immaterialgüterrechte oder Persönlichkeitsrechte.

Auch das **bloße Vermögen** kann nach hA in den Schutz des § 1041 kommen, wenn der Eingriff in vorsätzlicher sittenwidriger Weise erfolgt. Ein Beispiel hiefür bietet die E 8 Ob 610/92: Die X-GmbH beauftragt den Makler M, den Ankauf einer Liegenschaft zu vermitteln. M findet eine Liegenschaft. Diese wird jedoch nicht von X, sondern vom Gesellschafter G, der in der Generalversammlung der X davon Kenntnis erhält, gekauft. Der OGH billigte M einen Verwendungsanspruch gegen G zu; die Kenntnisse eines Maklers seien zwar nicht absolut, aber doch gegen vorsätzliche, sittenwidrige Eingriffe geschützt. G habe vorsätzlich sittenwidrig gehandelt, weil er eine „fremde Leistung, die erfahrungsgemäß nur gegen eine angemessene Vergütung erbracht wird, ohne Notwendigkeit für sich ausgenützt hat".

3. „Verwendung"

Eine Verwendung zum Nutzen eines Dritten liegt dann vor, wenn die Nutzung entgegen der durch die Rechtsordnung angeordneten Zuweisung erfolgt. Sie kann sowohl im Gebrauch als auch im Verbrauch bestehen. Sie kann durch einen Eingriff des Bereicherten, durch einen Naturvorgang, durch ein Verhalten eines Dritten oder durch eine Aufwendung des Entreicherten, die keine Leistung an den Bereicherten darstellt, zustande kommen. Die Verwendung darf weder durch Vertrag zwischen dem Bereicherten und dem Entreicherten noch durch Gesetz (bspw originären Eigentumserwerb nach § 367 ABGB) gerechtfertigt sein.

4. Beispiele

a) Verbrauch fremder Sachen

A verheizt in seinem Brennofen Holz, das dem B gehört. *Siehe auch das Beispiel oben A. III.*

b) Gebrauch fremder Sachen

A benutzt das Auto seines Bekannten B für einen Wochenendausflug nach Italien, ohne seine Zustimmung eingeholt zu haben. B kann nach § 1041 ein Benutzungsentgelt fordern, da A aus einer fremden Sache einen **Gebrauchsnutzen** gezogen hat.

c) Verkauf fremder Sachen

B verkauft das ihm von A anvertraute Gemälde „Zimmermannsgotik" in eigenem Namen an den C, der aufgrund von § 367 gutgläubig Eigentum erwirbt. A kann gegen B nach § 1041 vorgehen, da dieser eine fremde Sache – jene des A – zu seinem Nutzen verwendet hat. *Zur Höhe des Anspruchs siehe unten Abschnitt D. II. 3.* Handelt B schuldhaft, so ist er zusätzlich auch Schadenersatzansprüchen des A ausgesetzt.

> **Beachte:**
> Erwirbt C nicht Eigentum, so kann A auch gegen C vorgehen: Er kann die Sache mittels rei vindicatio herausfordern. Hat C aus der Sache einen Nutzen gezogen (zB durch Ge- oder Verbrauch), so kann A diesen mithilfe eines Verwendungsanspruchs herausfordern. A hat somit Ansprüche gegen zwei Personen; er kann sie beide gleichzeitig geltend machen, erhält Zahlung aber nur von einer Person, da er andernfalls selbst bereichert wäre.

d) Benutzung der Mietsache durch den Bestandnehmer nach Ablauf der Dauer des Mietvertrags

Der Mieter, der nach Ende des Mietvertrags die Bestandsache weiter benutzt, verwendet eine fremde, dem Vermieter von der Rechtsordnung zugewiesene Sache zu seinem Nutzen. Er muss daher nach § 1041 ein Bereicherungsentgelt bezahlen. *Zu dessen Höhe siehe unten D. II.*

e) Verbotene Untervermietung durch den Mieter

Vermietet der Mieter trotz eines wirksamen Untermietverbots den Bestandgegenstand an einen Untermieter weiter, so steht dem Vermieter nach der Rsp ein Verwendungsanspruch gegen den Mieter zu; dessen Höhe entspricht jenem Betrag, den der Vermieter für die Gestattung der Untervermietung vom Mieter fordern hätte können. (Voraussetzung hiefür ist freilich, dass die Vereinbarung eines Entgelts nach § 27 Abs 2 lit b MRG zulässig wäre!)

f) Ansprüche des Bestandnehmers gegen Dritte

Auch Bestandrechte stellen eine Sache iS des § 1041 dar: Der Mieter hat einen Anspruch nach § 1041 gegen denjenigen, der ohne Vertrag in der ihm vom Vermieter überlassenen Wohnung wohnt.

g) Einziehung fremder Forderungen

A zediert seine Forderung gegen B an den C; B wird von der Abtretung nicht verständigt und leistet – aufgrund von § 1395 **schuldbefreiend** – an A. (Unterscheide hievon die unten Abschnitt E. V. 7. behandelten Fälle!) C hat nach hA einen Anspruch nach § 1041 gegen A, da es sich bei der Forderung um eine aufgrund der Zession von der Rechtsordnung dem C zugeordnete Sache handelt. Zusätzlich kann C gegen A Schadenersatzansprüche geltend machen; deren Existenz schließt den Verwendungsanspruch aber nicht aus.

> In der E 8 Ob 512/95 hatte der OGH den Fall zu entscheiden, dass C nicht gegen den A, den Zedenten, sondern dessen Bank klagt, die den vom debitor cessus bezahlten Betrag debetmindernd herangezogen hat. Der OGH bejahte einen Verwendungsanspruch des C gegen die Bank wegen Verwendung einer fremden Sache. Die Entscheidung wurde zu Recht von *Koziol* kritisiert, der darauf hinwies, dass die Voraussetzungen für einen Anspruch nach § 1041 fehlten, weil die Bank nicht eine dem C von der Rechtsordnung zugeordnete Sache, sondern vielmehr eine solche verwendete, die schon dem Vermögen des A angehörte. In der E 7 Ob 332/98v ist der OGH dieser Kritik gefolgt und lehnt einen Verwendungsanspruch nunmehr ab!

h) Die abgeirrte Exekution

S schuldet G € 10.000,–. G lässt eine Fahrnispfändung in der Wohnung von S durchführen. Dabei wird ein Fernsehgerät, das D gehört, gepfändet und in der Folge versteigert. Der Versteigerungserlös wird G zugewiesen. D hat gegen G einen Verwendungsanspruch auf Herausgabe des Versteigerungserlöses. (Vor der Versteigerung kann D mittels Exszindierungsklage vorgehen.)

> **Beachte:**
> Der Anspruch nach § 1041 besteht, obwohl G den Erlös zur Befriedigung einer aufrechten Forderung verwendet hat: Da sich diese Forderung gegen S richtet, vermag sie die Vermögensverschiebung im Verhältnis zwischen G und D nicht zu rechtfertigen.

i) Ansprüche bei Eingriffen in das Recht am eigenen Bild

Strittig sind die Rechtsfolgen bei unerlaubten Eingriffen in das Recht am eigenen Bild.

> **Beispiel:**
> Der Zahnpastahersteller Z verwendet in einer Werbekampagne das Bild der bekannten Schauspielerin S, ohne aber deren Zustimmung eingeholt zu haben. Die Kampagne führt zu Gewinnsteigerungen von 10 %. Nach Ansicht des OGH kann S aufgrund des Eingriffs in ihr Recht am eigenen Bild **keinen** Anspruch nach § 1041 geltend machen, da die Ansprüche wegen solcher Eingriffe in den §§ 81 ff UrhG **abschließend** geregelt seien.

Diese Ansicht ist deswegen unbefriedigend, weil das UrhG dem Abgebildeten zwar einen Schadenersatzanspruch gibt (§ 87 UrhG), für ihn jedoch nicht die Möglichkeit besteht, auf den durch die unbefugte Verwendung erzielten Gewinn zu greifen. Entschärft wird das Problem allerdings dadurch, dass der OGH den **Bekanntheitsgrad** einer bekannten Person als Sache iS des § 1041 ansieht und wegen Nutzung dieses Bekanntheitsgrades einen Verwendungsanspruch gewährt: S kann in obigem Beispiel zusätzlich zu den Ansprüchen nach dem UrhG einen Verwendungsanspruch wegen Nutzung ihres Bekanntheitsgrades geltend machen.

> **Beachte:**
> Ein anderes Problem betrifft die Frage, inwieweit der Eigentümer einer **Sache** verhindern kann, dass von dieser Sache Fotos angefertigt und kommerziell verwertet werden (bspw Fotografieren eines Schlosses und Verbreiten von Ansichtskarten). Hier ist primär das allgemeine Zivilrecht relevant, da der Bildnisschutz des § 78 UrhG nur Bildnisse von Personen betrifft. Die Rsp ist hier restriktiv: So betonte der OGH bereits mehrfach, dass das Eigentumsrecht prinzipiell kein Recht auf ausschließliche, auch kommerzielle, Nutzung von Ab- oder Nachbildungen der Sache gebe. Demzufolge steht dem Gebäudeeigentümer auch kein Anspruch nach § 1041 ABGB zu.

5. Verwendungsanspruch und gutgläubiger Eigentumserwerb

Durch gutgläubigen Eigentumserwerb (etwa nach § 367 [bewegliche Sachen] oder nach § 371 2. Fall [Geld und Inhaberpapiere]) wird der Verwendungsanspruch ausgeschlossen, nicht aber bei Eigentumserwerb (nur) durch Vermischung (§ 371 1. Fall). Diese Differenzierung lässt sich damit begründen, dass der Gutglaubenserwerb einen gesetzlichen **Rechtfertigungsgrund** darstellt, weswegen von keiner ungerechtfertigten Vermögensverschiebung gesprochen werden kann.

II. Subsidiarität des Verwendungsanspruchs im zweipersonalen Verhältnis

1. Begriff

Der Verwendungsanspruch ist **subsidiär**. Der Verkürzte kann nur dann einen Verwendungsanspruch geltend machen, wenn ihm nicht bestimmte andere Ansprüche zustehen, die dem Verwendungsanspruch vorgehen. Für die einzelnen Vorrangverhältnisse ist zu unterscheiden, ob der Verkürzte die fraglichen Ansprüche gegen ein und dieselbe Person (**zweipersonales Verhältnis**) oder gegen verschiedene Personen (**dreipersonales Verhältnis**; *hiezu siehe unten Abschnitt E. I.–V.*) geltend machen möchte.

2. Zweipersonale Verhältnisse

a) Der Verwendungsanspruch ist subsidiär gegenüber Ansprüchen aus **Geschäftsführung ohne Auftrag**. Dies ergibt sich unmittelbar aus dem Wortlaut von § 1041 („*Wenn ohne Geschäftsführung eine Sache zum Nutzen eines Andern verwendet worden ist [...]*").

b) Auch gegenüber **Vertragsansprüchen** und **Leistungskondiktionen** ist der Verwendungsanspruch im zweipersonalen Verhältnis subsidiär. Der Verkürzte kann daher nicht gleichzeitig ein und dieselbe Person sowohl mit dem Verwendungsanspruch als auch einer Leistungskondiktion oder einem Vertragsanspruch erfolgreich belangen.

> **Beispiel:**
> Der Bauherr B betraut den Generalunternehmer G mit der Errichtung einer Lagerhalle. G beauftragt den Subunternehmer S mit der Errichtung der Dachkonstruktion. Zwischen G und S wurde ein Pauschalpreis vereinbart. Die Herstellung des Daches erweist sich jedoch als aufwendiger, als von S erwartet. G weigert sich, zusätzliche Zahlungen zu erbringen, fordert seinerseits aber von B erfolgreich unter Berufung auf die Mehraufwendungen einen erhöhten Werklohn. Daraufhin macht S einen Verwendungsanspruch gegen G geltend. Seine Klage wurde vom OGH zu Recht abgewiesen: Da zwischen S und G ein Werkvertrag bestand, entschied allein dieser über die gegenseitigen Ansprüche. Die Vereinbarung des Pauschalpreises war bindend; daher durfte sie nicht mithilfe eines Anspruchs nach § 1041 korrigiert werden.

c) **Schadenersatzansprüche** können neben dem Anspruch aus § 1041 geltend gemacht werden. Sie haben aber ein anderes Ziel, indem sie nicht dazu dienen, den vom Bereicherungsschuldner lukrierten Nutzen herauszufordern, sondern vielmehr dazu, den Schaden, den der Gläubiger durch die Verwendung erlitten hat, zu ersetzen. Erleidet B in Beispiel I. 4. b) dadurch einen Schaden, dass er sein Auto während des Wochenendes nicht benutzen kann (er wendet zB Kosten für eine Bahnfahrt auf), so kann er hiefür von A Ersatz fordern.

d) Differenziert ist das Verhältnis von Verwendungsanspruch und **Eigentumsklage**, wie sich anhand von Beispiel I. 4. b) zeigen lässt: Mithilfe des Verwendungsanspruchs fordert B ein Entgelt für den Nutzen, der durch den Gebrauch des Autos bei A entstanden ist; das Auto selbst kann er nach hA sowohl mithilfe der rei vindicatio als auch gestützt auf § 1041 herausverlangen.

III. Der Anspruch nach § 1042

> § 1042: „*Wer **für einen Andern einen Aufwand** macht, den dieser nach dem Gesetze **selbst hätte machen müssen**, hat das Recht, den Ersatz zu fordern.*"

1. Voraussetzungen

a) Eine besondere Art von Verwendungsanspruch, einen **Rückgriffsanspruch**, enthält § 1042. Nach § 1042 hat derjenige, der für einen anderen einen Aufwand macht, den dieser nach dem Gesetz selbst hätte machen müssen, das Recht, vom Verpflichteten Ersatz hierfür zu fordern.

b) Der **Umfang** des Anspruchs nach § 1042 ist zum einen durch den vom Verkürzten getätigten Aufwand, zum anderen durch den vom Verpflichteten erlangten Vorteil begrenzt.

c) Obwohl § 1042 nur jene Ansprüche nennt, zu deren Erfüllung der Verpflichtete durch das **Gesetz** verpflichtet ist, gewährt die hA den Anspruch nach § 1042 auch dann, wenn ein Aufwand gemacht wird, der aus einem **Vertrag** herrührt, weil auch solche Verbindlichkeiten letztlich auf das Gesetz zurückgeführt werden können.

d) Voraussetzung des Rückgriffsanspruchs ist, dass der Aufwand nach Absicht desjenigen, der den Anspruch geltend machen möchte, für **Rechnung des Verpflichteten** (also mit „animus obligandi") getätigt wurde; handelt er hingegen in Schenkungsabsicht, scheidet der Anspruch nach § 1042 aus. Schenkungsabsicht darf im Zweifel nicht unterstellt werden, der Anspruchsgegner muss sie daher beweisen. War der Zahlende selbst gegenüber dem Empfänger zur Leistung verpflichtet, kann er nicht mithilfe von § 1042 Ersatz fordern, da er dann eine eigene Verpflichtung erfüllt hat.

> **Beachte:**
> Verlangt der Zahler spätestens bei Zahlung vom Empfänger die Abtretung der Forderung gegen den Verpflichteten nach § 1422, geht die Forderung mit der Leistung auf ihn über und er kann sie selbst geltend machen, ohne dass er sich auf den Anspruch nach § 1042 stützen müsste. Auch Ansprüche aus Geschäftsführung ohne Auftrag gehen § 1042 vor.

2. Beispiele

a) Praktisch bedeutsam ist der Anspruch nach § 1042 im Zusammenhang mit **Unterhaltsleistungen** geworden: Leistet jemand für ein Kind Unterhalt, weil der eigentlich Verpflichtete dies unterlässt, so kann er sich bei diesem Ersatz nach § 1042 holen.

Unterscheide hievon den Fall, dass jemand Unterhalt leistet, weil er sich hiezu **verpflichtet hält**. Beispiel: Der Ehemann E der Mutter M leistet Unterhalt für die Tochter T, die er für sein Kind hält. In Wahrheit ist jedoch V ihr Vater. E hat eine condictio indebiti (§ 1431) gegen T; diese kann ihre Unterhaltsansprüche gegen V geltend machen. Die üA gesteht E jedoch auch in dieser Konstellation wahlweise einen Anspruch nach § 1042 gegen V zu, sodass T und V solidarisch haften.

b) Nach § 1327 umfasst der Schadenersatzanspruch bei Tötung eines Menschen auch die **Unterhaltsansprüche der Hinterbliebenen**, denen der Getötete unterhaltspflichtig war. Leistet ein Dritter anstelle des Schädigers den Hinterbliebenen Unterhalt, so kann er gegen den Schädiger nach § 1042 vorgehen.

c) Ein anderer Anwendungsfall findet sich im **Gewährleistungsrecht**: Verbessert der Verkäufer die verkaufte mangelhafte Sache trotz Aufforderung nicht, so kann der Käufer nach verbreiteter Ansicht die Verbesserung selbst durchführen und Aufwandersatz nach § 1042 verlangen. Dies ist jedoch strittig und wird von jenen Autoren abgelehnt, die § 1042 nur in dreipersonalen Verhältnissen anwenden. Der OGH zieht in diesem Fall § 1168 heran.

IV. Der Anspruch nach § 1043

> § 1043: *„Hat jemand in einem Nothfalle, um einen größern Schaden von sich und Andern abzuwenden, sein Eigenthum aufgeopfert; so müssen ihn Alle, welche daraus Vortheil zogen, verhältnißmäßig entschädigen. Die ausführlichere Anwendung dieser Vorschrift auf Seegefahren ist ein Gegenstand der Seegesetze."*

Hat jemand in einem Notfall, um einen größeren Schaden von sich und anderen abzuwenden, sein Eigentum aufgeopfert, so müssen ihn nach § 1043 alle, die davon profitiert haben, verhältnismäßig entschädigen. Der Anspruch nach § 1043 setzt einen unmittelbar drohenden Schaden voraus, der einer Gruppe von mindestens zwei Personen gemeinschaftlich unmittelbar bevorsteht. Zudem muss eine Zerstörung/Beschädigung eigener Vermögenswerte („Aufopferung") durch den Bereicherungsgläubiger vorliegen. Dieser spezielle Verwendungsanspruch wurde dem römischrechtlichen Anspruch aus der lex Rhodia de iactu nachgebildet. Das Gesetz billig den Ausgleichsanspruch deswegen zu, weil das geopferte Eigentum ohne rechtfertigenden Grund anderen zugutegekommen ist; der Eigentümer war nicht verpflichtet, sein Eigentum für die anderen aufzuopfern. *Canaris* hat gezeigt, dass diese Bestimmung bei Selbstaufopferung im Straßenverkehr zur Vermeidung größerer Schäden Anwendung finden kann.

Kontrollpunkte:
- ✓ Definition Verwendungsanspruch
- ✓ Abgrenzung zu Leistungskondiktionen
- ✓ Arten von Verwendungsansprüchen (Tatbestandsvoraussetzungen; Verhältnis zu anderen Ansprüchen; Anwendungsfälle)
  - § 1041
  - § 1042
  - § 1043

D. Der Inhalt der Bereicherungsansprüche

I. Herausgabe der Sache

Wurde eine Sache **geleistet** und ist diese noch im Vermögen des Bereicherten vorhanden, so ist der Bereicherte primär zur Herausgabe der Sache verpflichtet (§ 1431). Die Leistungskondiktion konkurriert mit der Eigentumsklage, wenn der Bereicherungsgläubiger auch Eigentümer der betreffenden Sache ist, der Entreicherte kann daher beide Ansprüche geltend machen.

Zum Verhältnis Verwendungsanspruch – rei vindicatio siehe oben Abschnitt C. II. 2. d).

II. Wertersatz

1. Voraussetzung

a) Wertersatz ist dann zu leisten, wenn eine Rückstellung der Sache nicht möglich ist **und** der Bereicherungsschuldner aus der Substanz der Sache einen Nutzen gezogen hat. Dann ist der Bereicherungsschuldner verpflichtet, den dadurch erlangten Vorteil zu ersetzen.

b) Diese Vorteilsvergütung ist für einen besonderen Fall, in dem eine Rückstellung in natura nicht mehr möglich ist, im Gesetz ausdrücklich geregelt: Besteht die empfangene Leistung in einer **Handlung**, kann der Verkürzte nach § 1431 einen dem verschafften Nutzen angemessenen Lohn verlangen.

c) Für den Umfang der Vergütungspflicht ist danach zu unterscheiden, ob der Bereicherungsschuldner als redlich oder unredlich anzusehen ist. Redlichkeit liegt nur dann vor, wenn er weder wusste, noch wissen musste, dass ihm die zugekommene Sache nicht zustand.

2. Umfang des Anspruchs bei Redlichkeit

a) Bei Verbrauch

Der redliche Bereicherungsschuldner muss bei Verbrauch der Sache ihren gemeinen Wert ersetzen. Das ist in der Regel der Anschaffungswert. Dies ergibt sich aus dem Gedanken der **Ersparnis**: Hätte er die nicht geschuldete Sache nämlich nicht erhalten, so hätte er – um sie sodann zu verbrauchen – eine andere kaufen und hierfür den gemeinen Wert zahlen müssen. Dieses Ergebnis lässt sich auch durch eine Analogie zu § 417 stützen, wonach derjenige, der auf eigenem Grund mit fremden Materialien baut, bei Redlichkeit dem Eigentümer der Materialien ihren gemeinen Wert ersetzen muss. Schwierigkeiten ergeben sich dann, wenn der durch den Verbrauch verschaffte Nutzen **unter dem gemeinen Wert** liegt.

> **Beispiel:**
> B, der redlich ist, verheizt Koks; der hiedurch verschaffte Nutzen ist aber nicht größer als der Nutzen, der durch das Verbrennen von Kohle entstanden wäre, die billiger ist als Koks. Der OGH entschied, dass B nur den Wert von Kohle ersetzen müsse. Der OGH geht also von einem subjektiven Nutzenbegriff aus, wonach es auf den dem Bereicherungsschuldner konkret verschafften Nutzen ankommt.

> **Beachte:**
> Die Ersatzpflicht wird vom Gesetz – zumindest für den redlichen Bereicherungsschuldner – scheinbar ausgeschlossen. § 1437 verweist für den Umfang des Bereicherungsanspruchs auf die §§ 329 ff, die das Verhältnis des Besitzers zum Eigentümer, der die Sache herausfordert, regeln, und ordnet an, dass der Empfänger einer bezahlten Nichtschuld als ein unredlicher oder redlicher Besitzer angesehen wird, abhängig davon, ob er wusste, dass die erhaltene Sache ihm nicht zustand. Nach § 329 darf der redliche Besitzer die Sache ohne Verantwortung sogar „vertilgen", muss also keinen Wertersatz leisten. Eine Anwendung von § 329 im BerR müsste dazu führen, dass der redliche Bereicherungsschuldner die Sache ohne Ersatzpflicht verbrauchen dürfte.
> Dieses Ergebnis wird dadurch vermieden, dass § 329 im BerR nicht angewendet wird. Dies kann deswegen geschehen, weil die ratio legis dieser Norm im BerR nicht passt: § 329 befreit den redlichen Besitzer deswegen von einer Ersatzpflicht, weil er in der Regel für den Erwerb der Sache bereits einen Kaufpreis an einen Dritten geleistet hat, den er aufgrund von § 333 vom Eigentümer nicht herausbekommt; § 329 soll ihn hierfür entschädigen. Anderes gilt jedoch oftmals für den Konditionsschuldner, der die Sache entweder überhaupt unentgeltlich erhalten hat oder seine Gegenleistung selbst mittels Kondiktion von seinem Konditionsgläubiger zurückfordern kann.

Eine Besonderheit gilt seit dem Judikat 33 für **Geldleistungen mit Unterhaltscharakter**, die zu Unrecht ausbezahlt werden: Wer solche erhält und gutgläubig verbraucht, ist keinem Bereicherungsanspruch ausgesetzt. Der Empfänger ist aber nur dann gutgläubig, wenn er redlicherweise davon ausgehen durfte, dass ihm die Zahlung zustand. Wichtigster Anwendungsfall dieser Regel ist irrtümlich zu viel ausbezahlter Lohn: Hat der Arbeitnehmer ihn gutgläubig verbraucht, muss er ihn nicht zurückzahlen.

b) Bei Verkauf

Hat der Redliche die Sache verkauft, muss er den Kaufpreis herausgeben. Hat er weniger als den gemeinen Wert erzielt, muss er nach hA nur den tatsächlichen Erlös herausgeben. Hat er mehr als den gemeinen Wert erzielt, darf er nach hA den Überschuss behalten. (Eine aA tritt dafür ein, den Gewinn analog zu § 415 zu teilen.)

c) Bei Verschenken

Verschenkt der redliche Bereicherungsschuldner die Sache, muss er insoweit Ersatz leisten, als er sich hiedurch tatsächlich etwas erspart hat. Hätte er das Geschenk nicht gemacht, wenn er die Sache nicht erhalten hätte, so trifft ihn keine Ersatzpflicht.

3. Umfang des Anspruchs bei Unredlichkeit

a) Wertersatzpflicht

Weitergehende Ansprüche bestehen gegen den unredlichen Bereicherten. Auch auf ihn wird § 417 analog angewendet, sodass er bei Verbrauch, Verkauf oder Verschenken den höchsten am Markt erzielbaren Preis für die verbrauchte Sache bezahlen muss. Verkauft er die Sache zu einem noch höheren Preis, so muss er auch diesen herausgeben; der Aufwand, den er zur Erzielung dieses Preises getätigt hat, wird ihm aber ersetzt.

b) Schadenersatzpflicht

Zusätzlich ist er Schadenersatzansprüchen ausgesetzt (§ 335): Er muss dem Verkürzten allen durch seinen Besitz entstandenen Schaden sowie jenen Nutzen, den der Verkürzte erlangt haben würde, ersetzen. Hätte dieser für die Sache einen besonders hohen Preis erzielen können, steht ihm ein entsprechender Ersatzanspruch gegen den unredlichen Bereicherungsschuldner zu.

> **Beachte:**
> Da der Bereicherungsschuldner schon bei leichter Fahrlässigkeit als unredlich angesehen wird, entsteht ein gewisser Widerspruch zum schadenersatzrechtlichen Prinzip, wonach eine Haftung für entgangenen Gewinn grobe Fahrlässigkeit voraussetzt.

4. Zufälliger Untergang der Sache vor Rückstellung

a) Geht die Sache vor ihrer Rückstellung zufällig unter und hat der Bereicherungsschuldner aus ihr **keinen Vorteil** gezogen, so trifft ihn keine Verpflichtung zum Wertersatz. Für den Bereich der **Leistungskondiktionen** ergibt sich diese Konsequenz aus § 1447; der Entfall des Verwendungsanspruchs hat seinen Grund darin, dass es in dieser Situation an einem **Nutzen** fehlt, der herausgegeben werden könnte.

> **Beachte:**
> Auch der zufällige Untergang kann dem Bereicherungsschuldner in bestimmten Situationen einen Nutzen verschaffen; dies ist dann der Fall, wenn er sich durch den Untergang den Verlust einer anderen Sache erspart hat.

> **Beispiel:**
> Der von A dem B rechtsgrundlos geleistete Regenschirm wird durch Hagel zerstört. Hätte B nicht den von A geleisteten Schirm verwendet, hätte er einen anderen, eigenen Schirm benutzt, der ebenso im Hagel vernichtet worden wäre. Dessen Untergang hat er sich erspart; insofern ist er bereichert.

b) **Anderes** gilt in jenen Fällen, in denen der Bereicherungsschuldner aus der Sache einen Vorteil zieht, **dieser** jedoch **danach wegfällt**.

> **Beispiel:**
> A tauscht das rechtsgrundlos erhaltene Bild gegen ein anderes Bild ein; dieses wird sodann bei einem Brand vernichtet. Nach hA muss der Bereicherungsschuldner in solchen Fällen aufgrund der Verfügung über die ursprüngliche Sache **Wertersatz** leisten.

> **Beachte:**
> Nach hA zieht der Bereicherungsschuldner bereits mit dem **Eigentumserwerb** an der Sache des Bereicherungsgläubigers einen Vorteil, den er auch bei Untergang der Sache herausgeben muss.
>
> Bspw erhält A indebite einen Geldbetrag, an dem er trotz des Fehlens eines Titels durch Vermischung – er steckt das Geld zu seinem eigenen in die Brieftasche – Eigentum erwirbt (§ 371); wird ihm die Brieftasche gestohlen, so befreit ihn dies nicht von der Verpflichtung zur Rückstellung.
>
> Generell wird bei **Geld** stets die nützliche Verwendung durch den Empfänger unterstellt. Eine Berufung auf Wegfall der Bereicherung ist also – außer in den Fällen gutgläubigen Verbrauchs einer Geldleistung mit Unterhaltscharakter (hierzu II. 2. a.) oder Geschäftsunfähigkeit des Leistungsempfängers (hierzu VI.) – nicht gestattet.

5. Probleme bei der Rückabwicklung synallagmatischer Verträge

a) Ein besonderes Problem wirft die Rückabwicklung synallagmatischer Verträge auf. Geht eine der geleisteten und nun zurückgeforderten Sachen vor der Rückstellung zufällig unter, stellt sich die Frage, ob sich der Untergang auf den Rückforderungsanspruch desjenigen auswirkt, der nun seiner Rückstellungsverpflichtung nicht mehr nachkommen kann, sodass er zum Wertersatz verpflichtet wäre.

> **Beispiel:**
> K kauft von V einen Pkw im Wert von € 5.000,– um € 8.000,–. Der Kaufvertrag wird wegen Irrtums erfolgreich angefochten. Vor Rückstellung an V wird der Pkw bei einem Verkehrsunfall, an dem K kein Verschulden trifft, zerstört. Kann K trotzdem den vollen Kaufpreis zurückfordern oder muss er sich den Wert des zerstörten Fahrzeugs anrechnen lassen, sodass er nur € 3.000,– erhält?

> **Beachte:**
> Nach § 1447 wird der Bereicherungsschuldner an und für sich durch den zufälligen Untergang der geschuldeten Sache befreit (*siehe oben 4. a*). Eine Wertersatzpflicht würde daher eine **Ausnahme** von diesem Grundsatz bedeuten.

b) Zur Lösung dieses Problems sind mehrere Theorien entwickelt worden:

   aa) Die in der österreichischen Rsp lange Zeit herrschende **Zweikondiktionentheorie** geht davon aus, dass die Bereicherungsansprüche vollkommen **unabhängig** voneinander sind, sodass der Käufer Anspruch auf den vollen Kaufpreis hat und nicht zum Wertersatz verpflichtet ist.

   > **Beachte:**
   > Entschärft wird diese Situation durch die casus-mixtus-Haftung des unredlichen Bereicherungsschuldners: Wäre die geleistete Sache beim Verkäufer nicht durch den Zufall untergegangen, so trifft den Bereicherungsschuldner eine Wertersatzpflicht.

   bb) Die – in der BRD entwickelte – **Saldotheorie** kommt zu einem anderen Ergebnis. Sie sieht als Bereicherung nur den Saldo, also die Differenz zwischen den Werten der beiden Leistungen, an. In obigem Beispiel hat der Käufer daher nur einen Anspruch auf Herausgabe dieses Saldos von € 3.000,–, sodass der Käufer im Ergebnis die Gefahr des zufälligen Untergangs trägt. Die Saldotheorie ist abzulehnen, da sie zB zu unangemessenen Ergebnissen führt, wenn die geleistete Sache nicht untergeht. In diesem Fall wäre die Rückerstattung der beiden Leistungen die angemessene Lösung; die Saldotheorie führt aber auch in diesem Fall dazu, dass es nur eine Kondiktion auf den Saldo gibt.

cc) Die **Lehre vom faktischen Synallagma** knüpft an die **vertragliche** Regelung der Gefahrtragung an; diese wird auch für die Rückabwicklung als maßgebend angesehen. Daher trägt der Käufer bis zur Rückstellung die Gefahr des zufälligen Untergangs. Ausnahmen gelten bei Geschäftsunfähigkeit des Käufers und dann, wenn der Untergang der Sache auf einen Mangel zurückzuführen ist, dessentwegen es zur Rückabwicklung des Vertrags kommt.

III. Benutzungsentgelt

1. Die allgemeine Regelung

Eine Bereicherung kann auch dadurch eintreten, dass eine Sache rechtsgrundlos **benutzt** wird, also ein Gebrauchsnutzen entsteht. In diesem Fall muss der Bereicherte ein **Benutzungsentgelt** zahlen. Dessen Höhe hängt wie der Wertersatz von der Redlichkeit oder Unredlichkeit des Bereicherten ab. Der Redliche muss nur ein dem ortsüblichen Durchschnitt entsprechendes Entgelt leisten. Dessen Bezahlung hat er sich durch die Benutzung der Sache erspart. Ihm steht jedoch wiederum der Nachweis offen, dass sein Nutzen geringer war. Den Unredlichen trifft die Verpflichtung zur Zahlung des höchsten am Ort erzielbaren Entgelts.

> **Beachte:**
> In Beispiel C. I. 4. d) hängt die Höhe des vom Mieter nach Ende des Mietvertrags zu bezahlenden Entgelts von seiner Redlichkeit bzw Unredlichkeit und dem ortsüblichen Mietzins ab; es kann daher über oder unter dem vertraglichen Bestandzins liegen.

Eine Sonderregel für die Rückabwicklung von Verträgen aufgrund eines Rücktritts des Verbrauchers nach § 3 und § 3a KSchG enthält § 4 Abs 1 Z 2 KSchG: Der Verbraucher hat dem Unternehmer für die Benutzung ein angemessenes Entgelt einschließlich einer Entschädigung für eine damit verbundene Minderung des gemeinen Werts der Leistung zu bezahlen. Dies entspricht weitgehend der allgemeinen Regel, da das ortsübliche Mietentgelt selbstverständlich auch die mit der Benutzung einhergehende Wertminderung reflektiert.

2. Ausnahme für Kfz etc

Eine Besonderheit gilt bei Sachen, die auf lange Zeit üblicherweise nicht gemietet, sondern gekauft werden, so zB bei Kraftfahrzeugen. Ein Benutzungsentgelt in der Höhe der üblichen Mietwagengebühr würde nämlich schon binnen kurzer Zeit ein Vielfaches des Werts des Fahrzeugs ausmachen. Der Bereicherungsschuldner würde einwenden, für einen so langen Zeitraum hätte er das Fahrzeug nicht gemietet, sondern – möglicherweise mithilfe einer Kreditaufnahme – gekauft. Dieser Einwand wird von der hM dadurch berücksichtigt, dass für die Berechnung des Bereicherungsentgelts die Annahme zugrunde gelegt wird, der Bereicherte hätte das Fahrzeug für den Zeitraum seiner Benutzung **käuflich** mittels Kreditfinanzierung erworben.

In diesem Fall wären ihm in zweierlei Hinsicht Kosten entstanden:

a) **Finanzierungskosten**: Um den Kaufpreis für das Auto aufzubringen, hätte er einen Kredit aufnehmen müssen; für diesen wären Kreditzinsen angefallen.

b) **Wertminderung**: Beim Verkauf nach Ende der Benutzungszeit hätte er weniger erhalten, als er für den Erwerb des Autos aufwenden musste.

Durch die ungerechtfertigte Verwendung des Fahrzeugs hat er sich Kreditkosten und Wertminderung erspart; um diese Ersparnis ist er bereichert und muss sie als Benutzungsentgelt bezahlen.

> **Beispiel:**
> A benutzt einen Pkw (Wert zu Beginn der Benutzung: € 20.000,–) 26 Wochen ohne Rechtsgrund. Das wöchentliche Mietentgelt würde für einen vergleichbaren Pkw € 400,– betragen, für 26 Wochen also € 10.400,–. Nach Ende der Benutzung war der Wagen € 17.000,– wert. Hätte A einen vergleichbaren Pkw für den Zeitraum von 26 Wochen käuflich erworben, so hätte er hiefür einen Kredit in Anspruch nehmen müssen. Dieser hätte ihn bei angenommenen Zinsen von 12 % pa rund € 2.400,– gekostet. Hiezu wäre der Wertverlust von € 3.000,– gekommen; insgesamt hätte ihn die Benutzung somit € 5.400,– gekostet. Dies ist der Betrag seiner Bereicherung.

3. Benutzungsentgelt bei Rückabwicklung entgeltlicher Verträge

Nach der Judikatur des OGH ist bei der Rückabwicklung entgeltlicher Rechtsgeschäfte, bei denen die Leistungen Zug um Zug ausgetauscht wurden, kein Benutzungsentgelt zu leisten (vgl 7 Ob 672/86 sowie RIS-Justiz RS0010214). Dies wird damit begründet, dass die Parteien beim Leistungsaustausch von wertmäßiger Äquivalenz zwischen ihren Leistungen, also auch der Nutzungsmöglichkeiten, ausgingen. Dieser Bewertung soll auch für die bereicherungsrechtliche Rückabwicklung Bedeutung zukommen: Da die jeweiligen Nutzungen äquivalent sind, stehen den Parteien keine gegenseitigen Ansprüche auf Benutzungsentgelt zu. Dies gilt auch für die aus der Sache gezogenen Früchte. Dieses „Aufrechnungsmodell" gilt allerdings nur für jenen Zeitraum, während dessen beide Parteien redlich oder (nach umstrittener Rsp auch) unredlich sind; ist nur eine Partei unredlich, so trifft sie jedenfalls die strenge Bereicherungshaftung des § 335.

> **Beachte:**
> Diese Berechnungsmethode führt keineswegs in allen Fällen zu einer angemessenen Lösung. Kommt es zB nach einer gewährleistungsrechtlichen Vertragsauflösung aufgrund eines unbehebbaren, wesentlichen Mangels zur Rückabwicklung, so kann von einer Gleichwertigkeit der gezogenen Nutzungen keine Rede sein, da die Mangelhaftigkeit der Leistung auch eine Störung der subjektiven Äquivalenz bezüglich der Nutzungen herbeiführt. Die Berechnungsmethode kann daher nur dann angewendet werden, wenn für die Rückabwicklung keine Störung der subjektiven Äquivalenz maßgebend ist (Beispiel: Rückabwicklung wegen Verweigerung der grundverkehrsbehördlichen Genehmigung).

IV. Herausgabe der Früchte

1. Die Grundregel

Der Bereicherte muss auch die Früchte der Sache herausgeben. § 330, der die Früchte dem redlichen Besitzer zuordnet, regelt nach hA nur die **sachenrechtliche** Frage, wer Eigentum an den Früchten erwirbt, nicht hingegen, wem sie letztlich zukommen sollen.

> **Beachte:**
> Teilweise anders sieht der OGH das Problem. So vertritt er die Ansicht, dass dem gutgläubigen Scheinerben die bis zur Zustellung der Erbschaftsklage abgesonderten Nutzungen verbleiben, ohne dass er dem wahren Erben hiefür Ersatz leisten müsste.

2. Einschränkungen

Eingeschränkt wird diese Grundregel in Fällen, in denen die Früchte auf einen **Aufwand** des Bereicherten zurückzuführen sind.

> **Beispiel:**
> Der berühmte Rallyefahrer R beteiligt sich mit dem Wagen des B, ohne dessen Zustimmung eingeholt zu haben, an der Rallye Monte Carlo. Er gewinnt das Rennen aufgrund seines fahrerischen Könnens und erhält ein Preisgeld von 2 Millionen €.

Hier wäre es unbillig, würde der Bereicherungsgläubiger trotz der vom Bereicherten getätigten Aufwendungen die gesamten Früchte erhalten. Die Früchte werden daher zwischen Bereichertem und Verkürztem aufgeteilt. Strittig ist, in welchem Verhältnis die Aufteilung zu erfolgen hat. Mehrere Möglichkeiten bieten sich an:

a) Der Bereicherte zahlt dem Entreicherten nur ein Benutzungsentgelt für die Nutzung der Sache. In obigem Beispiel müsste R dem B nur das Entgelt für die Miete des Wagens bezahlen. Diese Aufteilung hat der OGH im bekannten Olah-Fall (JBl 1969, 272) gewählt.

b) Der Entreicherte erhält die Früchte und ersetzt dem Bereicherten seine Aufwendungen. B erhält das Preisgeld und zahlt R das marktübliche Entgelt für einen Rennfahrer.

c) Die Früchte werden zwischen beiden gleichmäßig geteilt.

d) Die Früchte werden im Verhältnis der jeweiligen Beiträge geteilt. Diese Aufteilung setzt voraus, dass die Beiträge ermittelt und bewertet werden können. Im Rallye-Fall könnten zur Bewertung das übliche Mietentgelt für einen Wagen und das marktübliche Entgelt für einen Rennfahrer herangezogen werden.

V. Aufgedrängte Bereicherung

Als aufgedrängte Bereicherung wird jene Bereicherung bezeichnet, die für den Bereicherten nur scheinbar, jedoch nicht wirklich von Nutzen ist.

> **Beispiel:**
> A lässt sein Auto in der Werkstatt reparieren, irrtümlich lackiert der Monteur den Wagen zusätzlich, da er ihn mit einem anderen Pkw verwechselt hat. Hatte A aber keinerlei Absicht, den Wagen neu lackieren zu lassen – der Wagen war bereits neu lackiert –, oder gefällt ihm die neue Farbe nicht, so bringt ihm das Lackieren keinen Nutzen.

Er wird vor einem Bereicherungsanspruch des Werkstätteninhabers dadurch geschützt, dass bei der Bereicherungsbemessung nicht nur der objektive, sondern auch der subjektive Nutzen berücksichtigt wird. Liegt wie im Fall der Lackierung kein solcher subjektiver Wert vor, entfällt mangels Bereicherung auch ein Bereicherungsanspruch.

VI. Sonderfall: Bereicherungsansprüche gegen Geschäftsunfähige

Geschäftsunfähige sind im Bereicherungsrecht gem § 1437 Satz 2 besonders geschützt: Von einem minderjährigen oder nicht geschäftsfähigen volljährigen Empfänger kann der Geber eine des irrtümlich Bezahlte (§ 1431) nur insoweit zurückfordern, als es beim Empfänger wirklich vorhanden oder zum Nutzen des Empfängers verwendet worden ist (zB Tilgung einer bestehenden Schuld). Der Wegfall der Bereicherung entlastet den Geschäftsunfähigen unabhängig von seiner Redlichkeit.

VII. Mehrere Bereicherte

1. Rückabwicklung eines Vertrags mit mehreren Beteiligten

Bei Rückabwicklung eines Vertrags, bei dem auf einer Seite mehrere Personen beteiligt waren und eine Leistung empfangen haben, die sie nun zurückstellen müssen, haftet jeder nur für jenen Anteil, der ihm tatsächlich zugekommen ist; es besteht keine Solidarhaftung.

2. Verwendung einer Sache durch mehrere Personen

Wurde eine Sache durch mehrere Personen rechtsgrundlos verwendet und lässt sich nicht feststellen, welcher Anteil der Nutzungen dem einzelnen Bereicherungsschuldner zugekommen ist, so haften analog zu § 1302 alle solidarisch; der Eigentümer kann jeden voll in Anspruch nehmen, erhält das Geschuldete selbstverständlich aber nur einmal.

VIII. Gegenansprüche des Bereicherten

1. Nachteilsausgleichung

Das Problem der Nachteilsausgleichung stellt sich dann, wenn die Bereicherung dem Bereicherungsschuldner auch Nachteile gebracht hat und der Bereicherte diese Nachteile bei der Bemessung des Bereicherungsanspruchs berücksichtigt haben möchte.

Es gibt keine allgemeine Formel dafür, wann eine Nachteilsausgleichung zulässig ist. *Wilburg* hat vorgeschlagen, solche Nachteile dann zu berücksichtigen, wenn der Bereicherte schutzwürdiger ist als der Verkürzte. Dies soll zB dann der Fall sein, wenn die Bereicherung vom Leistenden verursacht wurde, obwohl er leicht feststellen hätte können, nicht zur Leistung verpflichtet zu sein.

> **Beispiel:**
> Hat der Gläubiger, dessen Forderung gegen den Schuldner von einem Dritten irrtümlich und daher nur scheinbar bezahlt wurde, die Forderung verjähren lassen, so kann er der nach dem Eintritt der Verjährung erfolgenden Kondiktion des Drittzahlers diesen Nachteil entgegenhalten.

2. Ersatz für Aufwendungen

Hat der Bereicherungsschuldner auf die Sache einen notwendigen oder nützlichen Aufwand gemacht, erhält er Ersatz nach § 331; der Ersatzanspruch ist jedoch zweifach begrenzt. Er darf weder den tatsächlich gemachten Aufwand noch den gegenwärtigen Wert der durch den Aufwand bewirkten Verbesserung übersteigen. Für den unredlichen Bereicherungsschuldner verweist § 336 auf die Regeln über die Geschäftsführung ohne Auftrag. Da der Unredliche als nützlicher Geschäftsführer behandelt wird, erhält er im Ergebnis Aufwandersatz wie der Redliche.

IX. Verjährung

Bereicherungsansprüche verjähren nach § 1478 in 30 Jahren. Kondiktionsansprüche aus ungültigen Geschäften, die bei Gültigkeit § 1486 unterliegen würden, verjähren jedoch in drei Jahren.

> **Beispiel:**
> Wird irrtümlich eine nicht geschuldete Leistung in einem kaufmännischen Betrieb erbracht, verjährt die condictio indebiti in drei Jahren, da auch der Vertragsanspruch des Kaufmanns nach § 1486 Z 1 in dieser kurzen Frist verjähren würde.

Der OGH wendet § 1480 analog (bzw zT auch § 27 Abs 3 MRG analog) auf Rückzahlungsansprüche wegen zu Unrecht eingehobener periodisch wiederkehrender Zahlungen, wie insb zu viel bezahlter Kreditzinsen an, sodass solche der kurzen Verjährungsfrist von drei Jahren unterliegen. Die Verjährungsfrist für zu viel bezahlte Kreditzinsen beginnt aber erst ab jenem Zeitpunkt zu laufen, zu dem eine Bereicherung des Kreditgebers eintritt. Das ist in der Regel jener Zeitpunkt, zu dem der Kredit bei korrekter Zinsenverrechnung getilgt gewesen wäre.

Kontrollpunkte:

✓ Inhalt der Bereicherungsansprüche
  - bei Sachleistung
    • Herausgabeanspruch
    • allenfalls Wertersatz: Differenzierung redlicher vs unredlicher Bereicherungsschuldner
    • Benutzungsentgelt
    • Herausgabe der Früchte
  - bei Leistung in Form einer Handlung (uU Anspruch auf angemessenen Lohn)
  - Sonderproblem: zufälliger Sachuntergang
    • Zweikondiktionentheorie
    • Saldotheorie
    • Lehre vom faktischen Synallagma
  - Sonderproblem: aufgedrängte Bereicherung
  - Sonderproblem: Bereicherungsansprüche gegen Geschäftsunfähige
✓ bereicherungsrechtliche Rückabwicklung bei mehreren Bereicherten
✓ Gegenansprüche des Bereicherungsschuldners
  • Nachteilsausgleichung
  • Aufwandersatz
✓ Verjährung von Bereicherungsansprüchen

E. Bereicherungsrechtliche Dreiecksverhältnisse

I. Die Problematik

Grundsätzlich steht eine Leistungskondiktion, die der Rückabwicklung fehlerhafter Leistungen dient, dem Leistenden gegen den Empfänger zu. Sind an einer Vermögensverschiebung mehr als zwei Personen beteiligt, kann die Feststellung der Personen, zwischen denen Bereicherungsansprüche bestehen, Schwierigkeiten bereiten. Darüber hinaus stellt sich in solchen Fällen oftmals auch die Frage, inwieweit zusätzlich zu Leistungskondiktionen ein Verwendungsanspruch zulässig ist. Es geht hauptsächlich um folgende Konstellationen:

II. Leistungsketten

1. Leistungskondiktion nur gegen Vertragspartner

Recht unproblematisch sind die sogenannten Leistungsketten, die eine Vorstufe zu den eigentlichen Dreiecksverhältnissen darstellen. Wird eine Sache von A an B und von B an C verkauft und jeweils übergeben und ist einer der Kaufverträge nichtig, so erfolgt die bereicherungsrechtliche Rückabwicklung nur zwischen den Partnern des jeweils nichtigen Kaufvertrags.

Beispiel:
Ficht A den Kaufvertrag wegen Irrtums an, so hat er eine Leistungskondiktion (§ 877) nur gegen seinen Partner B, nicht jedoch gegen C. Der Grund hierfür liegt darin, dass nur die Leistung des A an den B rechtsgrundlos erfolgte; an C hat nicht A, nur B eine Leistung erbracht; diese geschah jedoch nicht rechtsgrundlos.

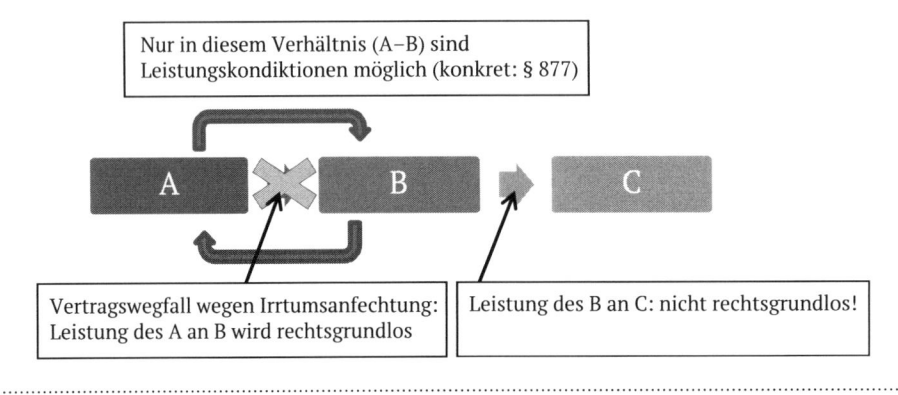

> Nur in diesem Verhältnis (A–B) sind Leistungskondiktionen möglich (konkret: § 877)
>
> A ✕ B → C
>
> Vertragswegfall wegen Irrtumsanfechtung: Leistung des A an B wird rechtsgrundlos
>
> Leistung des B an C: nicht rechtsgrundlos!

2. Ansprüche im Verhältnis A – C

Ansprüche des A gegen C bestehen dann, wenn C von B kein Eigentum erwirbt. Wird der Vertrag zwischen A und B mit schuld- und sachenrechtlicher ex-tunc-Wirkung aufgehoben, kann C von B nicht derivativ Eigentum erwerben. C vermag daher bestenfalls gutgläubig Eigentum nach § 367 zu erwerben. Ist dies jedoch nicht der Fall, so kann A mittels **rei vindicatio** vorgehen. Hat C die Sache verbraucht etc, steht A in Fortwirkung seines Eigentumsrechts ein Verwendungsanspruch gegen C zu.

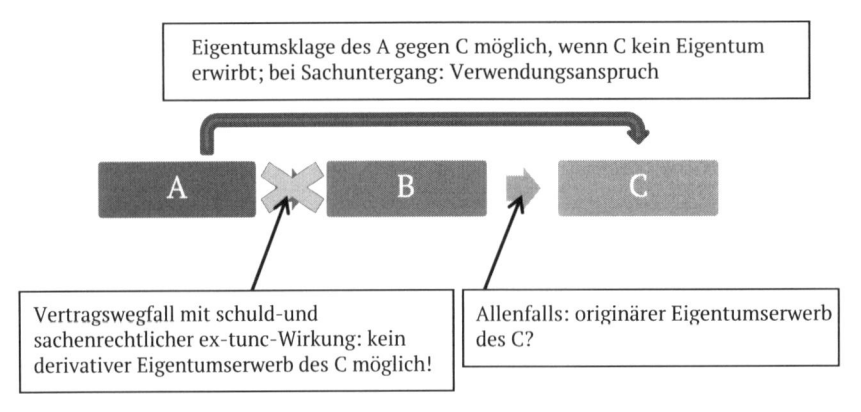

> Eigentumsklage des A gegen C möglich, wenn C kein Eigentum erwirbt; bei Sachuntergang: Verwendungsanspruch
>
> A ✕ B → C
>
> Vertragswegfall mit schuld- und sachenrechtlicher ex-tunc-Wirkung: kein derivativer Eigentumserwerb des C möglich!
>
> Allenfalls: originärer Eigentumserwerb des C?

3. Nichtigkeit des Vertrags zwischen B und C

Ist hingegen der Vertrag zwischen B und C nichtig, wirkt sich dies nicht auf den Kaufvertrag zwischen A und B aus. Die bereicherungsrechtliche Rückabwicklung erfolgt zwischen B und C.

III. Streckengeschäft mit Anweisungskonstruktion

1. Allgemeines

Die Anweisungsfälle unterscheiden sich von den Leistungsketten dadurch, dass ein **abgekürzter Leistungsaustausch** stattfindet: B weist den A an, die Sache direkt an C zu liefern; die Parteien ersparen sich durch die Anweisung einen Leistungsaustausch.

- Statt Leistungskette ...

    A ▸ B ▸ C

- ... abgekürzter Leistungsaustausch

    A — faktische Übergabe ▸ C
    KV 1 ↓
    B — KV 2 ▸ C

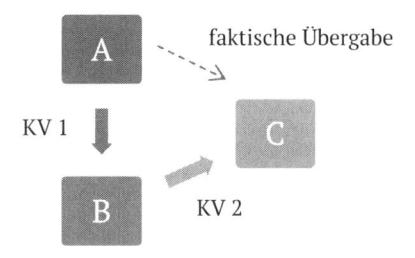

> **Zur Erinnerung:**
> B wird Anweisender genannt, A Angewiesener, C Anweisungsempfänger; das Verhältnis zwischen B und A Deckungsverhältnis, das zwischen B und C Valutaverhältnis und schließlich jenes zwischen A und C Einlösungsverhältnis.

2. Nichtigkeit des Deckungsverhältnisses

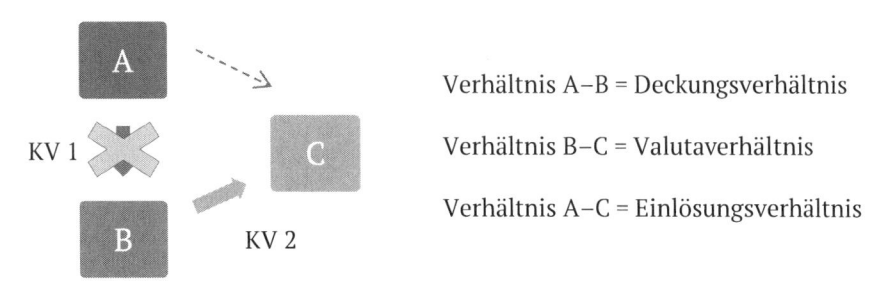

Verhältnis A–B = Deckungsverhältnis

Verhältnis B–C = Valutaverhältnis

Verhältnis A–C = Einlösungsverhältnis

a) Ist der Kaufvertrag zwischen A und B nichtig, so ist A berechtigt, seine Leistung von B mittels Kondiktion zurückzufordern. Obwohl er die Sache physisch C übergeben hat, richtet sich seine Kondiktion nicht gegen C: Da die Übergabe an C zu dem Zwecke geschah, die Schuld des A gegenüber B zum Erlöschen zu bringen, war **Leistungszweck** die Erfüllung dieses Schuldverhältnisses und Leistungsempfänger somit B. Aufgrund der in der Anweisung liegenden Ermächtigung durch B an C, die Leistung als eine Leistung des B entgegen zu nehmen, stellte sich die Leistung auch aus der Sicht des C nicht als eine Leistung des A, sondern als Leistung des B dar.

b) Die Bereicherung des B besteht darin, dass er von einer Schuld gegenüber C befreit wurde. Er muss A also jenen Betrag vergüten, den er selbst aufwenden hätte müssen, um sich von der Schuld zu befreien. Das werden in der Regel die ihm entstehenden Anschaffungskosten sein. Da der Vertrag zwischen B und C gültig ist, kann B die Sache nicht von C zurückfordern.

c) Wie bei den Leistungsketten – *hierzu siehe oben II. 2.* – kann A mit Vindikation bzw Verwendungsanspruch gegen C vorgehen, wenn dieser nicht Eigentum an der geleisteten Sache erwirbt.

Unter welchen Voraussetzungen C bei Nichtigkeit des Kaufvertrags zwischen A und B Eigentum erwerben kann, ist allerdings strittig. Nach hA kann C, wenn überhaupt, nur gutgläubig, nicht derivativ Eigentum erwerben. Voraussetzung hierfür ist, dass er bezüglich des Bestehens eines Deckungsverhältnisses gutgläubig ist; vgl im Detail *ORAC-Rechtsskriptum* „Sachenrecht Besonderer Teil" 1. Abschnitt C. II. 3. c, aa, fff).

3. Nichtigkeit des Valutaverhältnisses

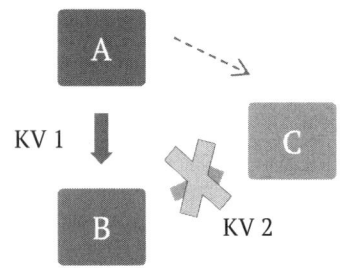

a) Ist der Vertrag zwischen B und C nichtig, so erfolgt die Rückabwicklung ebenfalls zwischen diesen beiden Personen; B hat eine Leistungskondiktion, da die Übergabe der Sache von A an C für C eine Leistung des B darstellte.

b) Strittig ist die sachenrechtliche Lage. Nach einer Ansicht bleibt A Eigentümer der geleisteten Sache, da B durch die Übergabe an C mangels Besitz nicht Eigentum erwirbt. Nach dieser Ansicht könnte A mittels rei vindicatio gegen C vorgehen, müsste seinerseits aber nochmals an B leisten. Sinnvoller ist es, den Eigentumserwerb des B durch die Übergabe an C zu bejahen, weil B den A angewiesen hat, an C zu leisten. In diesem Fall kann B mittels rei vindicatio gegen C vorgehen.

4. Nichtigkeit von Deckungs- und Valutaverhältnis (Doppelmangel)

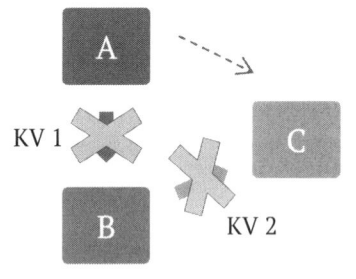

Hier sind zwei Fälle zu unterscheiden, je nachdem, ob eine gültige Anweisung des B an den A zur Leistung an C vorliegt oder nicht.

a) **Die Anweisung ist gültig:** Sind sowohl Valuta- als auch Deckungsverhältnis nichtig, jedoch die Anweisungserklärung gültig, erfolgt die konditionsrechtliche Rückabwicklung nach hA ebenfalls zwischen A und B bzw B und C und nicht unmittelbar zwischen A und C. A steht keine direkte Kondiktion gegen C zu, da die Übergabe der Sache von A an C dem C als Leistung des B erscheinen musste; A seinerseits wollte eine Leistung an B und nicht an C erbringen.

Da C mangels gültigen Titels jedoch keinesfalls Eigentum erworben hat, kann A mittels rei vindicatio bzw Verwendungsanspruch gegen C vorgehen – *hierzu siehe oben II. 2.*

Strittig ist der Umfang des Bereicherungsanspruchs des A gegen B, der sich auf die Herausgabe der Bereicherung richtet. Nach einer verbreiteten Ansicht ist B keinesfalls automatisch um den Wert der Sache bereichert. Seine Bereicherung besteht nach dieser Ansicht vielmehr nur darin, dass er aufgrund der Leistung des A nun seinerseits über eine Kondiktion gegen den C verfügt. Diese Kondiktion muss er an A abtreten. Kurz: Gegenstand der Kondiktion des A gegen B ist die Kondiktion des B gegen C; „Kondiktion der Kondiktion".

Diese Lösung hat den Nachteil, dass sich A nicht nur die Einwendungen entgegenhalten lassen muss, die B ihm gegenüber erheben kann, sondern auch jene, die C dem B gegenüber hat. A trägt nicht nur das Risiko der Insolvenz des B, sondern auch der des C. *Koziol* vertritt daher die Ansicht, dass B dem A nicht die Uneinbringlichkeit seiner Forderung gegen C entgegenhalten kann. Er begründet seine Ansicht damit, dass B sich aufgrund seiner gültigen Anweisungserklärung das Risiko der Insolvenz des C zurechnen lassen muss.

Beachte:
Beim drittfinanzierten Kauf im Anwendungsbereich von § 13 VKrG richtet sich der Bereicherungsanspruch des Kreditgebers gegen den Konsumenten bei Nichtigkeit des Kreditvertrags aufgrund des **Einwendungsdurchgriffs** nur auf die Kondiktion der Kondiktion.

b) **Eine gültige Anweisung fehlt:** Eine besondere Situation entsteht dann, wenn nicht nur Deckungs- und Valutaverhältnis gestört sind, sondern überhaupt eine Anweisung des B fehlt.

Beispiel:
A erfährt durch Zufall, dass B beabsichtigt, die bei ihm – A – bestellte Sache zur Erfüllung einer Verbindlichkeit gegenüber C zu verwenden. Daraufhin liefert A eigenmächtig an C. Beide Vertragsverhältnisse sind ungültig.

Da dem B die Leistung des A mangels Anweisung nicht zugerechnet werden kann, scheidet eine Kondiktion des A gegen den B aus. Zum Ausgleich steht A ein **Direktanspruch** gegen C zu; dabei handelt es sich aber um keine Leistungskondiktion, da A keine Leistung an C erbringen wollte, sondern um einen **Verwendungsanspruch**. Dieselbe Lösung gilt auch bei Widerruf einer ursprünglich gültigen Anweisung.

Ähnliches gilt auch außerhalb des Bereichs des Streckengeschäfts.

Beispiel:
B schuldet C € 100,–. Er weist seine Bank A an, € 100,– an C zu überweisen. Irrtümlich führt die Bank die Überweisung jedoch zweimal aus („Doppelüberweisung"). Die zweite Überweisung kann B nicht zugerechnet werden, da eine gültige Anweisung fehlt. Daher kann die Bank von B keinen Ersatz für die zweite Überweisung fordern. Vielmehr hat sie einen Verwendungsanspruch auf € 100,– gegen C.
Ein besonderes Problem stellt die Frage dar, wann vom **Fehlen einer Anweisung** auszugehen ist. Diesbezüglich vertritt der OGH für den Fall des mit einem Dissens behafteten Kreditvertrags, dass auch die Anweisung des Kreditnehmers an den Kreditgeber, die Kreditvaluta an den Unternehmer auszuzahlen, vom Dissens erfasst ist.

5. Rückabwicklung bei angenommener Anweisung

Die angenommene Anweisung stellt einen eigenständigen Titel dar, sodass A weder bei Nichtigkeit des Deckungsverhältnisses noch beim Doppelmangel einen Verwendungsanspruch gegen C geltend machen kann: Aufgrund der Annahme erwirbt C Eigentum, **sodass sein Rechtserwerb im Verhältnis zu A nicht rechtsgrundlos erfolgte.** Das bedeutet freilich nicht, dass C die geleistete Sache endgültig behalten darf; die Rückabwicklung erfolgt aber hier ausschließlich über das Dreieck.

IV. Subsidiarität des Verwendungsanspruchs im dreipersonalen Verhältnis

1. Das Problem

Das Problem der Konkurrenz von Verwendungs- und Vertragsanspruch im dreipersonalen Verhältnis wird zB bei den Fällen der mittelbaren Stellvertretung diskutiert: Der Stellvertreter erwirbt die Sache im eigenen Namen, liefert an den Vertretenen weiter, zahlt seine eigene Kaufpreisschuld an den ersten Verkäufer aber nicht. Es stellt sich nun die Frage, ob der erste Verkäufer wegen Nichtzahlung seiner Forderung mithilfe eines Verwendungsanspruchs unmittelbar gegen den Vertretenen vorgehen kann, dem die Sache letztlich zugutegekommen ist. Die frühere Judikatur hatte das Bestehen dieses Anspruches, des sogenannten **Versionsanspruches**, bejaht; die heute herrschende Meinung lehnt ihn mit dem Argument ab, dass der erste Kaufvertrag die Vermögensverschiebung rechtfertigt, sodass die Voraussetzungen für den Anspruch nach § 1041 fehlen. Der ursprüngliche Eigentümer muss sich an seinen Vertragspartner halten.

Beim Ausschluss des Verwendungsanspruchs bleibt es auch, wenn der ursprüngliche Eigentümer die Sache nicht seinem Vertragspartner, sondern unmittelbar an den Dritten übergeben hat. Der Vertragsanspruch gegen den mittelbaren Stellvertreter verdrängt den Verwendungsanspruch auch in diesem Fall.

Dieses Prinzip gilt selbstverständlich auch in anderen als den Stellvertretungsfällen: Die Gattin G des Hauseigentümers H beauftragt den Dachdecker D, das Dach neu einzudecken. Als G nicht bezahlt, macht D einen Verwendungsanspruch gegen H geltend. Dieser besteht jedoch nicht zu Recht, da D aufgrund der Subsidiarität des Verwendungsanspruchs auf seine vertraglichen Ansprüche gegen G verwiesen ist.

2. Die Reparaturfälle

Besondere Probleme bereitet das Prinzip der Subsidiarität des Verwendungsanspruchs gegenüber Vertragsansprüchen bei Reparaturen an beweglichen Sachen, da es die Erwartung des Werkunternehmers, durch das Retentionsrecht nach § 471 geschützt zu sein, enttäuscht.

> **Beispiel:**
> A leiht seinen PC seinem Freund B. Als der PC wegen eines Defekts nicht mehr funktioniert, bringt ihn B zu C, der eine Reparaturwerkstätte für PCs betreibt. C repariert den PC und fordert von B hiefür ein Entgelt von € 500,–. B weigert sich jedoch, den Betrag zu bezahlen, und rät C, sich an A zu halten. A verweigert die Bezahlung des Werklohns und fordert den PC mittels rei vindicatio von C heraus.

Aufgrund der Subsidiarität des Verwendungsanspruchs wäre C auf seine Ansprüche gegen B beschränkt, hätte keine Ansprüche gegen A; daher könnte er auch insbesondere nicht das Retentionsrecht des § 471 gegenüber der rei vindicatio des A geltend machen, da dieses den Bestand von Ansprüchen gegen denjenigen, der die Sache herausfordert, voraussetzt, die durch das Retentionsrecht gesichert werden. Dies ist für C besonders schmerzlich, da er die Sache in der Regel deswegen ohne Forderung eines Vorschusses repariert, weil er vom Bestand des Retentionsrechts ausgeht.

> **Beachte:**
> A kann die Sache nur dann von C herausfordern, wenn er zuvor das Recht des B zur Innehabung der Sache beseitigt hat; solange dies nicht geschieht, kann C dem A das Innehabungsrecht des B entgegenhalten.

Der OGH löst dieses Problems dadurch, dass er die Möglichkeit eines **gutgläubigen Erwerbs** des Retentionsrechts bejaht (vgl 1 Ob 215/14w); ein solcher gutgläubiger Erwerb soll dann stattfinden, wenn der Werkunternehmer redlicherweise annehmen durfte, sein Vertragspartner sei Eigentümer der Sache. Die Lösung des OGH ist in mehrerlei Hinsicht problematisch:

a) Ein Retentionsrecht ist kein dingliches Recht; nichtdingliche Rechte können aber nach hA nicht gutgläubig erworben werden. Das Argument des OGH, es handle sich beim Retentionsrecht um ein „quasi-dingliches" Recht, hilft nicht weiter.

b) Das Retentionsrecht des Werkunternehmers führt zu einer merkwürdigen **Pattstellung**: Da der Werkunternehmer keinen Anspruch gegen den Eigentümer geltend machen kann, kann er sich aus der Sache nicht befriedigen; der Eigentümer wiederum kann sie ihm des Retentionsrechts wegen nicht abnehmen.

Eine alternative Ansicht (*Apathy*) versucht diese Schwächen zu vermeiden, indem sie dem Werkunternehmer ungeachtet des Prinzips der Subsidiarität des Verwendungsanspruchs einen Anspruch nach § 1041 gegen den Eigentümer gibt, da er eine nützliche Aufwendung auf die Sache in Form der Reparatur gemacht hat. Diese Ansicht führt dazu, dass der Werkunternehmer dem Eigentümer die Sache erst nach Bezahlung seiner Forderung herausgeben muss. Da er einen eigenen Anspruch hat, den er durch Exekution in die Sache befriedigen kann, entsteht auch keine Pattstellung. Dieser Anspruch soll dem Werkunternehmer jedoch nur solange zustehen, als er die reparierte Sache noch innehat.

3. Keine Subsidiarität gegenüber den Kondiktionen

Gegenüber der Leistungskondiktion ist der Verwendungsanspruch im dreipersonalen Verhältnis nicht subsidiär; beide Ansprüche können – allerdings gegen verschiedene Personen – geltend gemacht werden. Eine Modifikation des oben unter 2. gebrachten Beispiels macht dies deutlich: Gelingt es dem Werkunternehmer, den Werkvertrag zB wegen listiger Täuschung über die Eigentumsverhältnisse anzufechten, so steht ihm zum ersten eine **Leistungskondiktion** nach § 877 gegen den Werkbesteller, seinen ursprünglichen Vertragspartner, zu. Diesem hat er die Werkleistung erbracht. Zusätzlich kann er aber auch mit einem **Verwendungsanspruch** gegen den Eigentümer der Sache vorgehen, da zu dessen Nutzen eine dem Werkunternehmer von der Rechtsordnung zugeordnete Sache, seine Werkleistung, verwendet worden ist.

Ein Verwendungsanspruch kann aber an einem gutgläubigen Eigentumserwerb durch den Dritten scheitern.

> **Beispiel:**
> A verkauft B einen Heizkessel, den dieser seinerseits an C weiterveräußert. C baut den Heizkessel in sein Haus ein, wodurch dieser unselbstständiger Bestandteil des Hauses wird. (Ausbau wäre wirtschaftlich nicht sinnvoll.) Der Vertrag zwischen A und B wird wegen List erfolgreich angefochten, worauf A gegen B mittels Leistungskondiktion und gegen C nach § 1041 vorgeht. (Beachte: Da der Heizkessel unselbstständiger Bestandteil des Hauses geworden ist, steht A jedenfalls keine Eigentumsklage gegen C zu!)

A dringt gegen C mit dem Verwendungsanspruch nur dann durch, wenn dieser nicht von B gutgläubig Eigentum erworben hat; ein gutgläubiger Eigentumserwerb schließt Bereicherungsansprüche und damit den Verwendungsanspruch aus! *(Siehe oben Abschnitt C. I. 5.)*

V. Sonstige dreipersonale Verhältnisse

1. Bezahlung einer bestehenden fremden Schuld in der irrigen Meinung, es handle sich um eine eigene

Dem irrtümlich Bezahlenden steht eine Leistungskondiktion gem § 1431 gegen den Empfänger zu. Seine Leistung erfolgte rechtsgrundlos, da er dem Leistungsempfänger nichts schuldete.

> Zum Problem der Nachteilsausgleichung, das dadurch entsteht, dass der Gläubiger die Forderung gegen den eigentlichen Schuldner verjähren lässt, siehe oben Abschnitt D. VIII. 1.

2. Bezahlung einer nicht bestehenden fremden Schuld

Versucht jemand, eine in Wahrheit nicht bestehende Forderung, von der er irrtümlich annimmt, sie bestünde, mittels Zahlung aufgrund von § 1422 einzulösen, so kann er nach Entdeckung des Irrtums die Leistung nach § 1435 zurückfordern, da der mit der Leistung verfolgte Zweck, die Einlösung der Forderung, nicht erreicht wurde, weil die Forderung nicht bestand. Erfolgte die Zahlung in der Absicht, den eigentlichen Schuldner zu beschenken, kann der vermeintliche Schenker die Zahlung ebenfalls nach § 1435 zurückfordern, da der Zweck, das Erlöschen der Forderung, nicht erreicht wurde.

3. Vertrag zugunsten Dritter

Erbringt der Versprechende beim Vertrag zugunsten eines Dritten die Leistung an den Dritten, so findet die Rückabwicklung nach hA bei Nichtigkeit des Vertrags nur zwischen dem Versprechenden und dem Versprechensempfänger, nicht hingegen zwischen Versprechendem und Begünstigtem statt. Dies wird damit begründet, dass beim Vertrag zugunsten eines Dritten dieselbe Lage wie bei den Anweisungsfällen verwirklicht sei: Er dient dem Versprechensempfänger dazu, seine eigene Leistungsverpflichtung gegenüber dem Dritten zu erfüllen; der Versprechende seinerseits erfüllt eine gegenüber dem Versprechensempfänger bestehende Verpflichtung. Daher erfolgt die Rückabwicklung wie bei der Anweisung über das Dreieck.

4. Bezahlung an den Scheinvertreter

Tritt jemand als Vertreter auf, ohne jedoch bevollmächtigt zu sein, und nimmt er eine Leistung für den Vertretenen als falsus procurator entgegen, so richtet sich der Rückforderungsanspruch des Leistenden, wenn das Geschäft wegen mangelnder Bevollmächtigung nichtig ist, gegen den falsus procurator und nicht gegen den scheinbar Vertretenen. Bei diesem Rückforderungsanspruch handelt es sich um keine Kondiktion, da der Leistende nicht an den falsus leisten wollte, sondern um einen **Verwendungsanspruch** (str). Die Situation ist jener vergleichbar, die im Bereich der Anweisungsfälle bei Doppelmangel entsteht, wenn keine gültige Anweisung vorliegt.

> **Beispiel:**
> Der Hausverwalter fordert vom Mieter im Namen des Vermieters – ohne jedoch hierzu bevollmächtigt zu sein – eine verbotene Ablöse, die er nicht an den Vermieter abliefert. Der Rückforderungsanspruch des Mieters richtet sich gegen den Hausverwalter.

Leitet der falsus procurator das Erhaltene an den Geschäftsherrn weiter, so kann der Leistende gegen diesen mittels rei vindicatio bzw § 1041 vorgehen. Voraussetzung hiefür ist, dass die Sache im Zeitpunkt ihrer Weiterleitung noch im Eigentum des Leistenden steht; hat der falsus bereits Eigentum – zB durch Vermischung – erworben und leitet er die Sache **dann** weiter, so erhält der Geschäftsherr nicht mehr eine Sache des Leistenden, sodass sowohl die Voraussetzung der rei vindicatio als auch des Anspruchs nach § 1041 wegfällt.

> **Beachte:**
> Die Weiterleitung des Geleisteten an den Geschäftsherrn **kann** eine Genehmigung des Geschäfts darstellen; damit wird der Geschäftsherr selbst Leistungsempfänger und Adressat einer allfälligen Leistungskondiktion.

Wurde der falsus procurator vom Geschäftsherrn zumindest zur **Entgegennahme der Leistung autorisiert**, so geht die hA davon aus, dass die Leistung (ausnahmsweise doch) an den Vertretenen erfolgte. Dieser ist dann alleiniger Kondiktionsgegner. Gibt der Scheinvertreter die Leistung nicht weiter, so kann daneben gegen ihn mittels rei vindicatio bzw § 1041 vorgegangen werden.

5. Zahlung des Bürgen, wenn die gesicherte Forderung nicht bestand

Ein Bürge kann seine Leistung vom Gläubiger zurückfordern, wenn die gesicherte Forderung nicht zu Recht bestand: Aufgrund des Akzessorietätsprinzips fällt mit der Hauptschuld auch die Verbindlichkeit des Bürgen weg. Da seine Leistung somit nicht in Erfüllung einer gültigen Verpflichtung erfolgte, ist er zur Rückforderung nach § 1431 berechtigt.

6. Probleme bei der Garantie

a) **Zahlung des Garanten bei gestörtem Grundverhältnis:** Anders wirkt sich der Nichtbestand der gesicherten Forderung bei der Garantie aus: Dies ergibt sich daraus, dass die durch eine Garantie begründete Verpflichtung abstrakt und somit vom Bestand der gesicherten Forderung unabhängig ist. Durch Wegfall der gesicherten Forderung wird die Rechtsgültigkeit der Garantie nicht berührt. Da der Garant, der seine Leistung erbringt, obwohl die gesicherte Forderung nicht zu Recht bestand, eine gültige Verpflichtung erfüllte, kann er seine Leistung vom durch die Garantie Begünstigten nicht zurückfordern. Er muss sich an seinen Auftraggeber halten (§ 1014), der seinerseits gegen den Garantiebegünstigten vorgehen kann.

> **Beachte:**
> Dies gilt nicht, wenn die Garantieinanspruchnahme **rechtsmissbräuchlich** erfolgt; in einem solchen Fall besteht nämlich kein Recht zur Garantieinanspruchnahme, sodass die Leistung des Garanten rechtsgrundlos erfolgt. Der Garant kann dann unter den Voraussetzungen des § 1431 gegen den Begünstigten vorgehen.

b) Dies gilt jedoch dann nicht, wenn der **Umfang** der Garantie von allem Anfang an größer war, als es dem Garantieauftrag entsprochen hätte.

> **Beispiel:**
> B ersucht die Bank A, für C eine Garantie in Höhe von € 100.000,– hinauszulegen. Durch einen Irrtum der Bank wird eine Garantie über den Betrag von € 200.000,– gegenüber dem Begünstigten übernommen. Nimmt der Garantienehmer die Bank in Höhe von € 200.000,– in Anspruch, so kann die Bank Rückersatz gegen B nur für € 100.000,– nehmen, da der Garantie nur in diesem Umfang eine gültige Anweisung zugrunde lag; für die restlichen € 100.000,– wird ihr eine Kondiktion nach § 1431 gegen C zugebilligt, da sie insoweit irrtümlich eine nicht bestehende Verbindlichkeit erfüllt hat.

7. Bereicherungsrechtliche Probleme bei Zessionen

a) **Zahlung des cessus an den Zedenten nach der Verständigung von der Zession:** Zahlt der debitor cessus aus Irrtum an den Zedenten, obwohl er von der Zession bereits verständigt war, kann er den Betrag mittels einer condictio indebiti zurückfordern.

b) **Kondiktion nach Wegfall einer zedierten Forderung:** Wird eine Forderung, die zediert wurde und die der Schuldner an den Zessionar bezahlt hat, nachträglich zB durch Irrtumsanfechtung beseitigt, so richtet sich der Rückforderungsanspruch des debitor cessus nach hA gegen den Zessionar und nicht gegen den Zedenten.

> **Beispiel:**
> B tritt einen vermeintlichen Anspruch aus dem mit A abgeschlossenen Versicherungsvertrag an C ab. A zahlt die Versicherungssumme an C aus. Stellt sich heraus, dass der Anspruch nicht zu Recht bestand, so kann der Versicherer die Versicherungsleistung von C zurückfordern.

Gegen diese Lösung wurde vorgebracht, dass sie die Lage des debitor cessus dann verschlechtert, wenn der Zessionar weniger zahlungskräftig als der Zedent ist, da er bei einer Kondiktion gegen den Zedenten seine Forderung möglicherweise erfolgreich eintreiben könnte. Dieser Einwand konnte sich jedoch nicht durchsetzen, da das Verschlechterungsverbot nach herrschender Ansicht nur die rechtliche Situation des Zedenten betrifft, nicht jedoch die Bonität seines Bereicherungsschuldners. Möchte der Schuldner die Bonität seines Gläubigers gesichert wissen, kann er ein – nach herrschender Ansicht absolut wirkendes – Abtretungsverbot mit dem Gläubiger vereinbaren.

c) **Doppelzession:** Wird eine Forderung vom Gläubiger zweimal abgetreten, erwirbt nur der Erstzessionar die Forderung. Wird der Schuldner aber vom Zedenten nur von der zweiten Zession verständigt, kann er aufgrund von § 1395 schuldbefreiend an den Zweitzessionar leisten. Der Erstzessionar kann das Geleistete mit einem Verwendungsanspruch nach § 1041 vom Zweitzessionar herausfordern, da die aufgrund der ersten Zession ihm zustehende Forderung als Sache im Sinne des § 1041 gilt.

Kontrollpunkte:

- ✓ Problem der Leistungsketten
- ✓ Streckengeschäft mit Anweisungskonstruktion: bereicherungsrechtliche Rückabwicklung
  - bei Nichtigkeit des Deckungsverhältnisses
  - bei Nichtigkeit des Valutaverhältnisses
  - bei Nichtigkeit von Deckungs- und Valutaverhältnis
    - bei gültiger Anweisung
    - bei Fehlen einer gültigen Anweisung
  - bei angenommener Anweisung
- ✓ bereicherungsrechtliche Rückabwicklung bei sonstigen dreipersonalen Verhältnissen
  - Bezahlung einer bestehenden fremden Schuld in der irrigen Meinung, es handle sich um eine eigene
  - Bezahlung einer nicht bestehenden fremden Schuld
  - Vertrag zugunsten Dritter
  - Bezahlung an den Scheinvertreter
  - Zahlung des Bürgen, wenn die gesicherte Forderung nicht bestand
  - Garantiekonstellationen
  - Zessionsfälle

Dritter Abschnitt
Geschäftsführung ohne Auftrag

A. Allgemeines

I. Begriff

1. Geschäftsführung ohne Auftrag (GoA) ist die eigenmächtige Besorgung der Geschäfte eines anderen mit der Absicht, dessen Interessen zu fördern. Eine GoA liegt nur dann vor, wenn der Geschäftsführer nicht bereits aufgrund eines Vertragsverhältnisses mit dem Geschäftsherrn oder aufgrund einer gesetzlichen Anordnung zur Geschäftsbesorgung verpflichtet ist. Essenziell ist die Absicht, (zumindest *auch*) in **fremdem Interesse** tätig zu werden; ohne eine solche Absicht liegt keine GoA vor. Es ist allerdings nicht notwendig, dass der Geschäftsführer weiß, wessen Geschäfte er führt; es reicht die bloße Absicht, fremde Geschäfte zu führen, aus. Wer aber nur in eigenem Interesse tätig wird, ist kein Geschäftsführer ohne Auftrag im Sinne des Gesetzes.

> **Beachte:**
> Besorgt jemand fremde Angelegenheiten in der irrtümlichen Annahme, lediglich eigene Interessen zu verfolgen, so fehlt es ebenfalls an der für die GoA notwendigen Fremdgeschäftsführungsabsicht. Es sind dann die bereicherungsrechtlichen Regeln anzuwenden (vgl hierzu zweiter Abschnitt).

2. Die Geschäfte, die besorgt werden, können **Rechtsgeschäfte** (Beispiel: Übernahme einer Bürgschaft) oder auch rein **tatsächliche Handlungen**, wie zB die Säuberung eines Gehsteigs von Schnee, sein.

II. Arten

Das ABGB unterscheidet drei Arten der GoA:

1. GoA im Notfall (§ 1036)
2. Nützliche GoA (§ 1037)
3. Unerlaubte GoA (§§ 1038 und 1040)

Diese Unterscheidung der verschiedenen Arten der Geschäftsführung ist deswegen wichtig, weil die **Höhe der wechselseitigen Ansprüche** von Geschäftsführer und Geschäftsherr davon abhängt, welche Art von GoA vorliegt: Während der Geschäftsführer im Notfall zB notwendigen Aufwand auch dann ersetzt bekommt, wenn seine Bemühungen erfolglos geblieben sind, gibt es bei verbotener GoA keinerlei Aufwandersatzansprüche, den Geschäftsführer trifft vielmehr eine strenge Schadenersatzhaftung.

B. Die einzelnen Arten der GoA

I. GoA im Notfall (notwendige Geschäftsführung)

1. Voraussetzungen

Eine GoA im Notfall liegt dann vor, wenn der Geschäftsführer handelt, um einen **drohenden Schaden** vom Geschäftsherrn abzuwehren und es ihm **nicht möglich** ist, sich rechtzeitig um die **Zustimmung** des Geschäftsherrn zu bemühen. Unterlässt der Geschäftsführer die Einholung der Zustimmung, obwohl er dazu Gelegenheit gehabt hätte, so ist die Geschäftsführung nicht notwendig; fällt die Geschäftsführung zum klaren Vorteil des Geschäftsherrn aus, kann es sich aber um eine nützliche GoA handeln.

2. Ansprüche des Geschäftsführers

a) Der Geschäftsführer hat Anspruch auf Ersatz des **notwendigen und nützlichen Aufwandes**. Dieser Anspruch besteht selbst dann, wenn die Geschäftsführung erfolglos geblieben ist, sofern der Aufwand zumindest nach objektiven Kriterien zweckmäßig war (§ 1036). Ob ein Aufwand notwendig ist, hängt nicht vom Erfolg im konkreten Fall, sondern davon ab, ob der Aufwand einem sorgfältigen Geschäftsführer im Zeitpunkt der Geschäftsführung als notwendig erscheinen durfte.

b) **Strittig** ist, ob dem Geschäftsführer auch ein **Entgelt für seine Mühewaltung** – den Zeitaufwand – zusteht, oder ob er nur den tatsächlich gemachten Aufwand ersetzt erhält. Eine Ansicht lehnt jeden solchen Anspruch ab. Eine andere spricht ein solches Entgelt nur dann zu, wenn der Geschäftsführer im Rahmen seines Berufes oder Gewerbes tätig wird. Nach dieser Ansicht hat zB ein Abschleppunternehmen, das einen Unfallwagen von der Straße entfernt, Anspruch auf Entlohnung der aufgewendeten Zeit, nicht hingegen der zufällig vorbeikommende Autofahrer, der bloß aus Hilfsbereitschaft tätig wird. Eine dritte Ansicht schließlich bejaht einen Anspruch auf Entlohnung der aufgewendeten Zeit in jedem Fall.

c) Dem Geschäftsführer im Notfall steht, sofern er im Zuge der Geschäftsführung einen Schaden erleidet, ein **Ersatzanspruch** gegen den Geschäftsherrn nach § 1014 zu (hL). Der OGH bejaht einen Ersatzanspruch nach Billigkeit analog zu den §§ 1306a, 1310.

d) Nach § 1312 trifft ihn **keine Fortsetzungspflicht**; er kann die Geschäftsführung jederzeit abbrechen.

II. Nützliche GoA

1. Voraussetzungen

a) Nützliche GoA liegt dann vor, wenn kein Notfall gegeben ist, die Geschäftsführung dem Geschäftsherrn aber **klaren und überwiegenden Vorteil** gebracht hat. Ob dies der Fall ist, ist objektiv nach der Verkehrsauffassung, unter Berücksichtigung der subjektiven Interessen des Geschäftsherrn, zu bestimmen. Bei der Beurteilung des überwiegenden Vorteils wird von der Rechtsprechung – zum Schutz des Geschäftsherrn – ein strenger Maßstab angelegt. Eine objektive Werterhöhung ist nicht ausreichend, wenn bspw der Geschäftsherr solche Aufwendungen niemals getätigt hätte und ihn die Ersatzpflicht stark belasten würde. Im Zweifel ist der Standpunkt des Geschäftsherrn maßgebend.

> **Beachte:**
> § 1037 verlangt auch dann, wenn ein Vorteil für den Geschäftsherrn zu erwarten ist, den Versuch, sich vorweg um eine Einwilligung des Geschäftsherrn zu bemühen. Wird dieser Versuch trotz Tunlichkeit unterlassen oder die Einwilligung verweigert, so ist die Geschäftsführung rechtswidrig. Ein Anspruch auf Aufwandersatz ist allerdings nur bei Ablehnung durch den Geschäftsherrn ausgeschlossen (§ 1040 ABGB).

b) Beispiele:

   aa) Ein Versicherer kann als nützlicher Geschäftsführer ohne Auftrag jene **Prozesskosten**, die er aufgewendet hat, um geltend gemachte Ersatzansprüche abzuwehren, vom Versicherungsnehmer fordern.

   bb) Die sogenannten **Vorsorgekosten** können nach hA im Rahmen einer nützlichen GoA geltend gemacht werden. Vorsorgekosten sind jene Kosten, die zB einem städtischen Verkehrsunternehmen dadurch entstehen, dass es ständig einen Ersatzautobus hält, um ihn bei Beschädigung eines anderen Busses einzusetzen. Verschuldet jemand durch einen Unfall den Ausfall eines Busses, wird der verursachte Schaden durch den Einsatz des Ersatzbusses kleingehalten. Die anteiligen Kosten des Ersatzbusses können daher insoweit als nützliche GoA geltend gemacht werden.

cc) In der E 1 Ob 2169/96x hatte ein Ahnenforscher nach dem Tod einer begüterten, scheinbar erbenlosen Person doch einen Erben gefunden, der aufgrund dieser Entdeckung sein Erbrecht geltend machen konnte. Der OGH sah die Tätigkeit des Ahnenforschers als nützliche GoA an und sprach ihm jenes Entgelt zu, das für diese Tätigkeit bei vertraglicher Vereinbarung üblicherweise bezahlt würde. Diese E wurde im Zusammenhang mit Restitutionsansprüchen wegen während der nationalsozialistischen Herrschaft entzogener Vermögenswerte bestätigt; nach Kritik in der Lehre an der Höhe der Vergütung ist der OGH in der E 3 Ob 228/13w nunmehr aber umgeschwenkt und spricht Ersatz nur in der **Höhe der tatsächlich gemachten Aufwendungen** zu. Soweit der Erbensucher gegen den Willen des Erben tätig wird, liegt verbotene GoA vor, für die keine Ersatzansprüche zustehen.

dd) Für **Pflegeleistungen**, die über die gesetzlichen Beistandspflichten hinausgehen, kommt nach 8 Ob 37/16y eine Abgeltung sowohl auf Basis einer bereicherungsrechtlichen Kondiktion gem § 1435 analog als auch einer nützlichen GoA nach § 1037 in Betracht.

> **Beachte:**
> Seit Inkrafttreten des ErbRÄG 2015 kann nach dem Ableben einer gepflegten Person uU eine Abgeltung für erbrachte Pflegeleistungen auch auf erbrechtlichem Wege eingeklagt werden (Pflegevermächtnisanspruch gem § 677; vgl hierzu das *ORAC-Rechtsskriptum* „Erbrecht").

2. Ansprüche des Geschäftsführers

a) Der Geschäftsführer hat insoweit Anspruch auf **Ersatz der entstandenen Kosten**, als sie nützlich waren und auch zum subjektiven Vorteil des Geschäftsherrn geführt haben. Der Geschäftsführer trägt im Gegensatz zur Geschäftsführung im Notfall das Risiko, dass seine Aufwendungen keinen Nutzen herbeiführen.

b) Nach § 1039 trifft den Geschäftsführer bei nützlicher Geschäftsführung eine **Fortsetzungspflicht** bis zur Vollendung des Geschäfts.

III. Unerlaubte GoA

1. Voraussetzungen

Unerlaubt ist die Geschäftsführung, wenn sie **nicht zum Vorteil** des Geschäftsherrn führt, somit unnütz ist, oder wenn sie **gegen den ausdrücklichen Willen** des Geschäftsherrn erfolgt. Dieser Wille darf aber nicht gegen die guten Sitten verstoßen; das an einen Arzt gerichtete Verbot des Vaters, dem verunglückten Kind Erste Hilfe zu leisten, wäre sittenwidrig.

2. Die gegenseitigen Ansprüche

a) Der Geschäftsführer hat **keinerlei Anspruch auf Ersatz seiner Aufwendungen**; er ist verpflichtet, den Zustand vor der verbotenen Geschäftsführung wiederherzustellen (§ 1038).

b) Ihn trifft eine **strenge Schadenersatzpflicht**: Er haftet für casus mixtus (§ 1311); das bedeutet, dass er dem Geschäftsherrn all jenen Schaden ersetzen muss, der ohne seine Geschäftsbesorgung nicht entstanden wäre.

c) Zum Ausgleich hat er ein **ius tollendi** (§ 1040): Er darf den getätigten Aufwand insoweit wieder wegnehmen, als dies ohne Schaden für den Geschäftsherrn möglich ist.

d) Entgegen § 1039 trifft den Geschäftsführer bei verbotener Geschäftsführung **keine Fortsetzungspflicht**; § 1039 muss einschränkend ausgelegt werden, da es widersinnig wäre, den Geschäftsführer zur Fortsetzung einer verbotenen Handlung zu zwingen.

C. Gemeinsame Bestimmungen

I. Rechnungslegungspflicht

Bei jeder Art von Geschäftsführung ist der Geschäftsführer verpflichtet, wie ein Bevollmächtigter dem Geschäftsherrn Rechnung zu legen (§ 1039).

II. Vorteilsherausgabepflicht

Fallen dem Geschäftsführer im Zuge der Geschäftsführung Vorteile zu, so muss er diese an den Geschäftsherrn herausgeben (§ 1009 analog). Ein Beispiel für Vorteile sind Provisionen oder Geschenke.

III. Geschäftsfähigkeit und GoA

Weder Geschäftsherr noch Geschäftsführer müssen geschäftsfähig sein. Möchte der Geschäftsführer aber Rechtsgeschäfte im Interesse des Geschäftsherrn abschließen, braucht er hierfür Geschäftsfähigkeit. Auch seine Schadenersatzpflicht gegenüber dem Geschäftsherrn setzt voraus, dass er deliktsfähig war.

D. Rechte und Pflichten von Geschäftsführer und Geschäftsherr im Überblick

	Aufwandersatz GF	Entgeltanspruch GF	Schadenersatzanspruch GF	Fortsetzungspflicht GF	Rechnungslegungspflicht GF	Vorteilsherausgabepflicht GF	Schadenersatzanspruch GH
GoA im Notfall	✓ (auch bei erfolgloser Geschäftsführung, sofern Aufwendungen notwendig und nützlich)	✓ (str)	✓ (§ 1014)	✗	✓	✓	idR keine Haftung des GF, da rechtmäßiges Handeln (außer Sorglosigkeit bei Geschäftsausführung)
nützliche GoA	✓ (GF trägt jedoch das Risiko erfolgloser Aufwendungen)	✗	✓ (§ 1014; hier allerdings str)	✓	✓	✓	Haftung des GF nach den §§ 1293 ff
unerlaubte GoA	✗ (lediglich ius tollendi)	✗	✗	✗	✓	✓	casus-mixtus-Haftung des GF

E. Sonderfälle der Geschäftsführung

I. Angewandte GoA

1. Begriff

Als angewandte GoA bezeichnet man jene Fälle, in denen das Gesetz selbst auf die Regeln über die Geschäftsführung **verweist**, *ohne* dass eine GoA tatsächlich vorliegt, dh, ohne dass die Voraussetzungen erfüllt sind, die das Gesetz für die GoA vorsieht.

2. Beispiele

a) § 336: Zur Bestimmung des Anspruchs auf Aufwandersatz des **unredlichen Besitzers** gegen den Eigentümer verweist das Gesetz auf die Regeln über die Geschäftsführung ohne Auftrag. Hat der Aufwand zu einem klaren und überwiegenden Vorteil des Eigentümers geführt, kann der unredliche Besitzer Aufwandersatz nach § 1037 fordern.

b) § 418: Wer ohne Wissen des Eigentümers auf **fremdem Grund mit eigenen Materialien baut**, obwohl er weiß, dass er hierzu nicht berechtigt ist, wird als Geschäftsführer ohne Auftrag behandelt.

c) § 517: Wer als **Fruchtnießer** ohne Einwilligung des Eigentümers Aufwendungen auf die Sache macht, an der ihm ein Fruchtgenussrecht zusteht, wird wie ein Geschäftsführer ohne Auftrag behandelt.

d) § 1097 Satz 2: Macht der **Mieter** im eigenen Interesse Aufwendungen auf die gemietete Sache, die eigentlich der Vermieter durchführen müsste, stehen ihm Ansprüche wie einem Geschäftsführer ohne Auftrag zu.

II. Unechte GoA

Als unechte GoA bezeichnet man jene Führung fremder Geschäfte, die in der Absicht erfolgt, **bloß die eigenen**, nicht hingegen die fremden Interessen zu fördern. Strittig ist, ob auf diese unechte Geschäftsführung auch die Regeln über die echte Geschäftsführung anzuwenden sind, sodass den Geschäftsführer zB eine Rechnungslegungspflicht trifft.

Von der hA wird die Anwendung der Regeln über die GoA abgelehnt, weil der Wille, fremde Interessen zu fördern, zum Wesen der Geschäftsführung ohne Auftrag gehört. Eine Vollendungs- und Rechnungslegungspflicht wird trotzdem mittels Analogie (§ 7) bejaht: Wenn schon der Redliche zur Rechnungslegung verpflichtet ist, muss erst recht der Unredliche dazu verpflichtet sein (= Größenschluss).

Kontrollpunkte:

✓ Wesensmerkmale der GoA

✓ im ABGB enthaltene Kategorien der GoA
 – Definition
 – Abgrenzung
 – Unterschiede und Gemeinsamkeiten bei den wechselseitigen Ansprüchen von Geschäftsherr und Geschäftsführer (va in Bezug auf Entgelt, Aufwandersatz, Schadenersatzansprüche, Fortsetzungspflicht, Rechnungslegungspflicht, Vorteilsherausgabepflicht)

✓ Sonderfälle der GoA
 – Begriff der angewandten GoA
 – Begriff der unechten GoA

Stichwortverzeichnis

A

Absichtlichkeit 21
absolut geschützte Rechtsgüter 14, 20
Adäquanz 7, 8, 10
Affektionsinteresse 26, 47
Amtshaftung 26, 59, 60
Anlageschäden 11
Anlegerschaden 4, 34
Anstiftung 11, 27
anteilige Haftung 28
Arbeitskollegenhaftung 52
Aufsichtspflichtigenhaftung 54

B

bedingter Vorsatz 21, 22, 38
Beihilfe 27
Benutzungsentgelt 95
Bereicherungsanspruch
 – Inhalt 91
Bereicherungsverbot 26, 31
Besorgungsgehilfe 57
Besorgungsgehilfenkette 57
Beweislast 19, 35, 40, 41
Beweislastumkehr 36, 49, 50, 51, 57
 – gesetzliche 36
 – vertragliche 36
Billigkeitshaftung 16, 55
Bonus-Malus-Fälle 20

C

casus mixtus 1, 111
condictio causa data, causa non secuta 80
condictio causa finita 79
condictio indebiti 77
condictio ob turpem vel iniustam causam 84
condictio sine causa 84
conditio sine qua non 7
Culpa in contrahendo 41

D

Darlehen für verbotenes Spiel 83
Deliktsfähigkeit 21
Deliktshaftung 2, 14
Deliktsunfähiger als Schädiger 54
Dienstgeberhaftungsprivileg 52
Dienstnehmerhaftpflicht 61
Differenzmethode 25, 26, 31
dolus eventualis 21

Doppelmangel 102, 103, 106
Dreiecksverhältnisse im Bereicherungsrecht 99
Drittschaden 32, 42
Drittschadensliquidation 34

E

Ehrenbeleidigung 46
Eingriffshaftung 2, 15, 19, 60
Einwilligung 17
EKHG 28, 36, 43, 66, 67, 68, 69, 70, 71
entgangene Urlaubsfreude 6, 27, 53
entgangener Gewinn 4, 25
entschuldbare Fehlleistung 23, 62, 64
Ermächtigung
 – gesetzliche 18
Erfolgsunrecht 13
Erfüllungsgehilfe 55
Erfüllungsgehilfenkette 56
Erziehungsrecht 18

F

Fahrlässigkeit 22, 23, 25, 49, 53
 – bewusste 22
 – unbewusste 22
fiktive Mietwagenkosten 5
fiktive Reparaturkosten 24
Folgeverletzungen 12
Freiheitsberaubung 26, 45
Früchte
 – Herausgabe 96
frustrierte Aufwendungen 8

G

Gastwirtehaftung 58
Gefährdungshaftung 2, 15, 23, 51, 66, 68
 – Grund der Haftung 66
Gefährdungshaftung im ABGB 66
Gefährdungshaftung in Sondergesetzen 66
Gefährdungshaftung kraft Analogie 67
gegliederter Schadensbegriff 25
Gehilfen
 – eigene Haftung 58
Gehilfenhaftung 23, 40, 41, 55, 58, 63
Geldersatz 4, 24, 25, 26
Geschäftsführung ohne Auftrag 109, 112, 113
 – angewandte 112
 – nützliche 109, 110

Stichwortverzeichnis

- unechte 113
- unerlaubte 109, 111

Geschäftsführung ohne Auftrag als Rechtfertigungsgrund 17

Geschäftsführung ohne Auftrag im Notfall 109

Geschäftsunfähige
- Schutz im Bereicherungsrecht 79, 97

H

habituelle Untüchtigkeit 57

Haftung
- Arbeitsunfälle 52
- Bauwerkehaftung 50
  - Abgrenzung zur Haftung für Wohnungen 50
  - Abgrenzung zur Wegehalterhaftung 51

Haftung mehrerer Täter 9, 27

Haftungsausschlüsse im EKHG 68

Haftungsausschlüsse im PHG 73

Haftungsfreizeichnung 23

Haftungshöchstbeträge 67

Haftungshöchstbeträge nach EKHG 71

Halter nach EKHG 69

Halterhaftung 67, 69

Handeln auf eigene Gefahr 15

Händlerhaftung nach PHG 71

Heilungskosten 41

Herstellerhaftung nach PHG 71

Homeoffice
- Schädigung durch Haushaltsangehörige 62

I

ideeller Schaden 5, 24, 26, 42, 43, 44, 45, 46, 53

Importeurhaftung nach PHG 71

Ingerenzprinzip 38

Integritätsabgeltung 53

Interesse 25

Inverkehrbringen nach PHG 72

irrtümliche Zahlung einer Nichtschuld 77

J

juristische Person
- Haftung für Organe und Repräsentanten 58

K

Kabelbruchfälle 20

Kausalität 7
- alternative 9
- kumulative 9
- psychische 7, 10, 13
- überholende 9, 11

Kausalität durch Unterlassen 7

Kausalität von Aufwendungen 8

Körperverletzung 41, 52

Kulpakompensation 21, 30, 54

L

Legalzession 52

Legalzession und Vorteilsausgleichung 31

Lehre vom faktischen Synallagma 95

Leistungsketten 100, 101, 102

Leistungskondiktion 75, 76, 89, 91, 99, 100, 102, 103, 105, 106, 107

lex Rhodia de iactu 91

Lohnfortzahlung 34

M

mehrere Bereicherte 98

merkantiler Minderwert 24, 47

Mittäter 13, 27, 28

mittelbar Geschädigter 19, 20, 32

Mitverschulden 29, 43, 54

Mitverschulden durch Gehilfen 29

Mitverschulden durch gesetzlichen Vertreter 29

Mitverschulden im EKHG 71

Mitverschulden im PHG 73

N

Nachteilsausgleichung 98, 106

Naturalersatz
- Unmöglichkeit 24

Naturalherstellung 4, 23, 46

Naturalobligation 78, 79

Nebentäter 28

neu für alt 26

Nichterfüllungsschaden 6, 30

Nothilfe 15

Notstand 2, 15, 16, 17, 54

Notstandshilfe 16

Notwehr 15, 16, 17

O

objektiv-abstrakte Schadensberechnung 10, 25, 31

Organhaftpflicht 64

P

Polizeibefugnis-EntschädigungsG (PBEG) 60

positiver Schaden 4, 25

prima-facie-Beweis 35
Produktbegriff des PHG 72
Produktfehler 72
Produkthaftung 40, 71
Putativnotwehr 15

R

Rat, Auskunft und Gutachten
 – Haftung 48
realer Schaden 4
rechnerischer Schaden 4
Recht am eigenen Bild 88
Rechtfertigungsgründe 15
rechtmäßiges Alternativverhalten 19
Rechtsmissbrauch 18, 38
rechtswidriges Verhalten durch
 Unterlassen 13
Rechtswidrigkeit 8, 13, 16, 33, 58, 66
Rechtswidrigkeitszusammenhang 18, 32
Regress 23, 28, 35, 52, 58, 60, 70
Regress bei der Gefährdungshaftung 29
Regress des Legalzessionars 35
Regress des Sozialversicherungsträgers 52
Regress gegen den Gehilfen 58
Regress nach DHG 63
Regress nach PHG 73
Reiseveranstalterhaftung 53
Rente
 – abstrakte 41
Repräsentantenhaftung 59
Rettungsfälle 11
Rettungspflicht 60, 64, 71
Rückabwicklung synallagmatischer
 Verträge 94

S

Sachschäden 47
Sachverständigenhaftung 22
Sachwehr 16
Saldotheorie 94
Schaden 3
Schadensminderungspflicht 8, 30
Schadensüberwälzung 32, 33
Scheinvertreter 106
Schikane 18, 38
Schmerzengeld 12, 26, 41, 42, 52, 61
Schockschäden 12
schuldloses Verhalten 54
Schuldtheorie 21
Schutzgesetz 13
 – Beweislast 35, 36

Schutzgesetzverletzung 35
Schutzzweck der Norm 18
Schwarzfahrerhaftung 70
Selbsthilfe 16
sittenwidrige Schädigung 14
Solidarhaftung 9, 28
Sozialadäquanz 14
Staatshaftung 59
Streckengeschäft 101
subjektiv-konkrete Schadensberechnung
 9, 25, 26, 31
Substitution beim Auftrag 56

T

Tiere
 – Verletzungen 47
Tierhalterhaftung 51
Tötung 34, 42
 – Ersatz von Drittschäden 32
 – Schadensminderungspflicht 30
Trauerschäden 12
treuwidrige Zweckvereitelung 82

U

Übernahmefahrlässigkeit 21
Unfall nach EKHG 68
unmittelbar Geschädigter 19
Unterbrechung des Kausalzusammenhangs 11

V

Verbreitung unwahrer Tatsachen 46
Verdienstentgang 34, 41
Verfolgungsschäden 11
Verhaltensunrecht 13
Verjährung bei Ehrenbeleidigung 46
Verjährung von Amtshaftungsansprüchen 60
Verjährung von Bereicherungsansprüchen 98
Verjährung von EKHG-Ansprüchen 71
Verjährung von PHG-Ansprüchen 73
Verjährung von Regressansprüchen 35
Verjährung von Schadenersatzansprüchen 34
Verkehrssicherungspflichten 14, 38, 49, 55, 56
 – Umdeutung in vertragliche Schutzpflichten 39
Verletzung der geschlechtlichen Selbstbestimmung
 27, 43
Verletzung der Privatsphäre 27, 44
Verletzung der Privatsphäre durch Medien 45
Vermögensschaden 3, 25, 27, 44
 – bloßer 3, 14, 68, 71

Stichwortverzeichnis

Verschulden 21, 31, 33, 44, 46, 47, 54, 57, 61, 66, 71
- grobes 23
- leichtes 23

Verschuldenshaftung 1, 13, 18, 38, 66

Vertrag mit Schutzwirkung zugunsten Dritter 19, 32, 34, 39

Vertrag zugunsten Dritter 106

Vertragshaftung 2, 14

Vertrauensschaden 6, 41

Verunstaltungsentschädigung 42

Verursacherprinzip 7
- Ausnahmen 8

Verwendungsanspruch 75, 86, 87, 88, 89, 90, 91, 100, 102, 103, 104, 105, 106, 108
- gutgläubiger Erwerb 88
- Subsidiarität 89, 104
- Verhältnis zur Eigentumsklage 89

vis absoluta 21

Vorsatz 21, 22, 23, 25, 52, 63

Vorsatztheorie 21

Vorsorgeaufwendungen 8

Vorteilsausgleichung 26, 30, 33, 41, 43, 52

W

Wegehalterhaftung 23, 48, 58
- Haftung für Gehilfen 49

Weiterfresserschaden 71

Wert der besonderen Vorliebe 25

Wertersatz im Bereicherungsrecht 91

wissentliche Zahlung einer Nichtschuld 78

Wissentlichkeit 21

Wohnungsinhaberhaftung 61

Z

Zessionen 107

Zurechnungsgründe 2

Zwecke des Schadenersatzrechts 1

Zweikondiktionentheorie 94